명저 읽기와 글쓰기

사범 · 예체능계열

명저 읽기와 글쓰기

초판 3쇄 2014년 8월 31일 | **초판 발행** 2011년 3월 25일

지은이 이강옥 · 이미향 · 김효주 | **펴낸이** 노석균 | **펴낸곳** 영남대학교출판부

출판등록 1975년 9월 5일 경산 제16-1호 | **주소** 경북 경산시 대학로 280

전화 053) 810-1801~3 | **FAX** 053) 810-4722 | **홈페이지** book.yu.ac.kr

ISBN 978-89-7581-409-9

• 값은 표지 뒷면에 있습니다.
• 잘못 만들어진 책은 바꾸어 드립니다.

명저 읽기와 글쓰기

사범 · 예체능계열

이강옥 · 이미향 · 김효주

pegasus

머리글

지식 기반 사회에 기초할 21세기 매체적 환경의 급속한 변환은 교양교육에 대한 새로운 반성과 모색의 필요성을 동시에 강요하고 있다. 다원화, 다각화, 다변화되어 가는 시대에 부응하고 진취적 인재 양성에 부합하는 새로운 교양교육에 대한 요구가 드세어 가는 요즘 이 책은 우리나라 대학 교양교육의 새로운 패러다임을 제시하고자 만들어진 교재이다.

이 책의 가장 큰 특징은 많은 고전을 쓰기와 읽기 교육의 텍스트로 끌어들인 데 있다. 그러면서 고전이 단순히 '고古' 전에 머물지 않고 오늘의 우리 삶에 어떻게 '현現' 전으로 되새김질할 수 있는지에 대한 고민의 결과물이기 때문에 우리는 고전을 굳이 명저라고 지칭하였다. 우리 대학에서 과감히 도입한 교양교육의 획기적인 프로그램은 이미 주요 언론에 여러 번 소개되었으며, 다수의 대학들에서 우리 대학교의 교양교육 프로그램을 본떠서 따라하기 시작했다. 이 교재는 바로 그러한 획기적인 교양교육의 방향을 구체화하기 위해 마련된 결과물이다.

이 책은 기왕의 쓰기 위주 교육을 뛰어넘어 읽기, 쓰기, 토론하기 등의 과정을 복합하고 조화시켜 능동적이고 진취적이며 창조적인 인재 교육에 필요한 내용들로 구성되어 있다. 특히 명저 백선을 토대로 하여 고전의 현대적 의미를 재해석하여 추출하고 그것이 오늘과 내일의 삶에 어떤 방식으로 활용될 수 있을지에 대한 화두를 제시하고자 했다. 이를 위해 지난 1년여 동안 국어국문학과와 국어교육과 교수들, 특히 필진으로 참여한 교수들의 고민의 무게는 적지 않았다. 그 고민의 결실이 '명저 읽기와 글쓰기'로 맺어졌다.

이 책은 영역의 학문적 특성을 고려하여 크게 네 전공 영역으로 나누어 집필되었다.

① 인문계열 '명저 읽기와 글쓰기'
　– 어문, 역사, 철학, 심리, 신문 · 방송 · 광고 분야

② 사회계열 '명저 읽기와 글쓰기'

— 법, 정치, 행정, 경영 · 경제 분야

③ 이공계열 '명저 읽기와 글쓰기'

— 이과, 공과, 약학, 의학 분야

④ 사범예체능계열 '명저 읽기와 글쓰기'

— 사범, 미술, 음악, 체육 분야

이 책은 한 학기 동안 약 7권의 명저를 읽고, 그것을 현재적 의미로 재해석하는 과정을 거쳐 학습자의 생각을 글쓰기로 드러내도록 구성되어 있으며 글쓰기 단계마다 첨삭지도가 더해져 심화학습이 가능토록 했다. 그리고 이런 과정들 속에 다양한 쓰기와 토론의 형태를 유기적으로 연결하여 한 학기를 마칠 때쯤이면 더 큰 사고를 할 수 있도록 유도하였다. 무엇보다 이 교재가 가진 장점은 과정들 속에 학습자들이 능동적으로 참여하여 사고의 깊이와 폭을 더할 수 있도록 구성되었다는 점이다.

이 책의 집필에는 각 영역별로 3명의 필진이 참여하였으며, 책이 완성될 때까지 매월 2회 이상의 공동회의와 매 학기 2회 이상의 교과목 담당 교수들의 집담회를 거쳐 교재를 다듬어 갔다. '명저 읽기와 글쓰기' 라는 강좌 자체가 우리나라 대학 교육에서 교양 필수 과목으로 채택된 것이 '초유의 사건' 이기 때문에 집필 초기 단계에서부터 상당한 중압감을 가지지 않을 수 없었다. 각 영역별의 학문적 특성을 고려한 텍스트를 우선 선정한 뒤 선정된 명저를 집필진이 먼저 읽고 해석해야 했으며, 그것의 현재적 가치를 찾아내는 작업을 하는 동안 다양한 사례들을 살펴 모형을 개발했다. 아울러 각 명저별 관련 자료를 탐색하여 다양한 견해들을 놓치지 않으려 애썼다. 그런 지난한 과정을 거쳐 이 책은 완성될 수 있었다. 집필진은 저마다 새로운 길을 연다는 개척자의 정신으로 집필에 임했으며, 수많은 회의가 진행되는 동안 쏟아진 다양한 견해들을 하나로 모아가는 과정에서 훌륭한 교양인과 전인적 지성인을 배양해야 한다는 하나의 초점을 향해 가는 열정을 확인할 수 있었다.

이 책은 공동의 산물이다. ① 인문계열 '명저 읽기와 글쓰기'는 김정화 · 노상래 · 박승희 교수가, ② 사회계열 '명저 읽기와 글쓰기'는 김문주 · 심상민 · 정시열 교수가, ③ 이공계열 '명저 읽기와 글쓰기'는 김기호 · 이혁화 · 조보라미 교수가, ④ 사범예체능계열 '명저 읽기와 글쓰기'는 이강옥 · 이미향 교수 및 김효주 외래교수가 집필하였다. 꼼꼼히 살펴 깊이 생각하고 신중하게 써서 퇴고하였지만 빠뜨린 부분이 혹 있을지 모르겠다. 질정해 주시면 고치고 보태려 한다.

이제 이 책을 세상에 내놓게 되었다. 작은 열매이지만 큰 울림이 있기를 바란다. 쉽지 않은 작업에 뜨거운 열정과 사명감으로 동참한 모든 집필진의 바람은 단 한 가지이다. 이 책이 세상을 따뜻하게 만들 수 있는 아름다운 인재들에게 작은 지침이 될 수 있었으면 하는 것이다. 아울러 책에 인용된 자료를 사용할 수 있도록 흔쾌히 허락하여 준 많은 저자들과 출판사들에 감사를 드린다. 그리고 행 · 재정적 지원을 아끼지 않은 이효수 총장, 전경희 기초교육대학장과 영남대학교 출판부에 감사의 뜻을 전한다.

2011. 3.

『명저 읽기와 글쓰기』 집필진 일동

책 안내

'내가 사는 세상을 읽어 내고, 나를 세상에 알리는 글을 쓴다.' 이것이 '사범 · 예체능 계열 명저 읽기와 글쓰기'의 목표이다. 본 강좌는 학생들이 삶의 예지를 담고 있는 명저를 읽으면서 세상을 정확하게 보고 알맞은 생각을 하며, 그 과정에서 발견한 핵심적 가치를 자신의 현재적 삶에서 활용할 수 있도록 도움을 주고자 한다.

본 강좌를 수강하면서 사범 예체능 계열의 학생들은 총 15주 동안 지정된 명저 6권을 읽게 된다. 그리고 그 과정에서 체계적인 읽기와 토론하기, 그리고 글쓰기 훈련을 할 것이다. 이를 달성하기 위해서 먼저 명저를 적극적이고도 창의적으로 읽는 법을 터득할 것이다. 강의의 전반부(1~8주차)에는 읽기 결과를 쓰기로 발전시키기 위한 글쓰기 방법을 체계적으로 배울 것이다. 강의의 후반부(9~15주차)에는 읽기 결과를 토론의 과제와 근거로 활용하는 방법과 토론을 새로운 의미를 창출하는 데 활용하는 방법, 그리고 그런 일련의 과정을 글쓰기로 통합 활용하는 과정을 공부할 것이다.

'사범 · 예체능계열 명저 읽기와 글쓰기'는 모두 7단원으로 구성되는데, 단원별 학습 내용을 간략하게 소개하면 다음과 같다.

제1장에서는 명저를 읽고 자신의 생각을 쓰는 것에 대한 필요성과 의미를 알고자 한다. 명저 읽기의 의미, 글쓰기의 의미, 그리고 읽고 쓰는 것을 통합한 과정이 우리에게 왜 필요하며, 그 결과로 어떠한 능력을 얻어 갈 것인지를 진지하게 생각한다.

제2장에서는 신영복의 『강의』를 읽고 자본주의 체제가 양산하는 물질의 낭비와 인간 소외를 근본적인 시각으로 재조명할 것이다. 특히 이 단원에서 글쓰기의 기초(주제, 구상, 개요)를 연습하고 활용한다.

제3장에서는 『백석 詩』를 읽으면서, 이 시대에 우리가 시를 읽어야 하는 이유에 대해 생각해 본다. 백석 시 전편을 읽고서 특히 고향 사랑 외로움이란 이미지와 감성이 백석 시에서 형성되는 양상을 살피고 이 시대 우리의 삶에서 어떻게 재구성되고 내면화될지 살핀다. 그리고 시에 대한 공감을 바탕으로 한 편의 시를 써 본다. 또한 이 단원에서 문

단 쓰기의 원리와 방법을 집중적으로 훈련할 것이다.

제4장에서는 헬레나 노르베리 호지의 『오래된 미래』를 읽고 글로벌 경제화로 인한 문제를 인식한다. 특히 우리가 당연하게 받아들인 서구중심의 가치관에는 어떤 것이 있고 어떤 문제를 내포하는지 알아보고 지금 우리 사회에 미치는 영향에 대해 생각해 본다.

제5장에서는 김만중의 『구운몽』을 정독하면서, 나 자신의 삶의 방식, 삶의 자세, 삶의 가치에 대해 성찰한다. 사람의 생각이 사람의 삶을 어떻게 이끌어갈 수 있는지, 죽음을 어떻게 받아들일 수 있는지, 꿈 환상 가상은 현실과 어떤 관련이 있는지 등을 성찰한다. 마침내 우리네 삶은 살만한 가치가 있는지에 대해 생각해 본다.

제6장에서는 로망 롤랑의 『베토벤의 생애』를 읽고, 스스로는 불행했으나 불행한 다른 사람들에게 위안이 되고 영웅이 되었던 베토벤의 삶과 그의 음악에 대해 생각한다. 인생에서 고통과 그 고통의 영웅적 극복, 그리고 삶의 환희 등에 대해 성찰하면서 자신의 삶의 방식과 태도에 대해 근본적으로 성찰한다.

제7장에서는 곰브리치의 『예술과 환영』을 읽고, 우리가 일상생활 중 보는 것의 본질적 특징을 근본적으로 생각하는 기회를 갖는다. 이로써 보는 것과 관련된 다양한 견해에 대해 각자는 어떤 입장을 가질 수 있을지 생각할 수 있다.

저자들은 성심을 다하여 사범 예체능계열 학생들에게 꼭 필요한 명저들을 선별하고자 했다. 그 명저들을 적극적으로 읽으면서 토론하고 쓰는 과정에서 학생들이 우리 시대에 꼭 필요한 핵심적 가치를 창의적으로 마련할 수 있도록 다양한 학습 방안을 제시했다고 자부한다. 미흡한 점은 앞으로 계속 수정하고 보완할 것이다. 그동안 자상한 관심과 지원을 아끼지 않았던 이효수 총장님과 여러 본부 처장님들, 그리고 국어교육과 교수님들께 감사의 마음을 전한다.

차례

1 '세상'을 읽고 '나'를 쓰다

| 명저 읽기의 참 의미 |

모든 것이 돈으로 환산되는 시대이다. 공공의 이해와 공동체의 가치가 자본의 논리 앞에서 그 의미를 상실해 가고 있는 요즘이다. 일상에서는 인간을 둘러싼 삶의 가치가 옅어지고 상대적으로 쾌락의 입맛이 세계를 장악해 가고 있다. 자연히 어떤 문제에 대한 옳고 그름의 판단보다는 무엇이 좋고 싫은가를 더 따지는 사회가 되어 가고 있다. 이런 사회적 분위기는 언어를 통해 세계와 인간에 대해 사유하는 것을 낯설게 한다. 주지하다시피 언어를 통한 사유 방식은 세계의 가치를 재인식하고 자신의 현재를 반성하는 깊은 정신의 세계이다. 특히 '책읽기'는 세계를 이해하는 능력인 동시에 의미의 재구성을 통해 독자 나름의 세계를 창출하는 능력을 의미한다.

그러나 책읽기는 일정한 시간과 끈기를 요구하며 부분적으론 고통을 수반하는 다소 '수공업'적인 방식이라는 점에서 결코 간단치 않은 사유의 방식이다. 감각적 쾌락과 말초적 상황에 익숙한 요즘 세태에서 보면, 사실 책읽기는 현실감 떨어지는 공부법이다.

한편, 중 · 고등학교 교실에서 '읽기 수업'은 '읽기'를 오히려 방해하거나 거리감을 조성하는 과정이었다. 특히 중등 교육과정에서 '읽기'는 국어 교육의 주요 영역이면서도 입시 위주의 교육 환경 속에서 소외되거나 개인의 취미로 정리되기 일수였다. 더욱이 독서 교육이 '실적'과 같은 외적인 평가 결과를 중시하는 풍토에서는 책과 학생의 유기적 관계를 기대할 수는 없었다.

그런데 최근 '책읽기'에 대한 관심과 이해가 달라지고 있다. 우선, 초등 교육과정에 '독서 이력제' 등이 도입되어 수학 능력 평가의 새로운 기준으로 활용되고 있다. '읽기'가 학생들의 창의와 인성 교육을 위한 도구 교과이며 기초 학습 역량을 강화하는 중요한 교육과정이 되고 있는 것이다. 또한 전통적으로 '읽기' 교육에 대한 중요성을 전면에 내세우는 서양 교육의 영향도 컸다. 시카고 대학 등 세계 유수의 대학에서 실시하고 있는 '고전읽기 프로그램Great Books Program'이 보여준 책읽기의 위대한 결과는 우리의 책읽기 교육을 되돌아보게 하였다. 이는 최근 국내 대학에서 '읽기' 교양을 강화하는 추세와 관련하여 좋은 역할 모델이 되고 있다. 한편, 학교 바깥에서는 대중 지성들이 생활 속 독서의 의미를 재발견하면서 다양한 독서 클럽과 모임을 만들어가고 있다. '읽기'와 관련된 다양한 책들의 출간도 '읽기'의 선풍을 확인하는 대목이다.

학계에서도 '읽기'를 둘러싼 학제 간 논의와 전문적인 연구가 활발하게 진행되고 있다. '읽기'가 '국어 교육'의 하위 영역에 머무르지 않고 '독서학'이란 학문적 층위로 발전하고 있다. '한국독서학회'가 만들어지고 독서의 역사, 독서전략, 독서교육, 독서와 문학의 관계, 독서치료, 독서문화사 등 다양한 분야에서 전문적인 연구가 진행되고 있다.

이러한 '읽기'의 중요성은 '읽기'가 모든 수학 능력의 기초라는 인식과 사회적 의사소통, 창의적 활동과도 깊이 관련된다는 이해에서 비롯된 것이다. '읽기'는 단순히 읽는 행위 자체를 넘어 시대 상황을 분별하고 정보를 획득하는 과정에서 지식 축적을 경험하는 강력한 교육적 효과를 지니고 있다. 나아가 세계적 눈높이를 확보하며 우리 시대의 핵심 주제와 그 현재적 흐름을 읽는 기회를 제공한다. 당대 표현 문화의 흐름을 간파하는 것도 '책읽기'의 또 다른 결과물이다.

한편, 우리의 '명저 읽기와 글쓰기' 수업은 '명저' 혹은 '고전'을 텍스트로 하고 있다. 학교 '명저선정위원회'에서 엄선한 '명저 100선'을 중심으로 각 계열(인문계열, 사회계열, 이공계열, 사범예체능계열)마다 6~7권의 명저가 우리 수업의 텍스트가 된다. 그럼 왜 명저인가? 명저에는 인간 사회의 중요한 경험들이 응축되어 있다. 명저를 통해 우리는 인간 사회의 다양한 가치를 만나게 된다. 그리고 그 의미와 가치를 오늘에 재구성할 수 있다. 시대를 관통하는 진리를 만나고 그 핵심적 가치를 현재화하는 것은 명저 읽기의 중요한 이유가 될 것이다. 또한 명저 읽기는 현재와 호흡할 때 비로소 제 의미를 찾는다. 책은 사람이 시대와 함께 호흡한 결과이기 때문이다. 그러므로 명저 읽기는 오늘의 다양한 삶에 대응하는 하나의 방식이며 다양한 가치에 접촉하는 사회적 실천이라고 할 수 있다. 이런 까닭에 명저 읽기는 절대 불변의 무엇을 학습하는 것이 아니다. 그것은 명저가 '읽기'의 주인공인 오늘의 나 자신에 의해 재구성되기 때문이다.

이러한 생각을 바탕으로 우리는 명저를 선정하고 교재를 준비하였다. 다음은 교재를 만들면서 특별히 고려한 내용들이다. 첫째, 우리 시대의 문제와 가치를 생각했다. 명저는 현재와의 적절한 긴장관계 속에서 그 가치와 의미를 찾을 수 있기 때문이다. 둘째, 여러 문화권의 명저를 다양하게 선정하였다. 가급적 동서 문화권의 대표적인 명저와 과거와 현재의 명저를 섞었다. 셋째, 각 계열별 대표 명저와 함께 다른 계열의 명저들도 선정하고 싶었다. 이를 통해 전공을 넘어선 다양한 영역과 만날 수 있기를 기대하였다. 넷째, '쓰기'로 이어지는 '읽기' 교육을 고민하였다. '읽기'와 '쓰기'를 연결함으로써 '언어적 사유'의 결과들을 각자가 경험할 수 있도록 했다.

독서전략 중에 '주어진' 명저의 두께만큼 책과 독자와의 거리는 멀어진다는 말이 있다. 물론 일방적인 책의 선정과 명저의 '절대화'를 경계하자는 뜻이다. 하지만 명저 읽기에 대한 상대적인 경험 부족과 책 선정에 한계를 가진 대학 초년생들이 가급적 명저에 빨리 접근하기 위해 우리는 명저를 미리 선정하였다. 이제 선정된 명저들을 읽을 시간이 되었다. '명저 읽기'가 우리들을 올곧고 뛰어난, 그리고 가슴 따뜻한 영혼들로 이끌어 줄 것이라 기대해 본다.

| '나'를 쓰는 글살이 |

한국인끼리 같은 한국어를 사용하는데도 머릿속에서 번역을 시도해 본 적이 있는가? 나이, 직업, 상황 등 개인별 처지에 따라 말은 종종 자기 말로 번역된다. 많은 사람들이 의사소통의 중요성을 강조하지만, 그 이면의 내용은 사실 의사소통의 어려움에 대한 하소연이다. 의사소통을 잘하면 많은 문제가 해결된다. 그러나 의사소통을 잘못하면 문제를 만들 뿐만 아니라 인간관계를 그르친다. 나의 생각을 전하고 남의 생각을 이해하는 일은 어렵고도 중요한 것이다.

사람의 생각은 어떻게 전해지나? 마음속에 품고만 있다면 그 누구도 알 수 없을 자신만의 생각을 가지고 우리는 타인과 소통하며 살고 있다. 사회 구성원으로서 나의 정상적인 삶은 내 생각을 전하는 것뿐만 아니라 무수한 이들의 생각을 알아들어야 가능하기 때문이다. 다행히 인간에게는 말과 글이란 소통의 도구가 있다. 그 덕분에 인간은 듣고 말하고, 그리고 읽고 쓰며 남과 더불어 산다. 결국 삶은 의사소통의 연속이다.

읽기와 쓰기는 글을 도구로 한 의사소통의 방법이다. '글살이' 란 말로 하는 생활보다 의도적인 노력이 더 투자되는 것인 만큼 누구에게나 어렵고 부담스러운 것이다. 그러나 글이 없던 때 시간과 공간의 한계를 벗어나지 못해 불편했던 의사소통을 상상해 보면, '글살이' 가 상당히 유익함을 이해할 것이다. 사실 인류가 글로 생활한 시간은 6000년 정도밖에 안 된다. 글은 오랜 시간 의사소통에 불편함을 느낀 인류가 필요에 따라 발명한 '위대한 발명품' 이었다. 그 후 글은 인간 세상의 문명과 함께 생활 속에 자리했고, 이제 글이 없는 현대인의 생활은 상상하기 어렵게 되었다. 그리고 글은 현대인의 일, 자아실현, 존재감 확립에 필수적인 도구로 쓰이고 있다.

현대사회의 구성원으로 성공하기 위해서 갖추어야 할 조건은 어떤 것일까? 많은 사람들이 영어, 기술 관련 자격증, 대인관계 형성 및 유지법 등을 들 것이다. 실제로 한 전문업체에서 조사한, 2010년 취업에 성공한 206명의 '대졸 신입사원 평균 스펙' 을 보면, 토익 평균 712점, 학점 3.5점, 자격증 평균 2개라 한다. 그러나 이는 취업의 준비과정에서, 자기 관리를 잘 하면서 얻게 된 일정 수준의 성적일 뿐이다. 그들의 성패에는 쓰고 말한 순간이 반드시 있었다.

인생의 중요한 문을 통과하는 데 글을 읽고 쓰는 능력은 결정적인 요인으로 작용한다. 학창시절에 글을 쓰는 능력은 좋은 성적을 취득하는 필수 조건이다. 학업 이후에는 취업과 승진 기회를 결정하는 관문에서 글 쓰는 능력이 통과 여부를 결정한다. 사회에서 일정 지위를 가지고 업무를 수행할 때는 글쓰기가 일하는 도구로 작용한다. 회사에서 제품 사용 설명서를 작성하거나 홍보하며, 상사에게 결재 서류를 올리거나 임직원 및 소비자 앞에서 맡은 일을 설명한다. 미국에서 실시한 설문조사에 따르면 전문인은 직장에서 보내는 시간 중 3분의 1을 편집, 프레젠테이션 준비 등 쓰기와 관련된 일에 쓴다고 한다. 글을 쓰는 시간이 중간관리자 40%, 매니저 50% 등 승진할수록 그 비율은 더 늘어난다. 미국의 경우 '직장에서 제출하는 보고서'가 곧 '승진 청원서'가 되기도 한다. 마치 운전면허증이 운전기사만의 전유물이 아닌 것처럼, 현대에서 글쓰기는 작가만의 전유물이 아니다.

글쓰기에는 여러 가지가 있다. 쓰는 목적에 따라 학문적 글쓰기, 심미적 글쓰기, 실용적 글쓰기 등으로 나뉘고, 글쓰기와 관련한 실제적인 교육에서부터 학문에 이르는 넓은 영역에 걸쳐 있다. 이런 이유로 일반인들이 쓰기의 뜻을 오해하기도 한다. 결재 서류, 전자메일, 보고서, 제안서, 기획서, 제품설명서 등 우리의 삶을 유지하게 하는 실용적 글쓰기는 우리에게 필수불가결한 활동이다. 우리가 글을 전혀 쓰지 않아도 된다면 아마 사회 속에서 자신의 생존을 포기한 때일 것이다. 실용적 글쓰기 능력은 여러 시험의 순간에서 우리 삶을 앞으로 나아가게 할 뿐만 아니라, 타인에 대한 이해와 자신을 관찰하고 다스리는 데도 도움을 준다.

굳이 그러한 장점을 계산하지 않더라도 우리는 모두 글을 잘 쓰고 싶어 한다. 그런데 글쓰기를 잘하고자 하는 마음은 다 갖고 있는 데 비해, 좋은 글을 쓰려는 노력은 그리 구체적으로 하지 않는다. 의욕만으로는 좋은 글을 쓸 수 없다. 좋은 글이 어떠한 것인지 알고, 글을 잘 쓰는 구체적인 방법을 익혀야 한다.

좋은 글이란 알기 쉬운 글, 분명한 글, 재미있는 글이다. 글은 읽을 상대방을 전제로 하고 쓴다. 그러므로 상대방이 쉽게 이해할 수 있어야 한다. 매우 복잡하고 심오한 내용을 다루고 있기에 어려운 글도 있지만, 그런 경우보다 어려운 글은 자신도 잘 모르고 쓴 결과물일 때가 많다. 몇 번 읽어도 무슨 말인지 알 수 없는 글은 쓰는 사람도 제대로 알지 못하고 쓴 글이다. 자신이 충분히 잘 알고 쓰면 쉬운 글을 쓸 수 있고, 그 글은 분명히 전달된다. 또한 글은 재미있어야 한다. 단순한 흥미를 뜻하는 말이 아니다. 내용과 표현 방법이 독자의 눈길과 마음을 잡을 수 있는 것이어야 한다. 그러려면 글을 쓰는 이가 읽는 상대를 잘 파악하여 쓰기의 방식과 수준을 달리해야 한다. 결국 글을 쓰는 자신과 읽을 상대방을 잘 파악한 글이 좋은 글이다.

그러면 좋은 글을 쓰기 위해 무엇이 필요한가? 첫째, 자신이 쓰려는 내용을 잘 알아야 한다. 그리고 그것을 짧은 문장과 쉬운 표현으로 분명하게 그려내야 한다. 그림이 잘 그려지지 않으면 일단 써 놓고 고치고 또 고친다. 둘째, 그 글을 읽을 상대방의 수준과 관심을 잘 파악해야 한다. 주제를 정하는 머릿속 글에서부터 상대방을 배려하는 것이 필요하다. 이런 면에서 글쓰기는 종이를 매개로 독자와 의사소통하는 것이다. 쓴 글을 두고 독자에게 맞춰 다시 고치고 또 고친다. 그러므로 셋째, 좋은 글을 쓰려면 목적에 맞추어 고치고 또 고치는 과정이 필수적이다.

사실 좋은 글을 쓰는 법에 대한 정답은 이미 예전에 나와 있다. 천 년 전, 송나라 구양수는 이미 다독, 다작, 다상량을 후세에 알려 주었다. "매일 아침 30분씩 책을 읽었다."라고 한 미국에서 성공한 사업가의 성공 비결도 이와 같은 맥락이다. 많이 읽고 자주 쓰며 많이 생각하는 것이 결국 자신만의 좋은 글을 낳고, 자신의 능력을 보일 좋은 글을 쓸 수 있는 이가 성공하는 신화는 동서고금을 막론하고 통하는 비법이란 것을 알 수 있다.

"약은 과학이지만 맛은 문화다."라는 말이 있다. 인간은 누구나 같은 약을 먹을 수 있지만 '같은 음식'을 모든 인간이 똑같이 즐겨 먹지 않는다. 인간의 문화적 조건이 다르기 때문이다. 모든 인간이 동일한 주제라 할지라도 동일한 글쓰기를 할 수는 없다. 자기만의 독특한 맛과 향기를 내는 자신의 글쓰기가 필요하다. 그런데 그 향기는 아무에게나 주어지지 않는다. 글쓰기는 밥 먹기이다. 밥은 소화가 되면 다시 먹어야지, 일회적 노력으로 삶을 유지할 수 없다. 향기가 나는 글쓰기는 밥을 먹는 것처럼 꾸준한 열정이 있을 때 가능하다.

| 읽기 · 쓰기 통합 모델의 구현 |

이 책은 읽기와 쓰기가 연동되는 통합 모델을 구현한다. 해당 명저의 전모 파악과 내재화 그리고 자기 발현으로 특징되는 읽기와 쓰기의 장점들을 취합하여 읽기와 쓰기가 각각 별도의 영역이 아닌 하나의 통합된 영역으로 구체화한 것이다. 이는 영남대학교의 교육 이념인 '인성과 창의성을 갖춘 Y형 인재육성'과 본 교과의 목표인 '명저의 핵심가치를 발견하여 현재적 가치로 재해석하고 이를 미래적 가치로 실현하는 것'과도 무관하지 않다.

읽기와 쓰기의 통합을 통해 이 책은 막 학문의 세계에 들어선 학생들이 명저에 담긴 핵심적 가치를 찾아내고, 그 위에서 자신만의 문제의식을 끄집어내 분석하고, 고민하고, 교수 · 학생과 토론하면서 이를 현재적 가치로 재창출하는 길을 걷도록 안내자 역할을 한다. 그리고 자신의 논리를 설득력 있게 표현하는 능력을 배양하는 훈련 과정을 단계적으로 제공하여 논리력과 분석력, 문제해결능력을 기르게 한다. 비유하자면 이 책은 학문의 세계에서 막 등산을 하고자 하는 학생들에게 정상에 오르는 지도를 손에 쥐어줌으로써 그들 스스로 정상에 이르고 근원에 이르러 그 묘미를 맛보게 한다.

학생이 손에 쥔 지도를 펼치면 다음과 같은 순서와 단계로 된 안내 표시를 만난다. 첫째 선정된 명저를 완독하라는 표시를 만난다. 이 표시를 만나면 학생은 '책으로 책을 보고, 사물로 사물을 보며, 먼저 자기의 의견을 내세우지 않는 자세'로 명저를 완독해야 한다. 안내된 대로 완독하지 않으면 다음의 단계로 나아갈 수 없다. 이 단계를 통과하면 둘째로 읽은 내용을 수업 중 동료들과 함께 나누라는 표시를 만난다. 이 활동은 읽은 내용을 보다 더 정밀하고 깊이 있게 이해하기 위해서이다. 이 단계를 원만히 수행하면 셋째로 읽은 내용에 대해 의문을 가지고 그 의문을 교수 · 학생들과 토의하고 토론하라는 안내 표시를 만난다. 새로운 이해[新意]를 얻기 위해서 의문을 품고 먼저 이해한 내용[舊見]을 뒤로 물려 놓으라는 뜻이다. 그리고 의문을 해결하기 위해 토론 혹은 토의하라는 것이다. 이 단계를 충실히 수행하면 정상에 올라 명저의 핵심가치를 맞이하는 기쁨을 맛보게 될 것이다.

명저의 핵심가치를 맞이하는 기쁨에 도취되는 것으로 끝나서는 안 된다. 안내 지도는 수행해야 할 넷째 단계를 설정해 둔다. 맞이한 핵심가치를 수용하고 수용된 핵심가치가 마침내 현재 나의 내면에 갖추어진 것임을 알고 내면화하는 단계이다. 이는 명저의 핵심가치에 대한 내면화이자 현재적 가치로의 재해석이다. 이것은 나의 내면을 확충하고 창조적으로 나의 자아실현을 돕는 것이라는 점에서 중요하다. 이 단계가 없다면 명저의 핵심가치는 하나의 지식으로 전락하고 만다. 급히 지식을 습득하여 이를 현실적 목적에 써먹고자 하는 의도가 아니라면 그렇게 해서는 안 된다. 그렇게 하는 것은 익지 않은 벼의 이삭을 뽑는 알묘조장揠苗助長과 다르지 않다.

핵심가치를 내면화하고 재해석하였다면 다섯째 단계로 그것을 쓰기를 통해 표현하라는 안내 표시를 만난다. 배우는 사람은 기질과 식견을 두터이 하여 글을 쓰는 작업을 중요하게 여겨야 한다. 재해석된 핵심가치는 기존의 의견과는 상반되는 새로운 의견이 된다. 이 새로운 의견은 다른 사람과 소통되어야 한다. 소통을 위해서 이 단계에서는 특별히 재해석된 새로운 가치를 바람직하게 표현하는 방법을 익히고 훈련을 해야 한다. 이

다섯 번째 단계를 통해 명저의 핵심가치를 발견하여 현재적 가치로 재해석하는 일련의 과정은 완료된다. 그러나 완료된 과정의 결과가 보다 큰 의의를 얻기 위해서는 이것이 미래의 실천적 삶을 위한 준거 체계로 작동되어야 한다.

명저 읽기와 쓰기는 이처럼 낮은 곳으로부터 시작하여 높은 곳에 이르는 과정에 비유된다. 그러나 산을 오르다가 중턱에서 힘이 부치면 하산을 해야 하듯이 읽고 쓰기를 완성하는 과정에서 힘에 부치는 곳이 생기면 다시 앞의 단계로 되돌아가야 한다. 처음 단계를 포함하여 앞의 단계로 되돌아가지 않으면 산에서 조난을 당하듯이 더 이상 앞으로 나아갈 수 없다. 앞의 단계로 되돌아가서 힘을 회복하고 힘이 회복이 되면 다시 다음 단계로 나아가야 한다.

모든 단계는 교실 안의 활동과 교실 밖의 활동으로 나뉜다. 명저를 완독하는 활동, 핵심가치를 내면화하는 노력, 그리고 재해석된 미래적 가치의 실천 등은 교실 밖의 활동이다. 읽은 내용의 동료 학생과 공유, 의문을 풀기 위한 토론과 토의, 그리고 쓰기는 교실 안에서 이루어지는 활동이다. 교실 밖의 활동과 교실 안의 활동은 모두 자기 주도로 하는 활동이기는 하지만 혼자서 하는 활동과 동료 학생과 함께 하는 활동이라는 점에서 차이가 난다. 이 두 종류의 활동을 안배한 것은 이 두 활동을 함께 하는 경험을 통해 점차 이 모든 과정을 학생 스스로 수행할 수 있도록 유도하기 위함이다.

교실 안의 활동을 원활히 수행할 수 있도록 이 책은 '읽은 내용의 동료 학생과 공유', '토론 및 토의', 그리고 '쓰기' 등을 위해 각각 75분씩의 시간을 안배한다. 각각은 75분의 시간 안에서 완료되어야 한다. 그러나 각각의 활동이 반드시 75분 안에 다 완료되어야 하는 것은 아니다. 활동 중 특별히 중요하다고 판단되는 경우에는 75분을 더 할애함으로써 학습의 완성도를 높이도록 한다. '읽은 내용의 동료 학생과 공유'가 특별히 중요하다고 판단되는 경우에는 75분 안에 완료하지 않고 75분을 더하여 수업을 한다. '토론과 토의', '쓰기' 활동에 주어지는 시간들도 이와 동일하게 적용된다. 이렇게 하여 한 명저 당 75분이 네 번 배당된다.

명저 읽기와 글쓰기의 통합은 명저의 핵심가치를 발견하여 현재적 가치로 재해석하며, 이를 기초로 미래적 가치를 실현하기 위한 모델이다. 이 책에서 제공하는 명저 읽기와 글쓰기 통합 교과 내용은 우리 학생들이 이러한 목표를 스스로 수행하는 능력을 함양하도록 기획된 것이다. 짧은 기간 동안이지만 이 책에서 제공하는 일련의 순서와 단계를 충실히 공부하기를 바란다. 이를 충실히 공부한다면 인생에서 스스로 정상에 이르러 그 묘미를 맛보는 기쁨을 누리게 될 것이라 기대한다.

2 『강의』를 읽고 쓰다

| 학습 목표 |

- 『강의』를 읽고 자본주의 체제가 양산하는 물질의 낭비와 인간소외를 근본적인 시각으로 재조명하고 그 대안에 대해 생각한다.
- 관계론의 관점에서 고전의 의미를 재조명해 보고, 동양적 삶이 지향하는 궁극적인 가치에 대해 모색한다.
- 글쓰기의 기초(주제, 구상, 개요)를 연습하고 활용한다.
- 책에 대한 이해를 바탕으로 다양한 쟁점들에 대해 발표하고 토론한다.
- 토론의 결과를 바탕으로 자신의 생각을 정리한다.

| 해제와 저자 소개 |

●해제

'나의 동양고전 독법' 이란 부제를 달고 있는 『강의』는 서론을 비롯하여 모두 11개의 장으로 이루어져 있다. 동양고전의 내용을 바탕으로 사회와 인간 그리고 인간관계의 다양한 양상들을 관계론의 관점에서 정리하고 있는 『강의』는 책의 전체적인 방향을 소개한 1장, 『시경』, 『서경』, 『초사』를 중심으로 삶의 진정성과 진실, 그리고 내면의 힘을 강조한 2장, 동양 사고의 보편적 형식이라고 할 수 있는 『주역』의 관계론을 점검한 3장, 공자의 『논어』를 통해 다양한 인간관계에서 필요한 덕목들을 살핀 4장, 『맹자』의 의義를 통해 삶의 자세와 철학 · 내면의 중요성을 강조하는 5장, 『노자』에 서술된 물에서 낮은 곳을 지향하는 '하방연대下放連帶' 를 사유하는 6장, 『장자』의 소요를 통해 현상 너머의 관계망의 의미를 살피는 7장, 『묵자』에서 좌파적 사상과 실천의 근본을 생각하는 8장, 『순자』의 당대적 맥락과 가치를 정리한 9장, 『한비자』를 통해 법가의 개혁성과 법치주의의 성격을 서술한 10장, 불교와 신유학, 『대학』, 『중용』, 양명학을 통해 마지막으로 이 책이 취한 고전 독법의 의미를 정리하는 11장으로 구성되어 있다. 저자는 『강의』를 통해 좋은 사람은 좋은 사회, 좋은 역사와 함께 만들어지는 것임을 말하면서, 궁극적으로 인성의 고양, 좋은 사람 되기란 이웃과 더불어 가는 '겸손한 삶' 속에 있음을 강조한다.

『강의』는 『시경, 서경, 주역, 논어, 맹자, 노자, 장자, 묵자, 순자, 한비자』 등을 '관계론' 의 관점으로 새롭게 읽은 책으로써, 저자가 독방에 수감되어 있으면서 자신의 식민지 의식을 반성하는 차원에서 살핀 고전 읽기라고 할 수 있다. 이 책은 동양의 고전에 대한 재조명을 통해 인간 소외와 몰가치가 급속하게 진행되고 있는 현실의 문제들을 살피고 있다. 고전연구서라기보다 고전을 통한 당대 사회의 문제들에 대한 심층적 진단과 사유를 담은 책이라고 할 수 있는 『강의』는 다양한 동양 고전의 문장들을 제시하면서 그것의 문맥을 검토하고 이를 바탕으로 현재와 미래의 방향을 모색한다. 저자는 동양 고전의 궁극적 가치를 '인성의 고양' 으로 보고, 인성의 내용은 인간관계이며 궁극적으로 인성의 고양이란 인간관계를 인간적인 것으로 만들어가는 것이라고 규정한다. 이 책은 고전의 내용을 축자적으로 이해하는 데서 벗어나 성찰적 · 실천적 관점에서 읽어가는 하나의 사례라고 할 수 있다. 동양 고전에 대한 관심이 부족한 학생들에게 경청할 만한 지혜와 사유를 담고 있는 성찰의 저작이라고 할 만하다.

●저자 소개

신영복은 1941년 경남 밀양에서 출생하였다. 서울대 경제학과 및 동대학원을 졸업한 후 숙명여대와 육군사관학교에서 경제학을 가르쳤다. 육군사관학교 교관으로 재직하던 1968년 통일혁명당 사건으로 구속되어 무기징역을 선고 받고 20년 20일 동안 수감생활

을 하다가 1988년 8 · 15 특면가석방으로 출소하였다. 출소 후 성공회대학교 사회과학부 교수를 역임하였고 현재는 성공회대 석좌교수로 재직하고 있다. 수감 중 지인들에게 쓴 서신을 모아 펴낸 『감옥으로부터의 사색』(1988)을 비롯하여, 『엽서』(1993), 『나무야 나무야』(1996), 『더불어 숲』(1998) 등의 책을 발간하였으며 역서로 『외국무역과 국민경제』(1966), 『사람아 아, 사람아!』(1991) 등이 있다.

| 읽고 생각하기 |

독서 노트

제시문

읽기 요점 : 『강의』를 다음 내용을 중심으로 읽는다.

❶ 동양 사상의 구성 원리는 무엇인가?

❷ 동양 사상과 서양 사상을 비교하면 어떤 차이점이 있는가?

❸ 서양 사상의 독주가 현재 우리 사회에 낳은 문제점들은 무엇인가?

❹ 동양 사상으로 현재 자본주의 사회가 배태하는 문제점을 어떻게 극복할 수 있는가?

❺ 자본주의체제가 양산한 문제점을 근본적 시각으로 재조명하고, 상품문화의 실상을 직시한다. 그리고 이를 통해 비판정신을 기른다.

❻ 동양고전을 읽을 때, 고전의 내용을 이해하는 것보다 성찰적 관점을 확립하는 것이 무엇보다 중요하다는 점에 유의한다.

[제시문 1]

오래된 시詩와 언言

1 서양에서는 철학을 philosophy라고 합니다. 여러분이 잘 알다시피 "지혜를 사랑하는" 것입니다. 지智에 대한 애愛입니다. 그에 비하여 동양의 도道는 글자 그대로 길입니다. 길은 삶의 가운데에 있고 길은 여러 사람들이 밟아서 다져진 통로 beaten pass입니다. 도道자의 모양에서 알 수 있듯이 착辵과 수首의 회의문자會意文字입니다. 착辵은 머리카락 날리며 사람이 걸어가는 모양입니다. 수首는 물론 사람의 머리 즉 생각을 의미합니다. 따라서 도란 걸어가며 생각하는 것입니다.

물론 이 도의 어원에 대한 논의도 많습니다. 도道는 도導에서 유래한 것으로, 이 경우의 도導는 이민족의 머리를 손에 지니고 재액災厄을 막으며 선도先導하여 적지敵地로 나아가는 의미라고 합니다. 대단히 무서운 글자라는 것이지요. 그리고 도道가 도덕적 의미로 사용된 예는 『서경』에 와서야 처음 그 용례가 발견되고 있으며, 도의 의미를 철학을 의미하는 이른바 존재에 대한 인식 방식이나 나아가 형

이상학적 의미로 발전시킨 것은 장주莊周일파의 철학이라고 알려져 있습니다. 어원이나 용례에서 확인되는 바와 같이 도는 그것이 철학이든 도덕이든 어느 경우에나 도로와 길의 의미입니다. 도는 길처럼 일상적인 경험의 축적이라는 의미를 담고 있습니다. 바로 이 점에 있어서 서양의 철학과 분명한 차이를 보여주고 있습니다.

여러분은 로댕의 조각 〈생각하는 사람〉을 기억하고 있으리라 생각합니다. 여러분도 잘 알고 있듯이 이 조각은 턱을 고이고 앉아서 묵상하는 자세입니다. 이러한 묵상적인 자세가 상징하고 있는 철학적 의미는 매우 중요합니다. 진리란 일상적 삶 속에 있는 것이 아니며 고독한 사색에 의해 터득되는 것임을 선언하고 있다고 할 수 있습니다. 진리란 이미 기성의 형태로 우리의 삶의 저편에 또는 높은 차원에 마치 밤하늘의 아득한 별처럼 객관적으로 존재하는 것이며, 사람들이 그것을 사랑하고 관조하는 구도 속에 진리는 존재합니다.

이것은 매우 큰 차이입니다. 진리가 서양에서는 형이상학적 차원의 신학적 문제임에 반하여 동양의 도는 글자 그대로 '길' 입니다. 우리 삶의 한복판에 있는 것입니다. 도재이道在邇, 즉 도는 가까운 우리의 일상 속에 있는 것입니다. 동양적 사고는 삶의 결과를 간추리고 정리한 경험 과학적 체계로 이루어져 있습니다. 그런 짐에서 동양 사상이 윤리적 수준이라는 비판을 면치 못한다고 할 수 있지만 반면에 비종교적이며 과학과의 모순이 없습니다.

2 『중국역대시가선집』의 서문에서 밝혔습니다만 유감스러운 것은 지금까지 우리나라에는 중국 시가의 전통이 잘못 소개되어왔다고 할 수 있습니다. 그것은 조선 사회의 지배 계층인 양반의 시각과 계급적 입장에 의하여 시가 선별적으로 소개되어왔다는 데 가장 큰 원인이 있습니다. 『시경』에는 위에서 소개한 것과 같은 저항시와 노동요가 대단히 많이 실려 있습니다. 그럼에도 불구하고 음풍영월이 시의 본령처럼 잘못 인식되고 있는 가장 큰 이유가 바로 편향된 여과 장치에

있는 것입니다. 이러한 잘못된 전통과 선입관 때문에 우리는 매우 귀중한 정신세계가 왜곡되어왔다고 생각합니다. 시의 세계와 시적 정서, 나아가 시적 관점은 최고의 정신적 경지라고 할 수 있는 데도 말입니다.

『시경』의 세계는 기본적으로 삶과 정서의 공감을 기초로 하는 진정성에 있다는 점을 여러 차례 이야기했습니다. 시와 『시경』에 대한 재조명은 당연히 이러한 사실성과 진정성에 초점이 맞추어져야 합니다. 그리고 그러한 진정성을 통하여 현대 사회의 분열된 정서를 반성해야 한다고 생각합니다.

오늘날의 문화적 환경은 우리 자신의 삶과 정서를 분절시켜놓고 있습니다. 이것은 심각한 문제가 아닐 수 없습니다. 상품미학, 가상 세계, 교환가치 등 현대 사회가 우리들에게 강요하는 것은 한마디로 허위의식입니다. 이러한 허위의식에 매몰되어 있는 한 우리의 정서와 의식은 정직한 삶으로부터 유리될 수밖에 없습니다. 이처럼 소외되고 분열된 우리들의 정서를 직시할 수 있게 해주는 하나의 유력한 관점이 바로 시적 관점이라고 생각합니다. 나는 시적 관점은 왜곡된 삶의 실상을 드러내고 우리의 인식 지평을 넓히는 데 있어서도 매우 유용하다고 생각합니다.

— 신영복, 『강의』, 돌베개, 2004, 36~37쪽, 63~64쪽

읽기 과제

❶ [제시문 1] – 1을 읽고 동양에서 말하는 도道와 서양의 도가 어떻게 다른지에 대해 살펴보자. 이를 바탕으로 자신이 생각하는 도는 동양과 서양의 관점 중 어느 쪽에 더 가까운지에 대해 이야기해 보자.

❷ 진리란 우리 삶의 저편에 있는 것이 아니라 우리의 일상 속에 있는 것이라고 저자는 말한다. 일상에서 깨달음을 얻었던 경험에 대해 이야기해 보자.

❸ [제시문 1] – 2의 내용을 참고로 하여 잘못된 전통과 선입관 때문에 귀중한 정신세계가 왜곡된 사례를 몇 가지 들어보자.

[제시문 2]

우물 안 개구리에게는 바다를 이야기할 수 없다

장자 사상이 가장 잘 나타나고 있는 것이 『장자』 제1편 「소요유」逍遙遊입니다. '소요유'는 글자 그대로 아무 거리낌 없이 자유롭게 거닌다는 뜻입니다. 소요逍遙는 보행步行과는 달리 목적지가 없습니다. 소요 그 자체가 목적입니다. 하릴없이 거니는 것이지요. 그런 점에서 소요는 보행보다는 오히려 무도舞蹈에 가까운 것이라고 할 수 있습니다. 춤이란 어디에 도달하기 위한 동작이 아니기 때문이지요. 동작 그 자체가 목적입니다.

장자의 소요유는 '궁극적인 자유', 또는 '자유의 절대적 경지'를 보여주기 위한 개념입니다. 인간의 삶 위에 군림할 수 있는 어떠한 가치도 존재할 수 없다는 것이 소요유의 의미이고 나아가 장자 사상의 핵심입니다. 사회적 규범 밖에서 자유를 추구하던 일민逸民들의 경물중생輕物重生, 즉 개인주의적인 생명 존중론이 양주학파楊朱學派에서 크게 고조되었는데 이 양주학파의 사상을 철학적으로 발전시킨 것이 『장자』라고 합니다. 철학적으로 발전시켰다는 것은 생명의 물리적 보존이나 생물학적 보존뿐만이 아니라, '정신의 자유'라는 보다 높은 차원으로 승화시켰다는 뜻입니다. 무한한 소요유의 추구를 표방함으로써 인간의 삶을 한 단계 더 높은 차원으로 승화시키는 것이야말로 문제의 근원적 해결이라는 것이 장자의 주장입니다. 이 부분이 바로 장자의 철학과 사회학의 접점이라고 할 수 있습니다.

그러나 지금까지 우리나라에서는 『장자』를 읽는 독법이 대체로 '소요유'와 '자유'의 측면에 과도하게 치우쳐 있음을 부인할 수 없습니다. 그러한 경향은 우리 현대사에 드리워진 어두운 과거에서 비롯된 것이라고 할 수 있습니다. 우리 현대사에는 기인열전畸人列傳에 들 수 있는 사람이 적지 않습니다. 여러분에게 익숙한 이름도 많이 있을 것입니다. 나로서는 그분들에 대한 나름의 이해와 공감을 느끼기 때문에 이 자리에서 거명하기 어렵습니다만 기상천외의 기행奇行이나 주사酒邪까지도 그의 호연지기浩然之氣로 치부되거나 불우한 예술가란 이름으로 면죄부가 주어지는 경우도 허다합니다. 일제하에서부터 해방 전후의 격동기와 한국전쟁 그리고 폭압적인 군사 정권에 이르기까지 우리 현대사에 드리워진 절망의 그림자는 실로 엄청난 무게가 아닐 수 없습니다. 그 절망의 짙은 그림자 속에서 『장자』는 많은 사람들에게 일탈의 논리로, 패배의 미학으로 읽혀졌음이 사실입니다.

그러나 그런 일탈과 농세弄世라는 패배주의자들의 개인주의적 대응과는 달리 역사의 엄혹한 현장에서 산산이 부서져간 사람들의 이야기를 우리는 또 알고 있습니다. 특히 나의 경우에는 그런 사람들과 감옥에서 함께 살기도 했고 그런 사람들에 대한 수많은 이야기를 듣기도 했습니다. 그러나 그런 사람들의 이야기는 오랫동안 해금될 수 없었을 뿐만 아니라 일반인들이 수용하기에도 부담이 아닐 수 없었습니다. 역사 현장으로부터 거리를 둘 수밖에 없었던 많은 사람들에게 그런 사람들의 이야기는 심리적으로도 부담이 아닐 수 없습니다. 그에 비하면 패배의 미학이 훨씬 더 친근하게 수용될 수 있었던 것이지요.

아마 이러한 현대사의 어두운 그림자 때문에 우리의 『장자』 독법이 부정의 철학으로 기울지 않았을까 하는 것이 나의 개인적인 생각입니다. 그러나 장자의 소요유가 단지 소요를 위한 것이 아님은 물론입니다. 소요유는 장자의 고차원의 사회 철학이기도 하다는 점을 잊어서는 안 됩니다. 그런 점에서 『장자』를 부정의 철학으로만 읽는 것은 올바른 독법이 아니라고 할 수 있습니다.

우리에게 잘 알려진 '예미도중曳尾途中'의 일화는 장자의 그러한 면모를 알려주는 이야기입니다. 장자가 낚시를 하고 있을 때, 초楚의 위왕威王이 대부 두 사람을 보내어 재상을 삼으려는 뜻을 전했습니다. 장자는 낚싯대를 드리운 채 돌아보지도 않고 웃으며 사신에게 말했습니다.

"내가 듣기로 초나라에는 신령스런 거북이 있는데 죽은 지 이미 3천년이나 되었다 합니다. 임금은 그것을 비단으로 싸고 상자에 넣어 묘당廟堂에 보관한다 합니다. 당신이 그 거북의 입장이라면, 죽어서 뼈만 남기어 존귀하게 되고 싶겠소, 아니면 살아서 진흙 속에 꼬리를 끌고 다니고 싶겠소?" 하여 돌려보냈다는 일화입니다.

"살아서 진흙 속에서 꼬리를 끌며 살겠다(寧生曳尾途中)"는 것이 바로 장자입니다. 부정적이기는커녕 대단히 낙천적인 세계관을 펼쳐 보이고 있는 것이지요.

— 신영복, 『강의』, 돌베개, 2004, 311~313쪽

읽기 과제

❶ 『장자』에서 '소요유逍遙遊'의 의미를 말해 보자.

❷ 우리의 현대사에서 『장자』는 많은 사람들에게 일탈의 논리로, 패배의 미학으로 읽혔다. 그 이유를 『장자』의 사상과 우리의 현대사를 연결하여 설명해 보자.

[제시문 3]

소를 양으로 바꾼 까닭

다음 구절은 곡속장觳觫章의 일절입니다.

제선왕齊宣王이 맹자에게 자기와 같은 사람도 백성들의 생활을 안정시킬 수 있겠느냐고 묻습니다. 그 물음에 대하여 맹자는 자신있게 "가可"라고 대답합니다. 선왕이 그 까닭을 묻자 맹자가 다음과 같은 이야기를 합니다.

신은 호흘이라는 신하가 한 말을 들은 적이 있습니다. 언젠가 왕께서 대전大殿에 앉아계실 때 어떤 사람이 대전 아래로 소를 끌고 지나갔는데 왕께서 그것을 보시고 "그 소를 어디로 끌고 가느냐?"고 물으시자 그 사람은 "흔종釁鍾에 쓰려고 합니다."라고 대답했습니다. 그러자 왕께서 "그 소를 놓아주어라. 부들부들 떨면서 죄없이 도살장으로 끌려가는 모습을 나는 차마 보지 못하겠다." 하셨습니다. 그러자 그 사람이 대답했습니다. "그러면 흔종 의식을 폐지할까요?" 그러자 왕께서 "흔종을 어찌 폐지할 수 있겠느냐. 소 대신 양으로 바꾸어라."고 하셨다는데 그런 일이 정말로 있었는지 모르겠습니다.

맹자가 제선왕에게 왕도를 실천할 자질이 있는지 판단하기 위해서 한 질문입니다. 먼저 제선왕이 신하인 호흘한테서 전해 들은 이야기를 확인하는 것이지요. 부들부들 떨면서 사지로 끌려가는 소를 차마 볼 수 없어서 양으로 바꾸라고 한 일이 있었는지 확인하는 것입니다. 다시 말하자면 '불인인지심不忍人之心'이 제선왕에게 있는지를 확인하려는 것입니다. 이러한 맹장의 질문에 대한 선왕의 답변과 맹자의 이야기는 다음과 같습니다.

선왕 : 그런 일이 있었습니다.

맹자 : 그런 마음씨라면 충분히 천하의 왕이 될 수 있습니다. 백성들은 왕이 인색해서 소를 양으로 바꾸라고 했다고 생각하고 있습니다만 신은 왕께서 부들부들 떨면서 사지로 끌려가는 소를 차마 볼 수 없어서 그렇게 하신 것을 알고 있었습니다.

선왕 : 그렇습니다. 그렇게 생각한 백성도 있을 것입니다만, 제나라가 아무리 작은 나라라고 하더라도 내가 어찌 소 한 마리가 아까워서 그렇게 하였겠습니까? 죄 없이 부들부들 떨면서 사지로 끌려가는 소를 차마 볼 수가 없어서 그랬던 것입니다.

맹자 : 백성들이 왕을 인색하다고 하더라도 언짢게 여기지 마십시오. 작은 것으로 큰 것을 바꾸라고 하셨으니 그렇게 생각한 것이지요. 어찌 왕의 깊은 뜻을 알 수 있겠습니까? 그런데 죄 없이 사지로 끌려가는 것을 측은하게 여기셨다면 (소나 양이 다를 바가 없는데) 어째서 소와 양을 차별할 수 있습니까?

왕이 웃으며 말했다 : 정말 무슨 마음으로 그랬는지 모르겠습니다. 나는 재물이 아까워서 그런 것은 아닌데 소를 양으로 바꾸라고 했으니 백성들이 나를 인색하다고 생각하는 것도 당연하겠군요.

맹자 : 상관없습니다. 그것이 곧 인仁의 실천입니다. 소를 보았으나 양은 보지 못했기 때문입니다. 군자가 금수를 대함에 있어서 그 살아 있는 것을 보고 나서는 그 죽은 모습을 차마 보지 못하고, 그 비명 소리를 듣고 나서는 차마 그 고기를 먹지 못합니다. 군자가 푸줏간을 멀리하는 까닭이 이 때문입니다.

우리가 이 대목에서 이야기를 하는 것은 동물에 관한 이야기가 아닙니다. 우리 사회의 실상에 관한 이야기입니다. 우리 사회의 인관관계에 관한 이야기입니다.

한마디로 오늘날의 우리 사회는 만남이 없는 사회라 할 수 있습니다. 우리들의 주변에서 '차마 있을 수 없는 일' 이 버젓이 자행되는 이유가 바로 이 '만남의 부재不在' 에서 비롯된 것입니다. 만남이 없는 사회에 '불인인지심' 이 있을 리 없는 것이지요.

식품에 유해 색소를 넣을 수 있는 것은 생산자가 소비자를 만나지 않기 때문입니다. 식품뿐만이 아닙니다. 우리가 살고 있는 사회는 얼굴 없는 생산과 얼굴 없는 소비로 이루어진 구조입니다. 전에 이야기했듯이 당구공과 당구공의 만남처럼 한 점에서, 그것도 순간에 끝나는 만남이지요. 엄격히 말해서 만남이 아니지요. 관계가 없는 것이지요. 관계가 없기 때문에 서로를 배려할 필요가 없는 것이지요. 2차 대전 이후 전쟁이 더욱 잔혹해진 까닭이 바로 보이지 않은 상태에서 대량 살상이 가능한 첨단 무기 때문이라고 하지요.

나는 자리에 앉으려고 하면 언제든지 앉을 수 있지만 대개의 경우 앉으려고 하지 않습니다. 그런데 그날은 1호선 인천 가는 전철이었어요. 영등포역에서 승차했는데 몹시 피곤하기도 하고 두 시간 강의를 앞두고 있어서 전철 속에서 잠시 눈을 붙여야겠다고 생각하고 신도림역에서 내릴 사람을 골라 그 앞에 섰습니다. 정확하게 신도림역에서 그 사람이 일어나더군요. 그래서 막 앉으려고 하는 순간에 문제가 생겼어요. 그 사람 옆에 앉아 있던 젊은 여자가 재빨리 그 자리로 옮겨 앉고 자기 자리에는 자기 앞에 서 있던 친구를 앉히는 거였어요. 거기까지는 예상치 못했던 거지요. 나는 엇비슷이 두 사람 걸치기를 하는 법이 없습니다. 단 한 사람의 정면에 서서 그 좌석에 대한 확실한 연고권을 주변에 선언했었던 나로서는 참으로 난감했습니다. 내 주변에는 나와 경쟁상대가 될 만한 나이 든 사람도 없었거든요. 태무심으로 있다가 낭패를 당한 것이지요.

두 사람은 나란히 앉아서 다정하게 이야기를 계속하고 있었어요. 그 앞에 선 채로 나는 매우 착잡한 생각에 잠기지 않을 수 없었지요. 그 때 떠오른 것이 이 '곡속장' 이었습니다. 이런 일이 일어난 이유는 결론적으로 말해서 그 여자와 내가 만난 적도 없고 다시 만날 일도 없기 때문입니다. 지하철은 평균 20분 정도 승차한다고 합니다. 승객들은 평균 열 정거장 이내로 서로 헤어지고 우연하고도 일시적인 군집群集일 뿐입니다. 나는 사회의 본질은 인간관계의 지속성이라고 생각합니다. 맹자가 사단四端의 하나로 수오지심羞惡之心, 즉 치恥를 들었습니다만 나는 이 부끄러움은 관계가 지속적일 때 형성되는 감정이라고 생각합니다. 20분을 초과하지 않는 일시적인 군집에서는 형성될 수 없는 정서입니다. 다시 볼 사람들이 아니기 때문에 피차 배려하지 않습니다. 소매치기나 폭행사건이 발생하더라도 잠시만 지나고 나면 그것은 나와는 아무 관계가 없는 일이 되는 것이지요.

이러한 무관심과 냉담함을 도시 문화의 속성으로 설명하는 사람도 있습니다. 많은 사람들이 밀집해 있는 도시라는 과밀 공간의 문제라는 것이지요. 그러나 이것은 그러한 과밀 공간으로는 설명할 수 없는 보다 근본적인 문제로부터 야기되는 것입니다. 한마디로 자본주의 사회의 속성으로부터 야기되는 것이라고 할 수 있습니다. 도시 문화 역시 자본주의가 만든 것입니다. 도시는 자본주의의 역사적 존재 형식인 셈이지요.

자본주의 사회는 상품 사회입니다. 상품 사회는 그 사회의 사회적 관계가 상품과 상품의 교환으로 구성되어 있는 사회입니다. 당연히 인간관계가 상품 교환이라는 틀에 담기는 것이지요. 다시 말하자면 사람은 교환가치로 표현되고, 인간관계는 상품 교황의 형식으로 존재할 수밖에 없게 되는 제도입니다. 자본주의 사회란 사회의 일반적인 부분에 있어서의 인간관계가 일회적인 화폐 관계로 획일화되어 있는 사회입니다. 일회적 화폐 관계가 전면화되고 있는 인관관계는 사실상 인간관계가 황폐화된 상태이며, 인간관계가 소멸된 상태가 아닐 수 없습니다. 서로 보지 못하고, 만나지 못하고, 알지 못하기 때문이지요. 모든 사람이 타자화되어 있는 상태이며 '불인인지심' 이 원천적으로 불가능한 구조이기 때문이지요. 지하철에 있었던 작은 사건은 사소한 에피소드에 불과한 것이지만 그것은 자본주의 사회의 인간관계를 상징적으로 나타내는 것이라 할 수 있습니다.

나는 우리 사회의 가장 절망적인 것이 바로 인간관계의 황폐화라고 생각합니다. 사회라는 것은 그 뼈대가 인간관계입니다. 그 인간관계의 지속적 질서가 바로 사회의 본질이지요.

지속성이 있어야 만남이 있고, 만남이 일회적이지 않고 지속적일 때 부끄러움

恥이라는 문화가 정착되는 것입니다. 지속적 관계가 전제될 때 비로소 서로 양보하게 되고 스스로 삼가게 되는 것이지요. 한마디로 남에게 모질게 할 수가 없는 것이지요. 지속적인 인간관계가 없는 상태에서는 어떠한 사회적 가치도 세울 수 없다고 생각합니다. 곡속장을 통하여 반성해야 하는 것은 바로 이와 같은 우리의 현실입니다. 맹자는 제선왕이 소를 양으로 바꾸라고 한 사실을 통해 제선왕에게 보민保民의 덕을 보았던 것입니다.

— 신영복, 『강의』, 돌베개, 2004, 234~242쪽

읽기 과제

❶ 맹자와 제선왕의 대화에서 제물을 '소'에서 '양'으로 바꾼 이유는 무엇인가?
❷ 맹자와 제선왕의 이야기가 우리에게 말하고자 하는 핵심은 무엇인가?
❸ 불인인지심不忍人之心이 무엇인가?
❹ 만남이 없는 관계란 무엇인가?

| '나'를 쓰는 기술 Ⅰ : 주제와 개요 |

●글쓰기의 절차

집짓기, 요리하기, 의복짓기. 이 셋에서 공통점을 찾아보자. 첫째, 무언가를 이루기 위한 행위이다. 목적이 분명하고 동기가 전제되어 있다. 둘째, 각 목적에 부합하는 재료를 준비해야 시작할 수 있는 일이다. 생각만으로 의욕만으로 만들어 낼 일이 아니라 통나무든 배추든 옷감이든 재료를 갖추고서야 가능한 일이다. 셋째, 그 일을 이루기 위해 필수적으로 거치는, 일정한 절차가 있다. 의욕만으로 단번에 결과물을 내놓는 것이 아니라, 일정한 과정을 거쳐 이루어내는 것이다. 그 과정이 복잡하다면 실패를 막기 위해 설계도를 미리 그려가며 일을 할 수 있다.

글쓰기도 위의 활동과 공통점이 많다. 첫째, 자신의 생각을 한 편의 글로 내놓을 목적

으로, 둘째, 글감을 준비하여, 셋째, 일정한 절차를 거쳐 이루어 낸다. 글쓰기도 의식주로 지속되는 우리 삶을 유지하는 기술의 하나로 습득해야 얻어지는 것이며, 삶에서 두루 활용되는 실용적 기술이다.

글쓰기는 일반적으로 다섯 단계를 거친다. 한 편의 글을 쓰기 위해서는 가장 먼저 자신이 쓰고자 하는 내용 중에서 핵심적인 생각이 정해져야 한다. 그것이 바로 주제主題이다. 그 다음으로 이 주제의 내용을 전개하거나 뒷받침하는 데 필요한 자료를 수집하여야 한다. 그 자료를 제재題材라고 한다. 제재가 정리되면 이어서 주제를 효과적으로 드러내기 위해 자료의 선후 관계를 구상하여 글의 전체적인 짜임새를 생각하여야 한다. 이것이 개요槪要이다. 개요가 작성되면 집필執筆에 들어간다. 그리고 집필한 내용을 살피고 고치는 수정[推敲] 작업 단계를 거친다. 주제를 정하고 제재를 수집 · 정리하며 개요를 작성하고, 이를 기초로 집필하고 수정하는 각 단계를 두고 일반적으로 글쓰기의 다섯 단계라 한다.

물론 글쓰기의 절차가 단계별로 확정되어 있는 것은 아니다. 글쓰기는 각자 편한 방법이나 절차에 따라 자유롭게 이루어질 수도 있다. 글을 쓰는 상황이 다양하고 글을 쓰는 사람의 취향이 다르기 때문이다. 따라서 일반적인 절차의 한 단계를 생략하거나 이와 반대로 한 단계를 더 보탤 수 있다. 각 단계의 순서를 취향에 따라 다소 다르게 할 수도 있다. 그러나 아무리 글을 쓰는 상황이 다양하다고 하더라도 일반적인 절차를 익혀서 지키면 상당히 유용하다. 집필도 하기 전에 수정이 이루어질 수 없고, 자료를 임의대로 수집하고 주제를 정하면 좋은 글이 나올 수가 없다.

주제를 설정하고 난 후 글의 짜임새를 가설적으로 한번 짜 보고, 그것에 따라 필요한 자료를 수집하는 것이 편리할 때가 많다. 즉, 예비적 개요를 작성해 보면, 어떤 내용과 성격의 자료가 필요한 것인지를 알 수 있고, 자료 수집을 좀 더 구체적으로 진행할 수 있다. 그리고 자료를 모아서 정리해 보면, 기존의 예비 개요를 수정할 필요성이 생긴다. 자료 수집과 정리를 통해 필자 자기 인식의 폭이 넓어지고 깊이가 생길 것이다.

그리고 글쓰기의 다섯 단계 중 고쳐 쓰는 단계에 대해 바르게 이해해야 한다. 고쳐쓰기는 항상 마지막 단계에서만 떠올리는 작업이 아니라, 모든 단계에 두루 사용되어야 하기 때문이다. 주제를 정한 후 그것이 독자와 맞지 않다면 주제에 수정이 요구되고, 제재를 수집했으나 주제에 적합하지 않다면 제재를 보완해야 한다. 개요나, 이를 뼈대로 집필한 초고가 주제를 잘 드러내지 못하고 있다면 그때마다 고치고 다듬고 다시 고치며 다음 단계로 나아가야 한다. 글쓰기에서 고쳐쓰기는 마지막 단계에 한 번 적용하는 것으로 충분하다는 생각을 하는 것은 부족한 글을 쓰는 지름길이다.

이상 글쓰기의 단계를 도식으로 나타내 보면 다음과 같다.

❶ 주제 정하기 ⇨ ❷ 예비 개요 만들기 ⇨ ❸ 제재 마련하기 ⇨ ❹ 본 개요 만들기 ⇨ ❺ 집필하기 ⇨ [글]
⇧ ⇧ ⇧ ⇧ ⇧
고치기 고치기 고치기 고치기 고치기

위의 단계 중에서 글쓰기 초보자가 반드시 명심해야 할 단계가 주제 정하기와 개요 만들기이다. 어떤 문제에 대해 글을 써야 한다는 의무감을 가진 대부분의 초보자가 그 문제에 대한 자신의 생각을 확실히 정리하지 않은 상태에서 바로 집필에 들어가는 경우가 많다. 그 문제는 글감일 뿐이지, 그것이 곧 자기 글의 핵심 생각, 즉 주제는 아니다. 그렇게 글을 쓰면 좋은 글은 불가능하다. 대부분의 시간을 망설임으로 보내게 되고, 연필을 쥐고 종이나 화면을 우두커니 바라보고 있게 된다. 이는 옷감을 들고 있다고 바로 옷을 만들 수 없는 것과 같다. 어떤 옷을 만들 것인지 자신이 분명히 알지 못한 채 옷감에 가위질을 시작한다면 어떻게 될 것인가? 좋은 글을 쓰기 위해서는 해당 문제에 대해 자신이 하고자 하는 이야기의 핵심적 내용을 가다듬어 놓는 것이 가장 기본이다.

글에서 쓰고자 하는 핵심적 내용은 어떻게 만들 수 있을까? 그것은 참주제를 설정하고 주제문을 작성하는 것으로 구체화된다. 주제문을 작성한다는 것은 자신이 표현하고자 하는 핵심적 내용을 정리한다는 뜻이다. 개요 작성도 참으로 중요하다. 글을 써 본 경험이 적은 사람일수록, 자신이 쓸 내용들과 그 짜임새에 대해 일정한 체계로 정리하고 메모해 두지 않으면, 옆길로 새거나 특정한 내용을 빠뜨리거나 중복되게 하는 실수를 범하기 쉽다. 자신도 의식하지 못하는 상황에서 엉뚱한 내용이 삽입되기도 한다. 따라서 좋은 글을 쓰려면 주제 설정과 개요 만들기를 중점적으로 훈련해야 한다.

●무엇에 대해 쓸까?

글을 쓰려는 사람이 제일 먼저 해야 할 일은 '무엇을 쓸 것인가' 를 결정하는 것이다. 이 '무엇' 이 곧 주제主題인데, 주제는 글의 중심적인 내용, 필자가 말하고자 하는 핵심 내용을 뜻한다. 주제를 중심 사상으로 이르기도 한다. 주제는 제재題材와 별개의 것이다. 제재는 주제의 재료라는 뜻이다. 주제가 글의 중심 사상이라면 제재는 글의 소재이다. 사랑에 대해 글을 쓸 때, 이 주제를 구체화하기 위해 등장하는 청춘 남녀라든가, 이성이라든가 예수가 석가, 성춘향의 이야기 같은 것들, 즉, 주제를 드러내는 데 필요한 재료가 바로 제재다.

주제가 명확할수록 글을 잘 쓸 수 있다. 그렇게 하기 위해서는 우선 주제를 한정해야 한다. 단순히 알고 있거나 흥미를 가지고 있는 막연한 주제가 아니라, 한정된 명확한 주제로 좁혀 결정해야 한다. 막연한 주제가 가주제이고, 명확한 주제가 참주제이다. 크고 불명확한 가주제를 그 일부인 작은 문제로 한정하여 참주제로 만들지 않고서는 생생하고 구체적인 말로 표현할 수가 없다. 예를 들어, '우리나라의 산' 에 대해 글을 쓴다고 한다면, 이는 너무 막연하고 광범위하여 가주제라 할 수밖에 없다. 그것과 관련된 경험을 세분한 후, 그 중에서 말하고 싶은 '무엇' 으로 구체적으로 한정하면 참주제가 된다. '우리나라의 산' 은 가주제인데, 여기서 '우리나라 산의 인상적 자태' 를 말하고자 한다면 이는 참주제이다.

잘 한정된 참주제가 하더라도 그것만으로 충분한 것은 아니다. 예를 들어 우리나라 산의 특성에 대해서는 여러 가지로 말할 수 있다. 그러므로 그것과 관련하여 자신이 말하고자 하는 핵심적 내용을 하나의 문장으로 구체화하는 것이 필요하다. 예를 들어 '우리나라의 산에는 각각 뚜렷한 개성이 있다.' 는 식으로 하나의 문장을 나타낸다. 이것이 곧 주제문이다. 이렇게 주제문을 써 보아야만 필자는 자기의 주제를 명확하게 자각하면서 글을 잘 쓸 수 있게 된다.

주제를 구체화하기 위해서는 이야깃거리가 있어야 한다. 이것이 바로 제재이다. 주제를 구체적으로 드러낼 수 있는, 또는 그것을 증명해 보일 수 있는 이야깃거리를 수집하여 필자의 의도에 맞게 정리하고 배열해야 내용이 풍부하면서 설득력 있는 글을 쓸 수 있다. 그러기 위해, 제재는 ㉮ 풍부하고 다양하며, ㉯ 확실하고, ㉰ 주제를 뒷받침할 수 있으며, ㉱ 관심을 모을 수 있는 것이어야 한다.

●개요 만들기

・구상

-구상의 원리

주제가 결정되고 그것에 따른 제재가 수집・정리되면, 어떤 순서로 내용을 엮어 나갈 것인가 궁리해야 한다. 이것이 바로 구상構想이다. 구상이란 내가 쓸 글에서 뼈대가 될 내용이나 표현 형식에 대해 생각을 정리하는 것이다. 구상 과정에서 놓치지 않아야 할 세 가지 사실이 있는데, 통일성, 긴밀성, 강조성이 그것이다.

첫째, 통일성의 원리란 글의 처음부터 끝까지 주제에서 벗어나지 않는 내용이 되도록 해야 한다는 것이다. 다양한 자료를 수집하였으나 이를 다 쓴다고 하여 풍부한 느낌의 글이 되는 것은 아니다. 내용상 일부 관련이 있더라도 그 글의 핵심 내용에 벗어나는 자료는 글의 긴장도를 떨어뜨려 글을 산만하게 한다. 심각하게는 필자의 의도를 잘못 전달할 수도 있다.

둘째, 긴밀성의 원리란 선택된 자료들을 순리적으로 연결하여 주제를 드러내는 것이다. 문제의 자료들이 주어진 주제와 일정한 관련성을 가지는 것이 통일성의 원리라면, 긴밀성의 원리는 그러한 자료들을 효과적으로 전개하고 조직하는 방법을 일컫는 것이다. 또한 긴밀성의 원리는 글의 부분 부분이 나름대로의 독자성을 가지면서도 하나의 주제를 중심으로 긴밀하게 얽혀 있어야 함을 뜻한다.

셋째, 강조성의 원리는 글의 주제를 강도 있게 드러내도록 하는 것이다. 자료를 선택하거나 배열할 때, 주제와 더 밀접한 제재에 대해서는 양적으로나 질적으로 큰 비중을 두어 다루어 주제를 더욱 돋보이게 드러내고자 하는 것이다.

이 세 가지 원리에 포함된 공통점은 무엇일까? 글의 자료를 엮어가는 과정에 주제와 관련 여부를 필수적으로 생각하는 것이다. 글의 주제는 그 글이 존재하는 이유이고, 궁극적으로 달성하고자 하는 목적이며, 글을 써 가는 과정에 바라봐야 할 푯대이다. 구상의 순간에도 주제가 기준점이 됨을 상기해야 한다.

-구상의 방법

첫째, 시간적 구상이 있다. 사건의 시간적 순서에 따라 제재를 배열하고 그것으로써 글의 짜임새로 삼는 방법이다. 보통 일기, 기행, 역사, 소설, 신문 기사 등에 이러한 구상법이 쓰인다.

이 구상법은 글에 강조점을 두기 어려워 글의 인상이나 호소력이 낮아질 가능성이 있다. 그리고 잘못하면 부분적인 사건 하나하나가 사건 전체의 맥락 속에서 파악되지 못하고, 분리된 채로 인식될 우려가 있다. 이러한 결점을 극복하기 위해 결말 부분을 먼저 제시하고 그 다음부터 순차적으로 배열하는 역순행 방법이나 결말 부분부터 거슬러 올라가는 역행의 방법을 이용하기도 한다.

둘째, 공간적 구상이 있다. 이 방법은 지리적인 형세, 생물의 형태, 기계의 구조 등을 기술하거나 설명할 때, 기관이나 단체의 기구와 조직 등을 설명하고 기술할 때 효과적이다. 일반적으로 일정한 공간적 세계에 존재하는 것들의 구조를 밝히는 데 쓰인다. 먼저 전체의 윤곽을 제시하고 점차 각 부분이 전체와 어떻게 관련되어 있는가를 밝혀 나간다.

공간적 구상은 시간적 구상과 함께 자연적 구상이라고 한다. 사건이나 사물을 인식하는 과정에서 자연스럽게 쓰이는 방법이기 때문이다. 그런 까닭에 이 두 가지 구상법은 서로 섞여 사용되기도 한다.

셋째, 논리적 구상이 있다. 사건이나 사물을 논리적인 관점에서 파악하고 서술하는 것이다. 특히 인과 관계를 중시하여 원인에서 결과로 나아가는 방식이나 결과에서 원인으로 나아가는 방식으로 짜지기도 한다. 이런 방식의 구상을 논리적 구상이라고 하는데, 논리적 구상은 '도입－전개－정리'나 '서론－본론－결론'이니 하는 등의 삼단 구성의 형식을 취하는 것이 보통이다. 그러나 경우에 따라서는 본론을 두 단계로 나눈 4단 구성이나 서론과 본론을 각각 두 단계로 나눈 5단 구성으로 짜기도 한다.

넷째, 한 편의 글은 결론이나 글의 핵심적 내용에 해당되는 부분, 또는 필자의 주장을 어느 위치에 둘 것인가에 따라, 두괄 미괄 쌍괄 구상으로 나뉜다. 서술의 효과를 높여 독자에게 강력한 인상과 감명을 줄 수 있도록 하기 위하여, 중요하다고 생각되는 사항, 독자가 용이하게 받아들이고 승인할 수 있는 사항 등을 먼저 제시하는 방법이 두괄 구상이다. 독자가 느끼는 긴장감을 점차 고조시켜 마지막에 이르러 가장 큰 감명을 줄 수 있도록 제재를 배열하는 방법은 미괄 구상이다. 그리고 두 가지 구상의 특성을 모두 가지고 있는 것이 쌍괄 구상이다.

• 개요

– 개요의 정의

구상이 되었다고 하여 바로 글을 쓸 수 있는 것은 아니다. 글을 많이 써 본 사람이 적은 분량의 글을 쓰고자 하는 경우에는, 머릿속에서 궁리한 내용을 토대로 바로 집필을 시작할 수 있다. 그러나 대부분의 사람들에게 그것은 어려운 일이다. 처음에 구상하였던 것을 잊어버려 글이 중간에서 막힌다거나, 순간적으로 떠오르는 생각에 의해 글의 방향이 바뀌는 경우가 생길 것이다.

머릿속에서 구상된 것을 어떻게 글로 만들 수 있을까? 구상의 내용을 도식화하여 글의 전체 구조를 한 눈에 볼 수 있도록 메모해 놓아야 한다. 글의 주제를 정점으로 각각의 하위 내용들이 어떠한 짜임새로 형성되어야 할 것인가를 보여주는 설계도를 작성하는 것이다. 이것이 바로 개요이다.

예를 들어, 우리나라의 몇몇 유명한 산의 인상적인 자태에 대해, '우리나라의 몇몇 산에는 각각 뚜렷한 구성이 있다.' 는 내용으로 글을 쓰고자 한다면, 우리는 머릿속으로 대략 다음과 같은 내용으로 글을 짜임새에 대해 궁리할 것이다.

- 남북한 각각 2개 정도의 산을 대상으로 삼는 것이 좋겠다.
- 우리에게 잘 알려진 백두산, 금강산, 설악산, 한라산 등이 좋겠다.
- 그러한 산을 언급하는 순서는 지리적으로 북쪽에서 남쪽으로 내려가는 순서로 하자.
- 백두산은 장엄한 자태가 웅장한 느낌을 준다.
- 그리고 나머지 산들도 각각 이러이러하다는 식으로 언급한다.
- 첫 번째 문단은 도입부로서 금강산 관광을 언급하면서 우리나라의 유명한 산들로부터 받는 느낌이 어떤 것인지에 대해 물음을 던지는 형식을 취하자.
- 두 번째 문단부터 차례대로 네 개의 산에 대해 언급하자.
- 마지막인 여섯째 분단에서는 각각의 산들이 나름대로의 독특한 개성을 가지고 있는 것처럼 보인다는 내용으로 마무리하자.

이상과 같은 '내용 궁리' 가 곧 구상이다. 구상이 마무리되면 그것을 일정한 형식으로

메모함으로써 개요를 작성한다. 개요란 글 쓰는 사람 자신이 집필의 준비 과정의 일환으로 마련하여 이용하는 내부 참고용 성격의 정리이므로 남에게 보이는 것이 아니다. 일정한 형식을 강조할 수 없으며 자기 자신만이 알아볼 수 있는 형식과 문체이어도 상관이 없다.

–개요의 유형

개요의 각 항목은 명사구 형식 또는 문장 형식으로 쓸 수 있다. 다음 [예1]은 화제 개요로서, 개요의 각 항목을 글의 내용을 대변하는 핵심 어구로 간결하게 표현한 것이다. 화제 개요는 주로 명사구 형식으로 표현되며, 이는 글의 짜임새를 간명하게 제시하는 장점이 있다. [예2]는 문장 개요로서, 글의 내용을 하나의 완전한 문장으로 표현한 것이다. 문장 개요는 내용을 구체적으로 제시하는 장점이 있다.

[예1]

제목 : 우리나라 유명 산들의 인상적 특징 주제문 : 우리나라의 유명 산들은 각각 개성이 뚜렷하다.
1. 도입부 2. 백두산의 웅장함 3. 금강산의 화려함 4. 설악산의 섬세함 5. 한라산의 수수함 6. 마무리

[예2]

제목 : 우리나라 유명 산들의 인상적 특징 주제문 : 우리나라의 유명 산들은 각각 개성이 뚜렷하다.
1. 도입부 : 우리나라의 유명한 몇몇 산들은 어떤 느낌으로 다가오는가? 2. 백두산은 웅장한 느낌을 준다. 3. 금강산은 화려한 느낌을 준다. 4. 설악산은 섬세한 느낌을 준다. 5. 한라산은 수수한 느낌을 준다. 6. 마무리 : 우리나라의 유명 산들은 각각 개성이 뚜렷하다.

개요 작성은 흔히 건축 설계도에 비유된다. 설계도가 잘 되어 있어야 좋은 건축물을 기대할 수 있듯이, 개요가 체계적으로 되어 있어야 좋은 글이 나올 수 있다. 이런 점에서 가능하면 두 종류의 개요 작성법을 섞어서 이용하는 것보다는 한 가지 방법을 일관되게 적용하는 것을 권장한다.

또한 개요는 일정한 층위를 두고 짜야 한다. 서로 대등한 성격의 내용들은 동일한 층위로 다뤄야 한다. 영남대학교에서 개설되어 있는 전공 영역에 대해 소개를 한다고 사정하고 개요를 짜 보자.

[예3]

제목 : 영남대학교의 전공 영역의 종류 주제문 : 영남대학교에는 다양한 전공 영역이 있다.
1. 도입부 2. 체육학 전공

3. 무용학 전공
4. 국악 전공
5. 관현악 전공
6. 성악 전공
7. 피아노 전공
8. 회화 전공
9. 조소 전공
10. 국어교육학 전공
11. 영어교육학 전공
12. 한문교육학 전공
13. 유아교육학 전공
14. 마무리

이상과 같은 짜임새는 소개되는 각 전공 영역 사이의 친소 관계를 잘 보여주지 못한다. 동일한 상위 부류로 묶일 수 있는 것끼리의 공통점을 드러낼 수 없는 구조다. 보통의 글에서도 가능하면 여러 층위를 두고 구체적이고 자세하게 짜는 것이 좋다. 이런 경우 층위가 복잡할수록 동원되어야 할 숫자나 기호도 그만큼 복잡해지지만, 훨씬 체계적인 개요가 된다. 앞의 개요 [예3]과 다음의 개요 [예4]를 비교해 보라.

[예4]

제목 : 영남대학교의 전공 영역의 종류
주제문 : 영남대학교에는 다양한 전공 영역이 있다.

1. 도입부
2. 생활과학대학
   1) 체육학부
      (1) 체육학 전공
      (2) 무용학 전공 …

3. 음악대학
    1) 음악학부
        (1) 피아노 전공
        (2) 성악 전공 …
4. 미술대학
    1) 미술학부
        (1) 동양화 전공
        (2) 서양화 전공 …
5. 사범대학
    1) 국어교육학 전공
    2) 영어교육학 전공…
6. 마무리

－개요 작성의 과정

개요는 앞에서 언급한 제재의 정리와 구상이 다 끝난 다음에 작성하는 것보다는 그러한 작업과 병행하는 것이 더 효과적일 수 있다. 제재를 정리하고 구상을 해 나가는 데 예비적 개요가 있으면 도움이 된다. 개요는 머릿속으로 궁리한 것을 그대로 종이 위에 적어 나가면 작성된다. 1차적 개요가 작성되면 그것을 바탕으로 자료를 수집하고 정리한다. 그렇게 하는 과정에서 필자는 해당 주제에 대한 인식의 폭과 깊이를 확대하게 되며, 더 세부적이고 체계적인 개요를 작성할 수 있게 된다.

개요를 처음 작성할 때에는 우선 주제문의 내용을 2개 이상의 주요 논점으로 나누어 본다. 예를 들어, '교사는 노동자이다.' 와 같은 주제문을 가지고 글을 쓴다고 하면, 일단 '교사'의 직업적 특성이 어떠한가의 문제와 '노동자' 라는 용어가 어떠한 사람들을 가리키는 것인지 알아보아야 한다. 그러므로 i) 교사의 직업적 특성, ii) 노동자의 의미 등의 논점을 우선 상정할 수 있다. 이러한 논점을 주요 논점이라고 한다. 도입부와 마무리 부분을 보충하여 간략한 개요를 만들면 다음 [예5]와 같다.

[예5] 1차 개요

제목 : 교사와 노동자 주제문 : 교사는 노동자이다.
1. 도입부 2. 교사의 직업적 특성 3. 노동자의 의미 4. 마무리

이상에서 주요 논점을 2개 이상의 종속 논점으로 세분화하였다. 이러한 개요를 염두에 두고 자료를 찾아 정리해 나가면, 해당 주제에 대한 필자의 생각이 깊고 풍부해져 더 세부적인 수준의 개요를 작성할 수 있게 된다.

그런데 교사가 하는 일을 정신노동으로도, 육체노동으로도 볼 수 있으므로, 그러한 내용의 2가지 종속 논점을 확보할 수 있다. 노동자라는 것도 전통적 관념적으로 생각하는 의미와, 이에 대한 법률적인 의미가 다를 수 있다. 이를 2가지 논점으로 따져 볼 수 있다. 이것을 보충 정리하여 다음 [예6]과 같은 내용의 개요를 만들 수 있을 것이다.

[예6] 2차 개요

제목 : 교사와 노동자 주제문 : 교사는 노동자이다.
1. 도입부 2. 교사의 직업적 특성 1) 교직의 육체 노동적 특성 2) 교직의 정신 노동적 특성 3. 노동자의 의미 1) 전통적인 관념적 의미 2) 법률적 의미 4. 마무리

앞의 경우와 마찬가지로, 이상과 같은 새로운 개요를 염두에 두고 추가적인 자료를 찾고 재정리해 나가다 보면, 더 세부적이고 구체적인 수준의 개요를 작성할 수 있게 된다. 그것은 곧 종속 논점을 2개 이상의 자세한 목록으로 세분하는 것이다. 다음 [예7]을 보자.

[예7] 3차 개요

제목 : 교사와 노동자
주제문 : 교사는 노동자이다.

1. 도입부
2. 교사의 직업적 특성
    1) 교직의 육체 노동적 특성
        (1) 육체 노동적 피로감의 일반적 증상
        (2) 교사들이 호소하는 신체적 피로감
    2) 교직의 정신 노동적 특성
        (1) 정신 노동적 피로감의 일반적 증상
        (2) 교사들이 호소하는 심리적 피로감
3. 노동자의 의미
    1) 전통적인 관념적 의미
        (1) 근대 이전의 의미
        (2) 근대 이후의 의미
    2) 법률적 의미
        (1) 선진 외국의 경우
        (2) 우리나라의 경우
4. 마무리

만일 앞의 두 개요를 예비 개요라고 한다면, 바로 앞의 3차 개요는 본개요가 될 것이다. 물론 이 3차 개요의 내용도, 자료 수집이나 집필 과정에서 다시 수정될 수 있다.

개요는 상세할수록 좋다. 대개 한 문단에 하나의 세목이 대응되는 정도라면 충분하다.

만약 여덟 개 문단 정도의 분량에 해당하는 글이라면, 개요에 등장하는 세목도 여덟 개 정도가 되도록 짜면 좋다는 뜻이다.

❶ [제시문 1] – 1에서 단락별로 중심내용을 찾고, 이를 바탕으로 글의 개요를 작성해 보자.

---

❷ [제시문 1] – 2와 아래 글을 읽고, 하나의 대상(예 : 거울못, 칠판, 친구 등)을 다양한 시적 관점으로 살펴보고, 이를 바탕으로 글을 써 보자.

> 시적 관점은 우선 대상을 여러 시각에서 바라보게 합니다. 동서남북의 각각 다른 지점에서 바라보게 하고 춘하추동의 각각 다른 시간에서 그것을 바라보게 합니다. 결코 즉물적卽物的이지 않습니다. 시적 관점의 특징이라고 할 수 있는 이러한 자유로운 관점은 사물과 사물의 연관성을 깨닫게 해 줍니다. 한마디로 시적 관점은 사물이 맺고 있는 광범한 관계망을 드러냅니다. 우리의 시야를 열어주는 것이지요. 이것이 바로 우리가 시를 읽고 시적 관점을 가지려고 노력해야 하는 이유라고 생각합니다.
>
> — 신영복, 『강의』, 돌베개, 2004, 64~65쪽

❸ 『장자』의 사상과 유가 사상을 비교하는 글을 써 보자.

❹ 이 책의 저자가 전하고자 하는 주제가 무엇인지 생각해 보고, 주제를 구체적으로 적어 보자.

❺ 주제에 맞게 개요서를 작성해 보자.

| 토론과 글쓰기 |

❶ 제물을 소를 양으로 바꾼 제선왕의 처사가 어떻다고 생각이 되는가?

❷ 주변에서 만남이 없는 관계로 인해 생기는 현상이 어떤 것이 있는지 이야기해 보자.

❸ 불인인지심不忍人之心을 바탕에 둔 인간관계는 현 사회에서 어떤 관계가 있겠는가?

■ 토론한 내용을 바탕으로 한 편의 글을 써 보자.

주제 :

【 함께 읽기 좋은 자료 】

맹자, 박경환 역, 『맹자』, 홍익출판사, 2005.
신영복, 『감옥으로부터의 사색』, 돌베개, 1998.
안동림 역주, 『장자』, 현암사, 1998.
유시민, 『청춘의 독서』, 웅진지식하우스, 2009.
진순신, 『논어교양강의』, 돌베개, 2010.
황광우, 『철학콘서트』, 웅진지식하우스, 2006.

3 『백석 詩』를 읽고 쓰다

| 학습 목표 |

- 속도의 시대를 사는 우리가 시를 읽어야 하는 이유에 대해 생각해 본다.
- 『백석 시』 전편을 읽고 이를 바탕으로 문학적 감성을 기르고 정서를 배양한다.
- 백석 시에 나타난 '고향—사랑—외로움' 에 관한 정서를 이해하고 시적 공감을 해 본다.
- 다른 시인들의 시와 비교하며 상호텍스트 읽기를 해 본다.
- 공감을 바탕으로 한 편의 시를 써 본다.

| 해제와 저자 소개 |

●해제

백석은 모국어의 확장과 다양한 시적 기법의 활용이라는 점에서 한국현대시사의 새로운 영역을 개척한 시인이다. 평북 정주지역의 방언들과 토속적인 소재들을 통해 훼손되지 않은 농촌 공동체의 원형을 복원함으로써 일제강점기하의 민족적 정서, 면면히 내려오던 한민족의 삶의 모습을 형상화하였다. 그뿐만 아니라 백석은 우리말의 구문들을 다

채롭게 활용함으로써 한국말의 묘미와 시적 아름다움을 탁월하게 보여주었으며, 정제된 형식의 시를 뛰어넘어 장황한 사설체나 이야기 형식을 시에 도입함으로써 우리 시의 새로운 미적 경지를 개척하였다. 아울러 그의 시는 시각을 비롯하여 청각, 후각, 촉각, 미각 등의 모든 감각을 동원하여 시적 대상과 교감함으로써 토속적인 생활정취를 생생하게 그려내었다. 특히 백석의 시는 서정적 주체의 자기 내면을 찬찬하게 응시하고 이를 섬세하고 투명한 언어에 담아냄으로써 삶의 슬픔과 고뇌를 감동적으로 그려내는, 육화된 서정의 절정을 보여주었다. 백석의 시는 우리에게 한국어의 아름다움과 시적 서정의 감동을 섬세하게 경험하게 해 줄 것이다.

백석이 생전에 발간한 시집은 『사슴』이 유일하다. 1936년에 간행된 시집에는 독특한 방언과 개성적인 서정을 구사한 작품들이 다수 수록되어 있으며, 이 작품들을 관통하는 시적 방법은 객관화라고 할 수 있다. 백석은 고향의 민속과 풍물을 다루되 일정한 거리를 취하는 묘사나 이야기 형식을 통해 형상화함으로써 감정과 정서의 직접적인 노정을 피한다. 등단작인 「정주성」을 비롯하여 「고야」 「여우난곬족」 「나와 지렝이」 「여승」 「修羅」 「절간의 소 이야기」 「오금덩이이라는 곳」 등 35편의 작품이 『사슴』에 수록되어 있다. 『사슴』 이후의 작품들은 정서와 생각을 직접 술회하는 방향으로 전환된다. 이 시기에도 풍물을 기록한 기행시들이 다수 있지만, 이전과 달리 자신의 정서를 자연스럽게 피력하는 경향을 보인다. 「나와 나타샤와 당나귀」를 비롯하여 「내가 생각하는 것은」 「팔원」 「북방에서」 「국수」 「흰 바람벽이 있어」 「남신의주유동박시봉방」 「귀농」 「목구」 「조당에서」 그리고 〈통영 연작〉 등이 이에 속한다.

●저자 소개

백석(1912~1995년 추정)은 1912년 평북 정주에서 『조선일보』의 사진반장을 지낸 부친 백용삼(백시박)과 모친 이봉우 사이에서 장남으로 태어났다. 본명은 기행夔行으로 알려져 있지만 기연基衍으로도 불렸으며 주로 백석白石으로 활동했다. 1918년 오산소학교와 1924년 오산고등보통학교를 거쳐 1930년 조선일보 후원장학생으로 도쿄 아오야마靑山 학원 영어사범과에 입학하여 영문학을 전공하였다. 1930년 조선일보 작품 공모에 단편소설 「그 母와 아들」이 당선되어 등단하였다. 1934년 귀국

후 조선일보사에 입사하여 계열사 잡지인 『여성』, 이후 『조광』의 편집일을 담당하였으며, 1936년 조선일보에 「정주성」을 발표하고 시집 『사슴』을 간행하였다. 1937년 영생고보 교사로 취업하였고 같은 해 결혼하였다. 이후 만주와 경성을 오가며 측량보조원, 측량 서기를 비롯하여 세관과 광산 등지에서 일했으며, 해방 후 조선민주당의 조만식 선생의 통역비서로 일했다고 전해진다. 분단 후 김일성 대학에서 영어와 러시아를 강의하였으며 다수의 러시아 작가들의 작품을 번역하였다. 1963년에 사망했다고 알려졌지만, 최근 83세의 나이로 1995년 세상을 떠난 것으로 전해지고 있다.

| 읽고 생각하기 |

독서 노트

제시문 1) 첫 번째 테마 : 고향

읽기 요점 :

❶ 고향의 존재가 시에서 서정성을 형성하는 원리를 이해한다.
❷ 백석의 시에 나타나는 고향을 살펴보고 오늘날 우리의 삶에서 고향이 어떤 의미를 가 질 수 있을지 성찰한다.
❸ 고향의 심상을 구성하는 여러 가지 요소들을 확인하면서 시를 읽어간다.
❹ 고향 의식의 상실과 회복에 대해 성찰한다.

[시 1]

고야(古夜)

아배는 타관 가서 오지 않고 산비탈 외따른 집에 엄매와 나와 단둘이서 누가 죽이는 듯이 무서운 밤 집 뒤로는 어늬 산골짜기에서 소를 잡어먹는 노나리꾼들이 도적놈들같이 쿵쿵거리며 다닌다

날기멍석을 져간다는 닭보는 할미를 차 굴린다는 땅아래 고래 같은 기와집에는 언제나 니차떡에 청밀에 은금보화가 그득하다는 외발 가진 조마구 뒷산 어늬메도 조마구네 나라가 있어서 오줌 누러 깨는 재밤 머리맡의 문살에 대인 유리창으로 조마구 군병의 새까만 대가리 새까만 눈알이 들여다보는 때 나는 이불 속에 자즈러붙어 숨도 쉬지 못한다

또 이러한 밤 같은 때 시집갈 처녀 막내고무가 고개 너머 큰집으로 치장감을 가지고 와서 엄매와 둘이 소기름에 쌍심지의 불을 밝히고 밤이 들도록 바느질을 하는 밤 같은 때 나는 아룻목의 삿귀를 들고 쇠든밤을 내여 다람쥐처럼 밝어먹고 은

행여름을 인두불에 구워도 먹고 그러다는 이불 우에서 광대넘이를 뒤이고 또 누어 굴면서 엄매에게 웃목에 두른 평풍의 새빨간 천두의 이야기를 듣기도 하고 고무더러는 밝는 날 멀리는 못 난다는 뫼추라기를 잡어 달라고 조르기도 하고

내일같이 명절날인 밤은 부엌에 쩨듯하니 불이 밝고 솥뚜껑이 놀으며 구수한 내음새 곰국이 무르끓고 방안에서는 일가집 할머니가 와서 마을의 소문을 펴며 조개송편에 달송편에 죈두기송편에 떡을 빚는 곁에서 나는 밤소 팥소 설탕 든 콩가루소를 먹으며 설탕 든 콩가루소가 가장 맛있다고 생각한다

나는 얼마나 반죽을 주무르며 흰가루손이 되여 떡을 빚고 싶은지 모른다

선달에 냅일날이 들어서 냅일날 밤에 눈이 오면 이 밤엔 쌔하얀 할미귀신이 눈귀신도 냅일눈을 받노라 못 난다는 말을 든든히 녀기며 엄매와 나는 앙궁 우에 떡돌 우에 곱새담 우에 함지에 버치며 대냥푼을 놓고 치성이나 드리듯이 정한 마음으로 냅일눈 약눈을 받는다

이 눈세기물을 냅일물이라고 제주병에 진상항아리에 채워두고는 해를 묵여가며 고뿔이 와도 배앓이를 해도 갑피기를 앓어도 먹을 물이다

— 『사슴』, 1936. 1.

[시 2]

가즈랑집

승냥이가 새끼를 치는 전에는 쇠메 든 도적이 났다는 가즈랑고개

가즈랑집은 고개 밑의

산너머 마을서 도야지를 잃는 밤 즘생을 쫓는 깽제미 소리가 무서웁게 들려오는 집

닭 개 즘생을 못 놓는

멧도야지와 이웃사춘을 지나는 집

예순이 넘은 아들 없는 가즈랑집 할머니는 중같이 정해서 할머니가 마을을 가면 긴 담뱃대에 독하다는 막써레기를 몇 대라도 붙이라고 하며

간밤엔 섬돌 아래 승냥이가 왔었다는 이야기
어느메 산골에선간 곰이 아이를 본다는 이야기

나는 돌나물김치에 백설기를 먹으며
옛말의 구신집에 있는 듯이
가즈랑집 할머니
내가 날 때 죽은 누이도 날 때
무명필에 이름을 써서 백지 달어서 구신간시렁의 당즈깨에 넣어 대감님께 수영을 들였다는 가즈랑집 할머니
언제나 병을 앓을 때면
신장님 단련이라고 하는 가즈랑집 할머니
구신의 딸이라고 생각하면 슬퍼졌다

토끼도 살이 오른다는 때 아르대즘퍼리에서 제비꼬리 마타리 쇠조지 가지취 고비 고사리 두릅순 회순 산나물을 하는 가즈랑집 할머니를 따르며
나는 벌써 달디단 물구지우림 동굴레우림을 생각하고
아직 멀은 도토리묵 도토리범벅까지도 그리워한다

뒤울안 살구나무 아래서 광살구를 찾다가
살구벼락을 맞고 울다가 웃는 나를 보고
밑구멍에 털이 몇 자나 났나 보자고 한 것은 가즈랑집 할머니다
찰복숭아를 먹다가 씨를 삼키고는 죽는 것만 같어 하로종일 놀지도 못하고 밥도 안 먹은 것도

가즈랑집에 마을을 가서
당세 먹은 강아지 같이 좋아라고 집오래를 설레다가였다

—『사슴』, 1936. 1.

[시 3]

하답(夏畓)

짝새가 발뿌리에서 닐은 논드렁에서 아이들은 개구리의 뒷다리를 구어 먹었다

게구멍을 쑤시다 물쿤하고 배암을 잡은 늪의 피 같은 물이끼에 햇볕이 따그웠다

돌다리에 앉어 날버들치를 먹고 몸을 말리는 아이들은 물총새가 되었다

—『사슴』, 1936. 1.

〈물총새〉

※원전을 현대어 표기에 따라 옮김. 이하 동일

읽기 과제

❶ 고향이 풍속과 가족 구성원들과 연결되는 양상과 이유를 이해한다.

❷ 고향이 유년의 기억 및 음식과 관련되는 양상을 살피는데, 다음 시 백석의 〈국수〉를 함께 읽는다.

눈이 많이 와서
산엣새가 벌로 나려 멕이고
눈구덩이에 토끼가 더러 빠지기도 하면
마을에는 그 무슨 반가운 것이 오는가보다
한가한 애동들은 어둡도록 꿩사냥을 하고
가난한 엄매는 밤중에 김치가재미로 가고
마을을 구수한 즐거움에 싸서 은근하니 흥성흥성 들뜨게 하며
이것은 오는 것이다
이것은 어늬 양지귀 혹은 능달쪽 외따른 산 옆 은댕이 예데가리밭에서
하로밤 뽀오한 흰 김 속에 접시귀 소기름불이 뿌우현 부엌에
산멍에 같은 분틀을 타고 오는 것이다
이렇은 아득한 옛날 한가하고 즐겁든 세월로부터
실 같은 봄비 속을 타는 듯한 여름볕 속을 지나서 들쿠레한 구시월 갈바람 속을 지나서
대대로 나며 죽으며 죽으며 나며 하는 이 마을 사람들의 으젓한 마음을 지나서 텁텁한 꿈을 지나서
지붕에 마당에 우물둔덩에 함박눈이 푹푹 쌓이는 여늬 하로밤
아배 앞에 그 어린 아들 앞에 아배 앞에는 왕사발에 아들 앞에는 새끼사발에 그득히 사리워 오는 것이다
이것은 그 곰의 잔등에 업혀서 길여났다는 먼 옛적 큰마니가
또 그 집등색이에 서서 자채기를 하면 산 넘엣 마을까지 들렸다는

먼 옛적 큰아바지가 오는 것같이 오는 것이다

아, 이 반가운 것은 무엇인가
이 히수무레하고 부드럽고 수수하고 슴슴한 것은 무엇인가
겨울밤 쩡하니 닉은 동티미국을 좋아하고 얼얼한 댕추가루를 좋아하고 싱싱한 산꿩의 고기를 좋아하고
그리고 담배 내음새 탄수 내음새 또 수육을 삶는 육수국 내음새 자욱한 더북한 삿방 쩔쩔 끓는 아르굳을 좋아하는 이것은 무엇인가

이 조용한 마을과 이 마을의 으젓한 사람들과 살틀하니 친한 것은 무엇인가
이 그지없이 고담하고 소박한 것은 무엇인가

— 『문장』 3권 4호, 1941. 4.

❸ 고향과 관련되는 여러 가지 요소들이 백석의 시에서 어떻게 서정적 분위기를 고조하는가?

제시문 2) 두 번째 테마 : 사랑

읽기 요점 :

❶ 시인의 삶과 시의 관련성에 대해 이해하며 시를 읽는다.
❷ 대상에 대한 통찰을 바탕으로 새로운 의미를 발견한다.
❸ 기억이 한 편의 시가 되는 과정을 안다.
❹ 백석이 시에서 실현한 사랑을 각자가 지금 추구하는 사랑과 견주어 읽는다.

[시 1]

나와 나타샤와 흰 당나귀

가난한 내가
아름다운 나타샤를 사랑해서
오늘밤은 푹푹 눈이 나린다

나타샤를 사랑은 하고
눈은 푹푹 날리고
나는 혼로 쓸쓸히 앉어 소주를 마신다
소주를 마시며 생각한다
나타샤와 나는
눈이 푹푹 쌓이는 밤 흰 당나귀 타고
산골로 가자 출출이 우는 깊은 산골로 가 마가리에 살자

눈은 푹푹 나리고
나는 나타샤를 생각하고
나타샤가 아니 올 리 없다
언제 벌써 내 속에 고조곤히 와 이야기 한다
산골로 가는 것은 세상한테 지는 것이 아니다
세상 같은 건 더러워 버리는 것이다

눈은 푹푹 나리고
아름다운 나타샤는 나를 사랑하고
어데서 흰 당나귀도 오늘밤이 좋아서 응앙응앙 울을 것이다

—『여성』 3권 3호, 1938. 3.

[시 2]

바다

바닷가에 왔드니
바다와 같이 당신이 생각만 나는구려
바다와 같이 당신을 사랑하고만 싶구려

구붓하고 모래톱을 오르면
당신이 앞선 것만 같구려
당신이 뒤선 것만 같구려

그리고 지중지중 물가를 거닐면
당신이 이야기를 하는 것만 같구려
당신이 이야기를 끊는 것만 같구려

바닷가는
개지꽃에 개지 아니 나오고
고기비늘에 하이얀 햇볕만 쇠리쇠리하야
어쩐지 쓸쓸만 하구려 섧기만 하구려

— 『여성』 2권 10호, 1937. 10.

[시 3]

통영(統營)

구마산의 선창에선 좋아하는 사람이 울며 나리는 배에 올라서 오는 물길이 반날

갓 나는 고당은 갓갓기도 하다

바람맛도 짭짤한 물맛도 짭짤한

전복에 해삼에 도미 가재미의 생선이 좋고
파래에 아개미에 호루기의 젓갈이 좋고

새벽녘의 거리엔 쾅쾅 북이 울고
밤새껏 바다에선 뿡뿡 배가 울고

자다가도 일어나 바다로 가고 싶은 곳이다

집집이 아이만한 피도 안 간 대구를 말리는 곳
황화장사 령감이 일본말을 잘도 하는 곳
처녀들은 모두 어장주한테 시집을 가고 싶어한다는 곳
산 너머로 가는 길 돌각담에 갸웃하는 처녀는 금이라든 이 같고
내가 들은 마산 객주집의 어린 딸은 난이라는 이 같고

난이라는 이는 명정골에 산다든데
명정골은 산을 넘어 동백나무 푸르른 감로 같은 물이 솟는 명정샘이 있는 마을인데
샘터엔 오구작작 물을 긷는 처녀며 새악시들 가운데 내가 좋아하는 그이가 있을 것만 같고
내가 좋아하는 그이는 푸른 가지 붉게붉게 동백꽃 피는 철엔 타관 시집을 갈 것만 같은데
긴 토시 끼고 큰머리 얹고 오불고불 넘엣거리로 가는 여인은 평안도서 오신 듯한데 동백꽃 피는 철이 그 언제요

옛 장수 모신 낡은 사당의 돌층계에 주저앉어서 나는 이 저녁 울 듯 울 듯 한산도 바다에 뱃사공이 되어가며

녕 낮은 집 담 낮은 집 마당만 높은 집에서 열나흘 달을 업고 손방아만 찧는 내 사람을 생각한다

— 조선일보, 1936. 1. 23.

읽기 과제

❶ 시에서 마음에 드는 표현을 찾아 밑줄을 그어보자.

❷ 시인은 세상에 존재하는 모든 사물에 이름을 지어주는 자일 것이다. 다음 예문을 읽고, 사랑하는 사람에게 의미 있는 이름을 지어준 경험 (혹은 사물이나 자연에 이름을 붙여준 경험)과 그렇게 이름 붙인 이유와 그 이름을 부를 때 주는 정감에 대해 이야기해 보자.

하루는 호기심에 함흥 시내 번화가로 나들이 갔다가 일본인이 경영하는 히라다 백화점을 들어가보았다. 서울 못지않은 큰 규모에 물건도 비교적 풍부했다. 거기에는 특히 많은 책이 진열되어 있는 커다란 책방이 있었다.

이 서점에서 내가 평소에 애독하던 신간잡지 『문예춘추』와 『여원』 두 권을 사가지고 돌아서는데, 문득 『자야오가』라는 당시선집唐詩選集의 표지가 눈에 들어왔다. 나는 그 타이틀이 너무도 아름답고 또 낭만적인 느낌이 들어서 대뜸 사가지고 와서 당신께 보였다. 당신은 이를 반가이 받아들고 한참 동안 말없이 책장만 뒤적뒤적하였다. 그러더니 갑자기 의미심장한 미소를 머금고 눈빛을 반짝이며 나를 물끄러미 보더니 이렇게 말했다.

"나 당신에게 아호雅號를 하나 지어줄 거야. 이제부터 '자야子夜' 라고 합시다!"

— 중략 —

이렇게 해서 나는 뜻밖에 당신으로부터 멋스런 아호를 하나 얻게 되었다. 이것은

참으로 두 사람 마음이 너무 일치했기 때문이 아니었을까. 나에겐 당신이 지어준 '자야' 라는 이름이 그 무엇보다도 진귀하고 소중한 선물이 아닐 수 없었다. 그날부터 '자야' 는 이 세상에서 우리들만이 알고, 오직 우리 둘만이 서로 통하는 나의 애칭이 되었다. 그 이름을 불러줄 수 있는 분은 이 세상에서 오직 당신 뿐이었다.

— 김자야, 「당신만 아는 이름 '자야'」, 『내 사랑 백석』, 문학동네, 1995.

❸ 〈통영〉에서 미각적 심상을 찾아보고, 그것이 주는 효과에 대해 생각해 보자. 아울러 이 시에서 음식과 관련된 시어가 많이 등장하는 이유에 대해 알아보자.

제시문 3) 세 번째 테마 : 외로움

읽기 요점 :

❶ 시인이 되기 위해 필요한 자질이 무엇인지에 대해 생각하며 읽는다.
❷ 동일시와 투사 전략을 사용하여 시를 이해한다.
❸ '가난하고 외롭고 높고 쓸쓸한' 삶에 대한 이해를 바탕으로 삶을 성찰하는 시간을 가진다.
❹ 시인이 시상을 이끌어가며 궁극적으로 지향하는 의미의 지점은 무엇인가를 생각하며 시를 읽는다.

[시 1]

흰 바람벽이 있어

오늘 저녁 이 좁다란 방의 흰 바람벽에
어쩐지 쓸쓸한 것만이 오고 간다
이 흰 바람벽에

희미한 십오촉 전등이 지치운 불빛을 내어던지고
때글은 다 낡은 무명샤쯔가 어두운 그림자를 쉬이고
그리고 또 달디단 따끈한 감주나 한잔 먹고 싶다고 생각하는 것은 내 가지가지 외로운 생각이 헤매인다
그런데 이것은 또 어인 일인가
이 흰 바람에
내 가난한 늙은 어머니가 있다
내 가난한 늙은 어머니가
이렇게 시퍼러둥둥하니 추운 날인데 차디찬 물에 손은 담그고 무이며 배추를 씻고 있다
또 내 사랑하는 사람이 있다
내 사랑하는 어여쁜 사람이
어늬 먼 앒대 조용한 개포가의 나지막한 집에서
그의 지아비와 마주앉어 대구국을 끓여놓고 저녁을 먹는다
벌써 어린 것도 생겨서 옆에 끼고 저녁을 먹는다
그런데 또 이즈음막하야 어늬 사이엔가
이 흰 바람벽엔
내 쓸쓸한 얼골을 쳐다보며
이러한 글자들이 지나간다
–나는 이 세상에서 가난하고 외롭고 높고 쓸쓸하니 살아가도록 태어났다
그리고 이 세상을 살어가는데
내 가슴은 너무도 많이 뜨거운 것으로 호젓한 것으로 사랑으로 슬픔으로 가득 찬다
그리고 이번에는 나를 위로하는 듯이 나를 울력하는 듯이
눈질을 하며 주먹질을 하며 이런 글자들이 지나간다
–하늘이 이 세상을 내일 적에 그가 가장 귀해하고 사랑하는 것들은 모두
가난하고 외롭고 높고 쓸쓸하니 그리고 언제나 넘치는 사랑과 슬픔 속에 살도록 만드신 것이다

초생달과 바구지꽃과 짝새와 당나귀가 그러하듯이
그리고 또 '프랑시쓰 쨈' 과 도연명과 '라이넬 마리아 릴케' 가 그러하듯이

— 『문장』 3권 4호, 1941. 4.

[시 2]

남신의주 유동 박시봉방(南新義州柳洞朴時逢方)

어느 사이에 나는 아내도 없고, 또,
아내와 같이 살던 집도 없어지고,
그리고 살뜰한 부모며 동생들과도 멀리 떨어져서,
그 어느 바람 세인 쓸쓸한 거리 끝에 헤매이었다.
바로 날도 저물어서,
바람은 더욱 세게 불고, 추위는 점점 더해 오는데,
나는 어느 목수네 집 헌 삿을 깐,
한 방에 들어서 쥔을 붙이었다.
이리하여 나는 이 습내 나는 춥고, 누긋한 방에서,
낮이나 밤이나 나는 나 혼자도 너무 많은 것 같이 생각하며,
딜옹배기에 북덕불이라도 담겨 오면,
이것을 안고 손을 쬐며 재 우에 뜻없이 글자를 쓰기도 하며,
또 문밖에 나가디두 않구 자리에 누어서,
머리에 손깍지벼개를 하고 굴기도 하면서,
나는 내 슬픔이며 어리석음이며를 소처럼 연하여 쌔김질하는 것이었다.
내 가슴이 꽉 메어 올 적이며,
내 눈에 뜨거운 것이 핑 괴일 적이며,
또 내 스스로 화끈 낯이 붉도록 부끄러울 적이며,
나는 내 슬픔과 어리석음에 눌리어 죽을 수밖에 없는 것을 느끼는 것이었다.
그러나 잠시 뒤에 나는 고개를 들어,

허연 문창을 바라보든가 또 눈을 떠서 높은 턴정을 쳐다보는 것인데,

이때 나는 내 뜻이며 힘으로, 나를 이끌어가는 것이 힘든 일인 것을 생각하고,

이것들보다 더 크고, 높은 것이 있어서, 나를 마음대로 굴려 가는 것을 생각하는 것인데,

이렇게 하여 여러 날이 지나는 동안에,

내 어지러운 마음에는 슬픔이며, 한탄이며, 가라앉을 것은 차츰 앙금이 되어 가라앉고,

외로운 생각만이 드는 때쯤 해서는,

더러 나줏손에 쌀랑쌀랑 싸락눈이 와서 문창을 치기도 하는 때도 있는데,

나는 이런 저녁에는 화로를 더욱 다가 끼며, 무릎을 꿇어 보며,

어니 먼 산 뒷옆에 바우섶에 따로 외로이 서서,

어두어 오는데 하이야니 눈을 맞을, 그 마른 잎새에는,

쌀랑쌀랑 소리도 나며 눈을 맞을,

그 드물다는 굳고 정한 갈매나무라는 나무를 생각하는 것이었다.

―『학풍』, 1948. 10.

읽기 과제

❶ 백석 시의 제목 가운데 마음에 드는 것을 찾고, 그 제목이 주는 효과에 대해 생각해 보자. 아울러 자신의 개성이 드러나게 시 제목을 바꾸어 보자.

❷ 시인은 작고 사소한 것들에 대해 애착을 가지고 그것에서 새로운 의미를 발견하는 사람이다. 윗글에서 백석은 '시인은 슬픈 사람이며, 세상의 온갖 슬프지 안흔 것에 슬퍼할 줄 아는 혼魂' 이라고 이야기한다. 자신이 생각하는 시인은 어떤 사람인가? 시인에 대한 정의를 내려 보자.

진실로 높고 귀한 것이 무엇인지를 알고 이것이 마음을 제사들오어 이것이 아니면 안심하지 못하고 입명하지 못하고 이것이 아니면 즐겁지 않은 때에 밖으로 얼마나 큰 간난과 고통이 오는 것입니까. 속된 세상에서 가난하고 핍박을 받어 처량한 것도 이 때문입니다. ……높은 시름이 있고 높은 슬픔이 있는 혼은 복된 것이 아니겠습니까. 진실로 인생을 사랑하고 생명을 아끼는 마음이라면 어떻게 슬프고 서름차지 아니하겠습니까. 시인은 슬픈 사람입니다. 세상의 온갖 슬프지 안흔 것에 슬퍼할 줄 아는 혼魂입니다. "외로운 것을 즐기는" 마음도, 세상 더러운 속중을 보고 "친구여"하고 부르는 것도, "태양을 등진 거리를 다 떨어진 병정 구두를 끌고 휘파람을 불며 지나가는" 마음도 다 슬픈 정신입니다. 이렇게 진실로 슬픈 정신에게야 속된 세상에 그득찬 근심과 수고가 그 무엇이겠습니까. 시인은 슬프고 근심스럽고, 괴로운 탓에 이 가운데서 즐거움이 그 마음을 왕래하는 것입니다.

— 백석, 만선일보 ,「슬픔과 진실」, 1940. 5. 9.

❸ 아래 제시한 김수영의 시 〈달나라의 장난〉과 백석 시를 비교해서 읽고, 시인과 슬픔의 관련성에 대해 생각해 보자.
'영원히 나 자신을 고쳐가야 할 운명運命과 사명使命' 에 놓여 있는 시인의 처지에 대해 고민해 보고, 시인이 되기 위해 필요한 자질이 무엇인지에 대해 생각해 보자.

달나라의 장난

김수영

팽이가 돈다
어린아이이고 어른이고 살아가는 것이 신기로워
물끄러미 보고 있기를 좋아하는 나의 너무 큰 눈 앞에서
아이가 팽이를 돌린다

살림을 사는 아이들도 아름다웁듯이
노는 아이도 아름다워 보인다고 생각하면서
손님으로 온 나는 이 집 주인과의 이야기도 잊어버리고
또 한 번 팽이를 돌려 주었으면 하고 원하는 것이다
도회 안에서 쫓겨다니는 듯이 사는
나의 일이며
어느 소설보다도 신기로운 나의 생활이며
모두 다 내던지고
점잖이 앉은 나의 나이와 나이가 준 나의 무게를 생각하면서
정말 속임 없는 눈으로
지금 팽이가 도는 것을 본다
그러면 팽이가 까맣게 변하여 서서 있는 것이다
누구 집을 가 보아도 나 사는 곳보다는 여유가 있고
바쁘지도 않으니
마치 별세계 같이 보인다
팽이가 돈다
팽이가 돈다
팽이 밑바닥에 끈을 돌려 매이니 이상하고
손가락 사이에 끈을 한끝 잡고 방바닥에 내어던지니
소리없이 회색빛으로 도는 것이
오래 보지 못한 달나라의 장난 같다
팽이가 돈다
팽이가 돌면서 나를 울린다
제트기 벽화 밑의 나보다 더 뚱뚱한 주인 앞에서
나는 결코 울어야 할 사람은 아니며
영원히 나 자신을 고쳐가야 할 운명과 사명에 놓여 있는 이 밤에
나는 한사코 방심조차 하여서는 아니 될 터인데
팽이는 나를 비웃는 듯이 돌고 있다

비행기 프로펠러보다는 팽이가 기억이 멀고
강한 것보다는 약한 것이 더 많은 나의 착한 마음이기에
팽이는 지금 수천 년 전의 성인과 같이
내 앞에서 돈다
생각하면 서러운 것인데
너도 나도 스스로 도는 힘을 위하여
공통된 그 무엇을 위하여 울어서는 아니 된다는 듯이
서서 돌고 있는 것인가
팽이가 돈다
팽이가 돈다

— 『자유세계』, 4월호

❹ 시를 읽고서 사람에게 외로움의 심적 상태란 어떻게 하여 생겨나며, 외로움이 때로는 사람에게 왜 필요한가를 생각하며 읽자. 이 시의 궁극 지향점이 무엇인지를 찾아보자.

| '나'를 쓰는 기술 Ⅱ : 문단 |

●문장에서 문단으로

개요가 곧 글이 되는 것은 아니다. 완성된 개요로 글을 실질적으로 써 내려가야 글이 된다. 그러므로 집필한다는 것은 곧 문장들을 연결해 나가는 과정이다. 하나 이상의문장이 하나의 문단이 되고, 하나 이상의 문단이 한 편의 온전한 글이 된다. 거꾸로 말하면, 한 편의 온전한 글은 하나 이상의 문단으로 형성되고, 하나의 문단은 또 하나 이상의 문장으로 형성된다. 좋은 문장이 모여 좋은 문단을 만들고, 좋은 문단이 모여 한 편의 좋은 글을 만드는 것이라면, 좋은 글을 쓰기 위해서는 좋은 문장과 좋은 문단을 만드는 법을 알아야 한다.

글을 쓰는 사람의 생각을 독자에게 설득력 있게 전달하려면 적어도 하나 이상의 문단

이 필요하다. 짧은 문장 하나만으로 세상의 삶을 철학적으로 웅변하는 글도 존재한다. 격언이나 광고 문구는 그런 방법으로 사람들과 소통한다. 그러나 보통의 경우 구체적인 설명이 없으면 그 속뜻을 이해하기 어렵다. 적어도 문단 이상의 분량이 될 때, 글쓴이의 속뜻을 분명히 알 수 있는 문맥이 형성된다. 격언과 광고 문구에서는 관련 이야기나 시각 자료 등이 그 문맥의 역할을 한다. 그러므로 좋은 글을 쓰기 위해 독자와 공유할 배경지식을 문장으로 풀어내는 능력이 필요할 뿐만 아니라, 관련되는 문장들을 선별하여 하나의 바구니에 효과적으로 담을 줄 아는 능력이 요구된다.

글 쓰는 사람의 생각을 설득력 있게 드러내는 최소의 단위가 문단이므로, 문단 층위에서의 글쓰기 연습은 매우 중요하다. 실제로 문단을 고려하지 않은 글은 그 기반이 튼튼하지 않아 전체 글도 체계적이지 못하게 되고, 자신의 생각이나 주장을 일정한 과정이나 단계를 거쳐 효과적으로 표현해 내지 못하는 경우가 대부분이다. 그럼에도 불구하고 학생들은 아직까지 문단에 대한 올바른 인식을 가지지 못한 경우가 많다. 아무런 이유 없이 행을 바꾸기도 하고, 하나의 문장을 하나의 문단으로 삼기도 한다. 화제 또는 소주제에 변동이 없는데도 적절한 분량만 되면 문단을 바꾸는 경우도 많다. 이런 점을 고려하면, 대학생의 글쓰기 교육에서 가장 중점적으로 다루어야 할 부분이 좋은 문단을 만드는 연습이다.

●문단의 특성

문단은 하나의 중심 사상을 표현하는 문장들로 구성된다. 문단은 하나의 화제를 담고 있는 덩어리로, 그 자체로 독립적 작문 단위로 인식되기에 충분하다. 그런 까닭에 문단은 형식과 내용 면에서 일정한 특징을 갖는다. 문단을 잘 쓰기 위해서는 집필 과정에서 이 특징들을 알고 적용할 수 있어야 한다.

형식적으로 문단은 그것이 시작됨을 표시하는 방법이 정해져 있다. 첫 칸을 비우는 '들여쓰기' 방식과 첫 칸을 돌출시키는 '내어 쓰기' 방식이 있는데, 앞의 방식이 더 일반적이다. 하나의 문단이 끝나면, 그 뒤에 아무리 많은 여백이 생기더라도 그냥 두고 행을 바꾸어야 한다. 물론 행을 바꾸면 바뀐 행의 첫 칸을 비우는 식의 표시를 해야 함은 당연하다. 결과적으로 문단의 형식은 '행 바꿈'과 '첫 칸 비우기'의 형식적 특징으로 확인된다.

내용적으로 보면, 하나의 문단에는 하나의 중심 생각이 들어 있다. 이러한 중심 생각을 화제話題 또는 소주제라고 한다. 새로운 문단의 시작은 새로운 화제나 소주제로 이야기가 바뀜을 뜻한다. 새로운 화제나 소주제로 이야기를 바꾸고자 할 때만 문단을 바꾸는 것이다. 그러므로 하나의 문단에는 두 가지 이상의 중심 생각이 담길 수 없으며, 역으로 하나의 중심 생각이 둘 이상의 문단으로 늘어져 기술될 수도 없다.

●문단을 만드는 기술

한 편의 글에서 여러 개의 소주제가 모여 하나의 주제를 뒷받침하듯이, 하나의 문단에서는 각각의 문장이 모여 하나의 소주제문의 내용을 뒷받침한다. 그러므로 문단 안에서 각각의 문장은 소주제를 뒷받침할 때 의미가 있다. 한 문단 내에서 '소주제와 나머지 문장들의 관계'는 글 전체에서 '주제와 소주제의 관계'와 유사하다.

소주제를 중심으로 문단을 전개하는 데 기본적으로 두 가지 방법을 활용한다. 첫째는 화제문의 내용을 구체화하는 방법이고, 둘째는 화제문의 내용을 합리화하는 방법이다. 이에 대해 구체적으로 알아보자.

구체화 방법은 크게 세 가지로 나뉜다. 첫째는 추상적인 서술을 구체화하는 방법이다. 일반적으로 소주제문은 그 하위의 내용보다는 추상적이고 포괄적인 내용을 담고 있다. 그러므로 이러한 소주제문의 내용을 좀 더 구체적이고 개별적인 내용으로 기술하게 되면, 독자들에게 자신이 전달하고자 하는 내용을 더 쉽게 전달할 수 있게 된다. 예를 들어, 소주제문이 '건강해지기 위해서는 많이 웃어야 한다.'는 추상적인 서술이라면, 그러한 내용을 좀 더 구체적으로 기술하는 내용들을 차근차근하게 써 나가면 된다. '웃으면 호르몬 분비가 왕성하다, 혈액 순환이 왕성해진다, 산소가 알카리성으로 바뀐다, 소화가 잘 된다.' 등의 내용이 떠오를 것이다. 이 정도의 내용이 메모되었다면, 목걸이를 만들 구슬들이 모인 것이다. 이를 정리해서 구슬을 꿰듯 하나의 문단 안에서 적당히 연결해 가면 된다. 이때 구체적인 서술 내용들을 그대로 문장으로 만들어 연결하는 것이 아니라, 공간적·시간적·논리적 구성 방법을 생각하며 배열해야 그 구도가 일목요연하다.

소주제문을 구체화는 두 번째 방법은 소주제문의 내용을 알기 쉽게 풀어서 설명하는 것이다. 이러한 경우에는 '구체적으로 말하면, 다시 말하면, 즉, 세부적으로 말하면' 등의 접속 어구를 내세우거나, 첫째, 둘째, 셋째, 넷째 등의 말을 내세우면 이런 표현이 구체화의 표지가 된다.

소주제문을 구체적으로 전개하는 세 번째 방법은 전형적인 예를 보여주는 것이다. 실제로 일어난 사건, 행동, 사태 또는 역사적인 사실이나 전설 등 우리 주변에서 보고 들은 것을 가지고 화제의 내용을 실감나게 할 수 있다. 이 경우에는 '가령, 예를 들면, 예컨대, 이를테면' 등의 접속어구나 '한 예를 들어 보이기로 한다.' 와 같은 표현으로 표지를 삼는다.

합리화 방법은 필자가 말하고자 하는 내용의 이유나 원인을 제시함으로써 소주제문을 합리화하는 것이다. '우리는 교통질서를 잘 지켜야 한다.' 는 소주제문이 제시되었다면 그 이유를 밝힐 필요가 있으며, '우리나라 은행은 대외 신용도가 많이 떨어졌다.' 는 소주제문이 제시된 경우에는 그 원인을 밝혀 줘야 독자가 공감해 줄 것이다. 합리화 방법에서는 원인이나 조건을 나타내는 부분이라면 '왜냐하면, 그 까닭/이유/원인은' 등으로 표현하고, 결과를 나타내는 것이라면 '그러므로, 그리하여, 그래서, 그 결과' 등으로 표현하는 경우가 많다.

이상에서 서술한 문단 작성의 원칙과 방법을 생각하면서, 다음 내용으로 완결성을 갖춘 문단을 만들어 보자. 아래 쓰기 연습문제를 통해 층위 글을 완성하도록 노력하되, 내용의 폭과 깊이에 따라서 연결된 두 문단으로 쓸 수도 있다.

[1-❶] 오늘날 현대인에게는 고향의 상실 혹은 고향의 부재 현상이 뚜렷하다. 이 현상이 현대인의 심리나 정신 상태에 어떤 문제 상황을 유발하며, 그런 문제를 해결할 방안에 대해 글을 써 보자.

[1-❷] 각자 자신의 고향과 자신의 관계에 대해 글을 써 보자. 각자가 가진 고향의식은 각자의 삶에서 얼마나 중요하게 작용하였는지 소개하는 글을 써 보자.

[1-❸] 고향은 가족 구성원 및 고향 사람들과 긴밀하게 연결되어 있다. 시 1 〈고야古夜〉와 아래의 두 편의 산문과 시를 연결시키면서 고향 사람들과 가족 구성원이 교직되는 양상에 대해 비평적 글을 써 보자.

아아! 누님이 갓 시집가서 새벽에 단장하던 일이 어제인 듯하다. 나는 그때 여덟 살이었다. 버릇없이 드러누워 말처럼 뒹굴면서, 신랑의 말투를 흉내 내어 더듬거리며 말했더니, 누님이 수줍어하다가 그만 빗을 내 이마에 떨어뜨렸다. 나는 성이 나서 패악을 부리며 분가루에 먹물을 섞고 거울에 침을 뱉어 댔다. 그러자 누님은 내게 옥압(오리 모양으로 새긴 옥비녀)과 금봉(금으로 벌 모양을 만들어 여자의 머리에 꽂는 장식물)을 꺼내 주며 울음을 그치라고 달랬다. 그때로부터 스물여덟 해가 되었구나

— 박지원, 〈큰 누님을 사별하고〉

나는 북관에 혼자 앓어 누워서
어늬 아츰 의원을 뵈이었다
의원은 여래같은 상을 하고 관공의 수염을 드리워서
먼 옛적 어늬 나라 신선 같은데
새끼손톱 길게 돋은 손을 내어
묵묵하니 한참 맥을 짚드니
문득 물어 고향이 어데냐 한다
평안도 정주라는 곳이라 한즉
그러면 아무개씨 고향이란다
그러면 아무개씰 아느냐 한즉
의원은 빙긋이 웃음을 띠고
막역지간이라며 수염을 쓴다
나는 아버지로 섬기는 이라 한즉
의원은 또다시 넌즈시 웃고
말없이 팔을 잡어 맥을 보는데
손길은 따스하고 부드러워
고향도 아버지도 아버지의 친구도 다 있었다.

— 백석, 「고향」, 『삼천리문학』 2집, 1938. 4.

[2-❶] 위에 제시한 바다 사진을 보고 떠오르는 단어를 자유롭게 나열해 보자. 나열한 단어 중 하나를 선택하고, 그것을 바탕으로 (자신의 기억을 동반하여) 바다에 관한 한 편의 글을 써 보자.

[2-❷] 바다 사진 밖에서 일어나고 있는 일에 대해 자신의 상상력과 시적 표현을 동반한 한 편의 글을 써 보자.

[2-❸] '시보다 더 시 같은 노래' /시적 비유가 두드러지는 노래를 찾아 이에 대해 소개하는 글을 써 보자.

[3-❶] 지금 현재 내 앞에 '흰 바람벽이' 있다고 가정해 보고, '흰 바람벽'에 지나갈 글자들에 대해 써 보자.

[3-❷] 세상을 살면서 가난하거나 외롭거나 높거나 쓸쓸한 대상을 보고 외로움을 느낀 경험에 대해 이야기해 보자. 그 경험을 바탕으로 한 편의 글(시)을 써 보자.

[3-❸] 백석 시 가운데 한 편을 고르고, 시에 대한 감상문(혹은 소개하는 글)을 자유롭게 써 보자.

[3-❹] 한 가지 대상에 대해 마음을 기울여 통찰해 보고, 이를 바탕으로 한 편의 시를 써 보자.

| 토론과 글쓰기 |

❶ 근대적 삶의 방식은, 고향의 산천에서 살아가며 고향 사람들과 지속적 관계를 맺으며 그 고향 산천에서 나온 음식 재료로 만든 음식을 먹으며 살아가는 토착적 삶을 부정한다. 이런 근대적 삶의 방식이 행복한 대안이 될 수 있는가에 대해 토론한다. 근대적 삶의 방식에 대한 부정적 견해가 형성된다면 그 대안은 어떤 것일 수 있을지 의견을 나눈다.

❷ 우리나라의 전통적 고향 공동체는 일본제국주의에 의해 먼저 훼손되었고 다음으로 한국사회의 근대화 과정에서 또 훼손되었다. 전통적 고향 공동체의 훼손과 파괴에 대해 어느 쪽이 더 큰 책임이 있는가에 대해 토론해 본다.

❸ 아래의 예문에서 롤랑 바르트는 '저자의 죽음' 에 대해 선언한다. 이에 대해 자신의 생각을 이야기 해 보고, 시를 읽을 때 시인의 위치에 대해 생각해 보자. 시를 시 그 자체로 읽는 방법과 시인의 삶과 경험을 바탕으로 읽는 방법 중 어느 것이 시를 이해하는 데 더 타당한지에 대해 토론해 보자.

저자란 중세를 벗어나자마자 영국의 경험주의와 프랑스의 합리주의, 종교 개혁의 개인적인 신앙과 더불어 우리 사회가 개인individu의 명성을, 좀더 고상하게 말한다면 〈인격〉personne humaine이라는 것을 발견한 후에 생산된 현대적인 인물이다. 그러므로 문학 안에서 저자의 〈인간〉personne에 최대의 중요성을 부여한 것이, 자본주의 이데올로기의 요약이지 귀결인 실증주의라는 것은 지극히 논리적이다. 저자는 아직도 문학사의 교과서나 작가의 전기, 잡지의 대담, 그리고 자신의 내적 일기에 의해 그들의 인간과 작품을 연결시키려는 문학가의 의식 속에서도 여전히 지배적이다. 일반적인 문화 안에서 발견되는 문학의 이미지는 가차 없이 저자, 그 인간 · 생애 · 취향 · 정념에 집중되어 있다. 비평 또한 대부분의 경우, 보들레르의 작품은 인간 보들레르의 실패이며, 고흐의 작품은 곧 그의 광기이며, 차이코프스키의 작품은 그의 악덕이라고 말한다. 이렇듯 작품의 설명은 언제나 작품을 만들어낸 사람 쪽에서 모색되어 왔다. 마치 다소간에 투명한 허구의 알레고

> 리를 통하여 거기에는 결국 언제나 하나의 유일하고도 동일한 사람의 목소리가, 자신의 〈속내이야기〉를 털어 놓는 저자가 존재한다는 것처럼.
>
> — 롤랑 바르트, 김희영 옮김,
>
> 「저자의 죽음」, 『롤랑 바르트 전집 · 12–텍스트의 즐거움』, 東文選, 1997.

❹ 백석의 시는 평안북도 방언을 가장 많이 구사하고 경상남도와 전라남도의 방언도 구사한다. 시가 지역 민중과 민족 구성원의 정서를 구성하는 데 방언을 사용하는 것이 꼭 필요한가? 이를 확장하여, 세계화시대이면서 지방화시대인 오늘날 일상생활에서 방언 혹은 사투리와 표준말의 관계를 어떻게 설정해야 할 것인가? 이에 대해 토론해 보자.

❺ 박재삼의 시 〈울음이 타는 가을강〉에 나타난 시적 화자의 외로움과 백석 시에 나타난 화자의 외로움을 서로 비교해 보자.

❻ 안도현의 시 〈그 드물다는 굳고 정한 갈매나무라는 나무〉를 읽고 백석 시와의 관련성에 대해 알아보자. 이를 바탕으로 두 시인이 가진 세계관을 비교해 보자.

■ 토론한 내용을 바탕으로 한 편의 글을 써 보자.

◖ 함께 읽기 좋은 자료 ◗

백석 지음, 고형진 엮음, 『정본 백석 시집』, 문학동네, 2009.

백석 지음, 이동순 편, 『백석시전집』, 창비, 1987.

김자야, 『내 사랑 백석』, 문학동네, 1995.

안도현, 『외롭고 높고 쓸쓸한』, 문학동네, 2004.

4 『오래된 미래』를 읽고 쓰다

| 학습 목표 |

- 『오래된 미래』를 읽고 글로벌 경제화로 인한 문제를 인식한다.
- 라다크의 근대화 과정에서 생긴 문제점을 알아보고 향후 대안에 대해 토의한다.
- 우리가 당연하게 받아들인 서구중심의 가치관에는 어떤 것이 있는지 알아보고 지금 우리사회에 미치는 영향에 대해 생각해 본다.
- 제목 '오래된 미래'에서 저자가 우리 삶의 '대안'(미래)으로 제시하는 '오래된' 지혜로 어떤 것들이 있는가를 생각해 본다.

| 해제와 저자 소개 |

●해제

"오래된 미래, 오래된 삶에서 미래를 배우다."

이 책은 헬레나 노르베리-호지가 라다크를 방문한 16년간에 걸친 라다크의 모습과 변화를 담고 있다. 저자는 라다크의 전통문화와 마을의 내부를 경험하면서 온갖 불리한 생활환경에도 불구하고 건강하고 평화롭게 살아가는 라다크 사람들의 삶과 지혜에 매료된다. 그것은 별다른 의문없이 받아들여왔던 서구식 산업문명에 대한 비판과 맞닿아 있는 것으로써, 이와 같은 비판은 개방 이후 붕괴되어 가는 라다크 사회를 목격하면서 더욱 분명해진다. 그러한 점에서 이 책은 라다크라는 작은 마을의 범위를 넘어 인류사회 전체의 대재앙에 관한 보고이기도 하다. 저자는 서구식 산업문화의 패권적 지배 밑에서 전통적 사회의 건전한 생활방식이 파괴되고 소멸되는 과정을 구체적으로 보여준다. 한편 이 책은 파괴된 인간 사회를 모범적으로 재조직할 수 있는 가능성도 함께 제시하고 있다. 건강한 공동체의 유지와 회복을 위해 헌신하는 사람들, 주어진 사회적 특권을 버리고 참된 삶을 위해 투신한 사람들의 자기희생에서 저자는 건강한 사회의 진정한 가능성을 보고 있다. 『오래된 미래』는 경제적 합리성이란 논리 아래 자행되는 자연과 인간사회에 대한 파괴와 함께, 이기적인 욕망과 물질적 풍요 속에 생의 가치와 근본적인 평화를 상실한 현대인들에게 삶과 문명에 대한 총체적 반성을 촉구하는 내용이라고 할 수 있다.

『오래된 미래』는 '개발' 과 '진보' 라는 미명하에 진행되어 온 자본주의 산업문명에 대한 근본적인 반성과 성찰을 담은 책이다. 현재 50여개의 언어로 번역되어 널리 읽히고 있는 이 책은 히말라야 고원의 작은 마을 라다크에 대한 생생한 현장보고로써 오늘날 인류가 직면한 사회적 · 생태적 위기의 본질을 명료하게 제시한다. 불리한 자연 환경과 넉넉지 않은 물질적 조건에도 불구하고 건강하고 평화로운 공동체를 유지하며 내면적 평화를 누리고 있는 라다크 사람들을 통해 우리는 행복한 삶에 관한 근본적 성찰을 하게 된다. 뿐만 아니라 서구의 산업기술 문명이 토착문화를 어떻게 파괴하고 건전한 생활방식을 어떻게 붕괴시키는지를 목격할 수 있으며, 아울러 자연과 인간이 조화롭게 살아갈 수 있는 미래 사회와 건강한 공동체를 회복할 수 있는 진정한 가능성에 관한 비판적인 성찰을 하게 한다.

●저자 소개

헬레나 노르베리-호지(1947~)는 스웨덴 출신의 언어학자이자 에코페미니스트이며 '에콜로지 및 문화를 위한 국제 협회(ISEC)' 의 발기인이자 대표이다. 1975년 자신의 학위 논문 집필을 위해 라다크를 방문한 노르베리 호지는 라다크 사람들의 삶에 깊이 배어있는 생태학적 지혜와 문화에 매료되어 16년을 라다크에 머물면서 그곳 사람

들과 함께 생활한다. 거칠고 황량한 자연 조건 속에서도 건강하고 평화로운 삶을 누리는 라다크 사람들의 모습은 그녀에게 서구 산업문명에 대한 근본적 성찰을 하게 하였으며, 서구 문명의 유입 과정에서 전통 문화와 가치관이 붕괴되는 라다크를 목격하면서 현대 산업사회의 삶을 비판하는 강연 활동을 전개한다. 자신이 설립한 '에콜로지 및 문화를 위한 국제협회(ISEC)' 와 '라다크 프로젝트' 의 상임이사로 활동하고 있는 그녀는 1986년 대안적 노벨상이라 불리는 바른 생활 상(Right Livelihood Award)을 받았으며 현재 에콜로지 및 문화를 위한 국제협회의 대표로서 생태 다양성을 유지하기 위한 노력을 펼치고 있다.

| 읽고 생각하기 |

독서 노트

제시문

읽기 요점 : 『오래된 미래』를 다음 내용을 중심으로 읽는다.

❶ 라다크 사람들의 삶을 거울삼아 서구의 문명화 과정과 우리 근대화 과정의 문제점들을 반성한다.

❷ 라다크 사람들의 삶의 가치와 우리가 중시하는 삶의 가치들을 비교해 보고 과연 라다크로부터 배울 수 있는 새로운 삶과 사유의 단초들로 어떤 것들이 있을지 찾아본다.

❸ 서구에서 근대화는 문명화와 동의어로 사용되어 왔고, 이는 과학과 이성의 '진보'를 통해 인간(물론 백인)을 세상의 주인으로 세우고자 하는 야심찬 기획이었다. 기대에 부응하듯 문명의 진보는 인간에게 엄청난 물질적 풍요를 가져다주었고, 우리는 지금 그 첨단을 경험하고 있다. 하지만 물질 영역에 국한된 문명과 진보에 대한 편협한 해석과 적용이 야기한 부작용 역시 만만하지 않았다. "진보적 사유라는 가장 포괄적인 의미에서 계몽은 인간에게 공포를 몰아내고 인간을 주인으로 세운다는 목표를 추구해왔다. 그러나 완전히 계몽된 지구에는 재앙만이 승리를 구가하고 있다"는 아도르노(Th. Adorno)의 진단을 생각해 보며 이 글을 읽어 본다. 그 후 '진보'와 '문명'에 대한 지금까지의 정의를 찾아 조사해 보고 그 문제점을 살펴본다. 그리고 21세기에 걸맞은 진보의 개념과 모델을 생각해 본다.

[제시문 1]

유럽 중심의 과학으로부터 탄생했고 서구인들 혹은 서구화된 엘리트 집단에 의해 시행되는 경제개발은 문화의 다양성을 축소시켜 하나의 획일적 문화로 변형시키고 있다.

그 전제가 되는 것은 의식주에 관한 사람들의 욕구나 취향은 세계 그 어느 곳에서나 동일하다는 것이다. 시멘트로 지은 똑같은 건물들과 똑같은 장난감, 똑같은 영화와 똑같은 텔레비전 프로그램이 세계 전역으로 퍼져가고 있다. 현대화된 공동체의 일원이 되기 위해서는 영어를 익히는 것이 필수적인 일이기 때문에 사람들이 사용하는 언어마저도 획일화되고 있다.

수치를 측정하는 척도 역시 유럽인들에 의해 만들어져 세계 전역에서 똑같이 사용되고 있다. 예를 들어 어린 아이의 경우 몇 살이 되면 표준체중이 어느 정도 되어야 한다든가 실내 온도는 어느 정도가 적당하다든가 건강을 위한 식사는 어떤 것이라든가 하는 등의 기준이 전 세계적으로 동일하다. 서구 전문가들은 라다크의 사람들과 동물들에 대해 '왜소하다' 라고 이야기 한다. 국제표준보다 작다는 의미다. 방사능 노출 허요 기준도 젊은 유럽 남성에 맞추어 성별, 연령, 체격과 상관없이 전 세계에서 일괄적으로 적용된다. 자신의 분야에만 편협하게 몰입하는 전문가들은 자신들이 하는 일의 포괄적 의미와 자신들의 천편일률적으로 제시하는 대안들이 문화적으로 얼마나 무감각한지를 보지 못 한다. 최근 있었던 어느 심포지엄에서 참석자들에게 아프리카에 외국의 야채 종자가 수출되기 전까지 그 사람들은 어떤 야채를 먹고 있었는지를 묻는 질문이 주어졌다. 그때 스웨덴 한 농업 전문가는 '그들은 그 이전에는 야채를 먹지 않았고 그들이 먹었던 것은 잡초였다' 고 대답했다. 그 스웨덴의 전문가에게는 아프리카 사람들이 먹었던 식물들은 자신들이 먹고 있는 '야채' 와는 격이 다른 것이었다.

— 헬레나 노르베르-호지, 양희승 옮김, 『오래된 미래』, 중앙북스, 2007, 274~275쪽

읽기 과제

❶ 위 글에 나오는 유럽 중심의 단일한 가치관이 전파된 예들을 『오래된 미래』에서 더 찾아보고, 지금 우리 사회에도 만연된 예를 들어보자.

❷ 다음은 동양의 유토피아 사상의 원류라 할 수 있는 도화원기의 일부이다. 개발 전 라다크와 유사점을 살펴보자.

풀 자라니 온화한 봄철인 줄 알고 나무 시들자 바람이 차가운 겨울임을 아노라. 비록 달력같은 것은 기록이 없어도 사계절 변화로 일 년을 알 수 있다.

기쁜 낯으로 마냥 즐겁게 살고, 애를 써서 꾀나 재간을 부리지 않는다.

— 하략 —

❸ 다음을 읽고 우리사회에 만연된 경쟁과 순응주의의 근원을 생각해 본다.

어느 해 여름에 나는 잔스카르 계곡의 인근 마을에서 아동개발과 육아문제에 대해 연구를 진행하고 있었다. 그때 나는 마을에 사는 어머니들에게 자신의 아이가 걸음마를 늦게 한다면 걱정을 하게 되는지를 물어보았다. 어머니들은 웃음을 터뜨렸다. "왜 그런 것 때문에 걱정을 해야하죠? 아이는 때가 되면 걸을 텐데요." 주류의 서구문화에서는 어린 아이의 키와 체중의 표준치를 가늠하기 위해 점점 더 상세한 백분율표를 만든다. 한 세대 전 어머니들은 신생아들이 잘못 되지 않도록 아주 정확한 시간표에 맞춰 우유를 주어야 한다는 이야기를 그대로 따랐다.

— 중략 —

서구사회의 획일적 문화는 강력한 강제력을 행사한다. 스웨덴의 한 버스정류장에서 나는 두 소년의 옆에 서서 버스를 기다리고 있었다. 소년들은 서로 자기가 신은 운동화를 비교하고 있었다. 한 소년은 눈물을 글썽이며 필사적으로 자기가 신고 있던 신발 안을 뒤졌다. 그 소년은 자기 운동화가 정품이라는 것을 증명해 보이기 위해 신발 안을 뒤져 라벨을 찾고 있었다. 우리의 성별이나 피부색 혹은 연령이 만일 정품이 아닌 것으로 판명된다면 그 상처는 더욱 깊을 것이다. 우리는 실제 우리가 가지고 있다고 느끼는 만큼의 개인적 자유를 갖고 있지 않은 것이다.

— 헬레나 노르베르-호지, 양희승 옮김, 『오래된 미래』, 중앙북스, 2007, 330~332쪽

| 글쓰기 |

❶ 물질문명의 혜택이 개인의 행복을 보장할 수 있는지에 대해 서술해 보자.

❷ 라다크의 경제 위기와 환경오염에 대한 책임은 누구에게 있는지 서술해 보자.

❸ 라다크의 당면 문제를 해결할 수 있는 방법에 대해 서술해 보자.

❹ 영화 〈아바타〉는 문명 이면의 공격적 폭력성을 고발하고 있다. 사실 우리가 '삶의 질quality of life'의 제1 척도로 간주하는 물질적 가치들은 온갖 재앙과 불행의 역설을 안고 있다. 〈아바타〉 나비족의 삶과 『오래된 미래』의 라다크 사람들의 삶을 비교하고, 지금 우리가 안고 있는 문제들을 극복할 수 있는 지혜의 단초들을 찾아보자.

❺ 우리 농촌 정책이 우리의 농촌, 더 나아가서 우리 삶을 자멸시키는 방향으로 나아갈 수 있다는 것을 인식하고 이에 대한 자신의 의견을 쓴다.

❻ 라다크에서와 마찬가지로 자립경제는 우리에게도 절실한 과제이다. 특히 먹을거리에서 특히 그러한데 최근 이와 관련해서 다양한 모색이 이루어지고 있다. 이를 구체적으로 알아보자.

| 토론과 글쓰기 |

[제시문 2]

아무도 진정한 교육의 가치를 부인할 수는 없다. 그러나 오늘날 지식을 확장시키고 더욱 풍요롭게 해야 하는 교육 본래의 취지가 다른 양상으로 나타나고 있다. 요즘의 교육은 어린이들을 자신들의 문화와 자연으로부터 분리시키는 한편, 서구화된 도시 환경에 맞는 편협한 시각의 전문가를 양성하는 방향으로 나아가고 있다. 이러한 현상은 특히 라다크에서 더욱 두드러지게 나타나고 있는데, 현대식 교육은 실제로 아이들이 자신들이 살고 있는 곳의 주변 상황의 흐름을 보지 못하도록 가로막는 눈가리개 역할을 하고 있다. 어린이들은 자신들이 가진 지원을 활용할 줄도 모르고 자신들의 세계에서 어떤 역할도 할 줄 모르는 상태로 학교를 마치게 된다.

사원에서의 종교 수련 정도를 제외하면 라다크의 전통 문화 내에는 '교육' 이라 부를 만한 분리된 과정은 없다. 그들에게 있어 교육이란 공동체와 자연환경 사이의 친밀한 유대관계의 부산물로 얻어지는 것이었다. 어린이들은 모든 것을 할아버지, 할머니, 가족 그리고 친구들로부터 배웠다. 어린이들은 파종 작업을 거들며 마을의 한쪽은 좀 따뜻하고 다른 쪽은 조금 더 춥다는 것을 자연스럽게 알게 되었다. 자신들의 직접적인 경험을 통해 아이들은 보리의 품종들을 구별할 줄 알게 되었고 품종별로 최적의 생장 조건들을 터득했다. 그들은 심지어 가장 작은 야생 식물에 대해서도 알게 되었고 그것을 어떻게 이용해야 하는지도 알게 되었다. 그들은 또 먼 산기슭에 있는 짐승을 보고 그것이 어떤 짐승인지도 알 수 있었다. 아이들은 관계와 과정, 변화에 대해 배웠고 그들을 둘러싸고 있는 자연계의 촘촘한 유대관계에 대해서도 배웠다.

세대를 거듭하면서 라다크 사람들은 스스로 의복과 주거를 마련하는 방법을 배우면서 성장했다. 그들은 야크 가죽으로 신발을 만들었고 양털을 이용해 옷을 만들었다. 또 돌과 진흙으로 집을 지었다. 그들의 교육은 지역의 특수성을 반영하고 있었고 살아 있는 세계와의 관계를 더욱 돈독히 하는 것이었다. 그로 인해 어린이들은 성장하는 과정에서 자원을 효과적이고 지속적으로 활용할 수 있는 직관적인 지각능력을 갖게 되었다.

현대식 학교에서는 그런 지각을 가르쳐주지 않는다. 아이들은 생태질서를 존중하는 사회보다는 기술이 중심이 되는 사회의 전문가가 되기 위해 훈련을 받는다. 학교는 전통적인 기술을 잊어버리게 만드는 곳이 되었고 더 나쁜 것은 전통적인 것을 무시하는 태도를 갖게 한다는 것이다.

서구식 교육이 라다크에 처음 들어온 것은 1970년대였고 현재 200여 개의 학교가 있다. 기본 교과과정은 인도 학교의 교과과정을 부실하게 모방한 것인데 인도의 교과과정 역시 영국의 것을 모방한 것이다. 라다크에 관한 것은 아무 것도 가르쳐주지 않는다. 언젠가 레에 있는 학교 교실을 둘러본 적 있었다. 학생들의 교과서에는 런던이나 뉴욕에서 볼 수 있는 어린이 침실이 그려져 있었는데 네 개의 기둥이 달린 침대 위에 깔끔하게 접어놓은 손수건들이 있었고 그것들을 어느 서랍에 넣어야 하는지를 알려주는 설명이 써 있었다. 소남의 여동생은 학교에서 숙제로 내주었다는 문제를 풀고 있었는데 바로 '피사의 사탑' 이 얼마나 기울어져 있는지 그 각도를 계산하라는 문제였다. 언젠가는 그 어린 소녀가 『일리아드 Iliad』를 영어로 번역하느라 곤욕을 치르고 있는 모습을 본 적도 있다.

라다크의 어린 학생들이 학교에서 배운 것들 대부분은 그들이 실제 활용할 수 있는 것들이 아니다. 그들은 뉴욕 학생들에게 적당한 교과 내용을 빈약하게 변형시켜 놓은 내용을 가지고 교육을 받는다. 그들이 가지고 있는 교과서를 쓴 사람들은 단 한 번도 라다크 땅을 밟은 적이 없고 그들이 1만 2,000피트 고원에서 보리를 재배한다거나 햇빛에 말린 벽돌을 가지고 집을 짓는다는 사실을 전혀 모르는 사람들이다.

오늘날 세계의 곳곳에서 '교육' 이란 이름으로 진행되고 있는 과정들은 공통적으로 동일한 전제에 뿌리를 두고 있으며 유럽 중심의 모델에 기초하고 있다. 또한 그것들은 현실과 거리감이 있는 사실과 숫자 그리고 세계 공용의 지식에 초점을 맞추고 있다. 교과서는 지구촌 전체에 적용되는 정보들을 전파한다. 그러나 이것은 특정한 생태계와 특정한 문화권의 상황이 제거된 채 한 종류의 지식만이 전 세계에 똑같이 적용될 수 있는 것이어서 학생들이 배우게 되는 내용은 본질적으로 실제적인 생활의 맥락으로부터 동떨어진 것이라 할 수 있다.

— 헬레나 노르베르-호지, 양희승 옮김, 『오래된 미래』, 중앙북스, 2007, 211~214쪽

[토론 1] 라다크의 전통 교육이 가진 가치에 대해 각자의 견해를 이야기해 보자.
[토론 2] 라다크 전통 교육의 위기를 극복할 수 있는 방법에 대해 토론해 보자.

[제시문 3]

개발 계획이 전개되는 과정에서 관광산업이 본격화된 것과 함께 서구와 인도 영화의 유입이 활발해졌고 최근에는 텔레비전의 보급이 확산되고 있다. 이런 미디어들은 라다크 사람들에게 거부할 수 없을 만큼 강력한 기세로 '화려함'과 '힘'이라는 이미지를 전달한다. 그중에는 셀 수 없이 많은 도구들과 마술 같은 장치들이 있다. 또 그 많은 기계들 중에는 사진을 찍어주는 것도 있고 시간을 알려주는 것 그리고 불을 피워주는 것도 있다. 심지어 사람을 다른 장소로 여행을 시켜주는 것과 멀리 떨어진 사람들이 서로 이야기를 할 수 있게 하는 기계도 있다. 기계는 이렇게 모든 일을 할 수 있다. 그것을 사용하는 외국 관광객들이 너무나 깨끗하게 보이고 그렇게 부드럽고 하얀 손을 가지고 있다는 사실은 그리 놀랄 만한 게 아니다.

영화 속에서는 돈 많고 아름답고 용감한 사람들이 기쁨과 매력이 넘치는 생활을 누리고 있다. 라다크의 젊은이들에게 영화는 저항하지 못할 만큼 강력한 영향을 미친다. 영화의 장면들과 대비되는 자신들의 삶은 미개하고 시시하고 무능한 것 같다. 현대화된 사회의 겉모습만 보고서 그들은 얼굴을 얻어맞은 것 같은 기분이 든다. 그래서 스스로가 아주 어리석고 창피한 사람 같다. 부모들은 그들에게 밭에 나가 일을 하라면서 돈 한 푼도 생기지 않는 일 때문에 손에 흙을 묻히게 한다. 서양에서 온 관광객들이나 영화 속의 주인공이 사는 세계와 비교해 보면 자신들의 문화는 정말 한심하게 느껴질 뿐이다.

세계 전역의 농경 문화권에 사는 수백만의 청소년들은 서구의 문화가 그들 고유의 전통문화에 비해 더 우월한 것으로 생각한다. 현대화된 서방 세계의 화려하고 풍요로워 보이는 물질적인 측면을 겉으로만 보고 있는 그들이 그러한 느낌을 갖는다는 것이 그리 놀라운 일은 아니다. 그들은 서구사회의 내부에 존재하는 사회적이고 정서적인 측면들, 예를 들면 스트레스 과다, 고독감, 늙어가는 데 대한 두려움 같은 상황을 보지 못 한다. 또한 환경파괴 현상이나 인플레이션 그리고 실업문제 같은 것들도 보지 못 한다. 그러나 한편으로 그들은 자신이 속한 문화에 대해서는 그 한계나 불완전성 같은 것들까지 속속들이 알고 있다.

서구문화의 영향력이 갑작스럽게 유입됨에 따라 라다크 사람들 가운데 특히 젊은이들 중에는 자신들의 고유문화에 대한 열등의식에 사로잡히는 사람들이 생각났다. 그들은 자신들의 고유문화를 전적으로 거부하고 새로운 문화를 껴안으려 하고 있다. 그들은 현대화의 상징이 되는 물건들을 향해 앞다투어 몰려든다. 선글라스와 워크맨, 몸에 꽉 끼는 청바지들이 그것들인데, 사람들이 청바지를 입는 이유는 그것이 매력적이거나 편안한 옷이어서가 아니라 현대화의 상징이 되기 때문이다.

현대화의 상징물들이 가져온 영향력으로 인해 라다크 사회에서는 공격적 성향이 짙어지기 시작했다. 폭력이 미화되는 영화들을 보며 소년들은 현대화된 사람이 되기 위해서는 줄담배를 피우고 빠르게 달리는 멋진 차를 가져야 하고 시골길을 질주하며 사람들에게 총을 쏘아대야 한다는 인상을 받기 쉽다.

— 헬레나 노르베르-호지, 양희승 옮김, 『오래된 미래』, 중앙북스, 189~192쪽

[토론 1] 도시화 과정을 통해 라다크의 젊은이들은 서구에 대한 심리적 열등감과 무조건적인 추종을 보여준다. 그 이유는 무엇이며 이를 해결하기 위해 어떤 노력을 기울일 수 있을지 토론해 보자.

[토론 2] 라다크의 젊은이들처럼 서구 문화에 대한 몰입이나 추종으로 인해 정체성에 혼란을 겪은 경험을 이야기해 보자.

[제시문 4]

나는 사람들이 여러 가지 상황에서 서로에게서 분열되는 모습을 지켜보았다. 젊은이와 노인, 남자와 여자, 부자와 가난한 자, 불교도와 이슬람교도 등 그 모든 사람들 사이가 점점 멀어지고 있다. 그중에서도 최근 제일 두드러지게 나타나는

것은 현대식 교육을 받은 전문가 그룹과 글을 알지 못하는 낙후된 농부들 사이의 이질감이다. 현대화된 도시 지역인 레에 사는 사람들의 생활모습은 고향 마을에 남아 있는 친척들보다는 델리나 콜카타 출신들의 생활모습과 더 많은 공통점을 가지고 있다. 그들은 또 자신들보다 현대화의 정도가 덜한 사람들을 무시하는 경향을 보인다. 현대화된 도시에 사는 어린이들 중에는 부모나 할머니 할아버지들과 떨어져 생활한 지가 오래 되어 심지어 사용하는 언어가 다른 경우도 있을 정도다. 우르두Urdu어나 영어로 교육을 받은 아이들은 자신들의 고유 언어마저도 알지 못하는 상황에 처하게 된 것이다.

그러한 분열 양상의 원인 중에서도 가장 두드러진 것은 남성과 여성의 직무 구분이 더욱 뚜렷해짐에 따라 그들 사이의 역할 차이가 점점 더 양극화된 모습을 보인다는 것이다. 산업화가 진행되면서 세계 전역에 나타난 공통적인 현상은 남성들이 돈을 벌기 위해 고향인 농촌 지역을 떠나 도시로 몰려든다는 것인데, 라다크 역시 예외는 아니다. 가정의 외부에서 기술에 기반을 둔 생활을 영위하고 있는 남성들만이 가족 구성원 중 유일하게 생산력을 갖춘 존재로 인식되고 있는 것이다.

여성들은 자신에게 주어진 역할에 갇혀 보이지 않는 그림자와 같은 존재가 되고 만다. 일을 하고는 있지만 그것으로 돈을 버는 것은 아니기 때문에 '생산적인' 존재로 비춰지지는 않는다. 여성들이 하는 일은 국민총생산(GNP)로 환산되지도 않는다. 정부의 통계자료는 도시 지역에 거주하는 10퍼센트의 주민들만이 그들의 직업으로 인해 경제활동인구로 잡혀 있고 주부들과 전통농경활동에 종사하는 농부들을 포함하는 90퍼센트의 나머지 사람들은 생산활동을 하지 않는 사람들로 분류되어 있다. 결과적으로 사람들이 자신과 다른 사람을 바라보는 시각에는 변화가 생겨났다. 또한 그런 식으로 누군가에게 인정을 받지 못한다는 사실은 정서적인 측면에서 당사자에게 큰 충격이 되었다. 사회적으로 '열등한 부류' 로 비춰진 농부들과 여성들은 안정감과 자신감을 점점 더 잃어버리고 만다.

사회적으로 주도적인 역할을 맡게 된 남성들 역시 가정과 공동체의 붕괴로 인한 여파 때문에 힘든 생활을 하고 있다. 그들 또한 아이들과 만날 수 있는 기회를 잃어버렸다. 어린 시절에는 강력한 남성이 되어야 한다는 강박관념으로 인해 감성을 표현하는 법을 배우지 못했고 성장 이후 가장이 되어서는 바쁘게 일을 하느라 가정으로부터 멀어질 수밖에 없었다.

전통문화 속에서 아이들은 아버지와 어머니 모두에게 끊임없는 보살핌을 받았을 뿐만 아니라 공동체에 속한 다양한 연령대의 사람들로부터 살아가는 방법과 지혜를 배우면서 성장했다. 아이들에게도 자기보다 어린아이들을 돌봐야 한다는 책임감은 지극히 자연스럽게 형성되었다. 어린아이의 입장에서도 어른들에 대한 존경심과 친밀감이 자연스럽게 생겨났다. 그들에게 있어 성장이라는 것은 그렇게 자연스러운 것이었고 경쟁의식 같은 것이 필요지 않은 과정이었다.

— 헬레나 노르베르-호지, 양희승 옮김, 『오래된 미래』, 중앙북스, 234~238쪽

[토론 1] 라다크의 공동체 문화가 갖는 의의가 무엇인지에 대해 토론해 보자.

[토론 2] 우리 주변의 지역 공동체나 마을 단위 공동체를 조사해 보고 이러한 공동체들이 현대 사회에서 어떠한 중요성을 갖는지에 대해 토론해 보자.

[토론 3] 저자는 라다크 사람들의 진정한 행복을 위해서는 그들의 전통적인 생활방식과 인간관계를 계속 유지해야 한다고 주장한다. 저자의 견해가 과연 현실적인 대안이 될 수 있는지에 대한 본인의 생각을 이야기해 보자.

[제시문 5]

오늘날의 중앙집중식 경제구조는 방대한 양의 에너지 사용에 의존한다. 또한 자원의 소비량 역시 대체로 높다. 새로운 도로의 연결망 건설에 대규모의 투자가 이루어지면서 더 먼 곳에서 생산된 상품에 대한 의존도가 더욱 커진다. 요즘 레의 모습을 보면 자급자족이 되는 것은 아무 것도 없다는 것을 알 수 있다. 의식주와 관련된 모든 것들이 공해를 내뿜는 트럭의 행렬에 실려 외부에서 유입된다. 남부 인도 지역의 상품이 들어오는 일도 있다. 주변 교외 지역의 관개시설 규모가 감소하면서 물까지도 수입해야 할 지경에 이르렀다. 그 결과 공동 작업을 위주로 하는 종래의 경제구조는 붕괴되고 있는 것이다.

사람들은 수입된 신제품들이 건강을 해칠 위험성이 있다는 가능성에 대해 알지

못 한다. 많은 라다크 사람들은 석면 조각 위에서 빵을 굽고 있고 살충제 통에 소금을 담아두기도 한다. 인도에서 사용되는 살충제의 70퍼센트가 서구에서는 금지되거나 엄격하게 제한되고 있다. 라다크의 경우 해충이 거의 없는데도 농부들 사이에는 DDT보다 훨씬 더 강력한 농약인 BHC의 사용이 권장되고 있다. 전에 한번은 라다크 친구들에게 그들이 이용하는 버터에 포름알데히드가 들어 있어 건강에 좋지 않다는 걸 이야기해주었는데 그때 그들은 무척이나 놀랐다. 그렇게 해로운 것을 그 많은 사람들이 먹고 있고, 그것을 가게에서 팔고 있다는 사실을 믿을 수 없었던 것이다.

전통 마을에서는 어떤 형태로든 쓰레기라는 것이 존재하지 않았다. 그러나 레에는 쓰레기를 재활용할 수 있는 방법이 전혀 없다. 음식 찌꺼기에서 플라스틱, 유리, 종이 그리고 원거리 수송에 필요한 금속 포장재까지 온갖 종류의 쓰레기가 쌓여가고 있다. 또한 전통적 경제체제에서 가치를 인정받던 지역의 자원들은 점점 무용지물이 되어 가고 있다. 예를 들어 인간의 배설물은 더 이상 땅을 기름지게 하는 비료로 쓰이지 않으며 그 처리문제 때문에 골칫거리가 되고 있다. 그것을 처리하기 위해서는 그나마 빈약한 자원이라도 사용해야 되기 때문이다. 수세식 화장실의 사용으로 인해 별도의 에너지 사용이 불가피해지는데 귀한 물을 지붕 위까지 끌어올려야 하고 몇 갤런씩이나 되는 물을 몇 마일씩 되는 파이프와 물탱크를 통해 흘려보내야 한다. 인파가 밀집되어 있는 레에서는 물탱크의 누수 때문에 오염이 발생하는 일이 많아졌고 간염이나 갖가지 수인성 질병이 빈번하게 번져가고 있다.

현대화가 이루어진 도시 지역에서는 예전에는 거의 알려지지 않았던 암, 뇌졸중, 당뇨병 같은 이른바 '문명형 질병'이 일상적인 것이 되었다. 운동 부족과 과다한 스트레스, 지방과 설탕 함량이 높은 가공 식품들을 즐겨 먹게 되면서 비만이나 이상 체형으로 변해가는 라다크 사람들을 많이 보게 되었다.

수만 명에 이르는 라다크 사람들의 진료는 레에 있는 병원 한 곳으로 집중되고 있다. 대부분의 개발도상국에서처럼 최종 진료 결과는 서양 의학의 모방 이상이 될 수 없다. 물론 훌륭한 의사들도 있기는 하지만 그들 역시 과중한 업무 조건의 부담을 안고 일할 수밖에 없다. 현대화된 경제구조는 지나칠 정도로 자본과 에너지에 의존하는 모습을 보인다. 라다크의 의료 수준을 서구의 수준으로 끌어올리기 위해서는 개발 예산 전체를 투입해도 모자랄 정도다. 지금 상황에서는 의사의 진료를 받기 위해서는 오랜 시간을 기다려야 한다. 병원 시설은 언제나 환자들의 인파로 북적대고 있고 직원 수도 모자라고 장비나 의약품도 불충분하다. 물의 공급은 원활하게 이루어지지 않고 위생 시설은 소름이 끼칠 정도로 열악하다.

그러나 이렇게 열악한 수준의 서구의료체계만으로도 라다크의 전통의료체계를 붕괴시키기에는 충분하다. 현대식 의료교육 과정은 라다크 사람들을 그들의 문화와 자원으로부터 떼어 놓으며 전통의료체계마저도 무시해버린다. 암치의 의술은 많은 시간을 필요로 한다. 의술을 익히고 수련생을 가르치고 환자를 진료하고 치료약을 준비하는 데 오랜 시간이 필요하다. 산에서 약초를 구하고 그것을 다시 말리고 갈아서 약재로 만들어야 하는 암치 한 사람이 어떻게 과연 정부의 지원을 받는 그 거대한 제약회사와 경쟁할 수 있겠나? 예전에는 모든 마을에 한 사람씩의 암치가 있었지만 요즘은 그 수가 줄고 있고 수련생의 수는 더 적어졌다.

지역 농업 역시 훼손되고 있다. 레에서 판매되는 수입 곡물은 정부 지원금의 혜택으로 싼 가격에 유통되는데 펀자브 지역에서 수입된 밀가루는 인근 마을에서 온 것에 비해 훨씬 싼 가격으로 팔리고 있다. 쌀이나 설탕 그리고 다른 수입 식품들도 지원금의 혜택을 받고 있다. 그 결과 자급자족을 위한 곡물 재배는 경제성을 잃게 됐는데 이것은 전통 경제의 개념으로는 상상도 할 수 없는 상황이다.

이처럼 현대 경제체제는 상식을 파괴하기에 이르렀다. 예를 들어 요즘 레에서 흙을 이용해 건물을 지으면 엄두가 나지 않을 정도로 높은 비용이 들지만 시멘트 가격은 상대적으로 떨어지고 있다. 이것은 서구식 개발이 어떤 식으로 지역의 경제체제를 파괴시키고 있는지를 보여주는 좋은 예로 볼 수 있다. 히말라야 산맥을 넘어 수송되어 온 그 무거운 가공 제품들이 어디서든 돈 없이도 구할 수 있는 진흙과 가격 경쟁을 할 수 있다는 사실이 불가능해 보이지만 바로 이 불가능한 상황이 실제로 라다크에서 일어나고 있는 것이다.

— 헬레나 노르베르-호지, 양희승 옮김, 『오래된 미래』, 중앙북스, 221~225쪽

[토론 1] 도시화가 진행되면서 라다크에는 심각한 문제들이 발생하고 있다. 라다크 개발의 근본적인 문제는 무엇인지 토론해 보자.

[토론 2] 암치(전통 의사)는 전통적인 방식으로 사람들을 치료하는 의사 승려이다. 암치의 감소와 라다크 전통의료체계의 붕괴가 의미하는 바는 무엇인지 본인의 견해를 중심으로 토론해 보자.

[토론 3] 라다크의 개발과 변화를 성장이나 발전의 과정으로 볼 수 있는지에 대해 토론해 보자.

[토론 4] 전통적인 것과 현대적인 것이 조화를 이룰 수 있는 개발 방법에 대해 토론해 보자.

[제시문 6]

프롤로그-라다크로부터 배운다

왜 세상은 끊임없이 위기로 비틀거리는 걸까? 언제나 이런 모습이었던가? 예전이 더 나빴던가? 아니면 더 좋았던가?

티베트 고원 위의 고대문화의 고장 라다크에서 보낸 16년이라는 시간은 위의 질문에 대한 내 대답을 극적으로 바꾸어버렸다. 나는 그동안 알고 있던 산업문화의 모습을 전혀 다른 시각으로 바라보게 되었다.

라다크에 오기 전, 나는 진보라는 것은 어느 정도 불가피한 것이라 생각했고 그에 대해 의문을 갖지 않았다. 공원을 가로질러 새 도로가 나거나 200년 된 교회 옆에 철제와 유리로 된 건물이 들어서거나 길모퉁이 가게 대신 현대식 대형 마트가 들어서는 것을 그저 수동적으로 받아들이며 현대생활이라는 것은 그렇게 매일매일 힘들고 숨 가쁘게 계속되리라는 것이라 느끼고 있었다. 그러나 지금은 그렇지 않다. 라다크는 내게 미래를 향하는 길이 꼭 하나가 아니라는 확신과 함께 커다란 힘과 희망을 주었다.

라다크에서의 경험을 통해 나는 파괴지향의 변화들에 대해 그간 내가 부분적으로나마 수동적인 태도를 취했던 것은 자연과 문화의 관계를 혼동했기 때문이라는 것을 깨달았다. 이전의 나는 내가 보아왔던 그 부정적 현상들이 우리의 영향력 밖에 있는 자연적 혹은 진화적 요인 때문이 아니라 바로 나 자신이 속해 있는 산업문화 때문이라는 사실을 알지 못 했다. 그런 문제에 대해 깊은 생각을 하지 못 했던 나는 그저 인류는 본질적으로 이기적 심성을 가지고 있어서 생존을 위한 경쟁은 당연한 것이며 서로 돕는 사회라는 것은 유토피아적 꿈에 불과하다고 생각했다.

내가 그런 생각을 갖고 있었다는 것은 어쩌면 당연한 일이었는지도 모른다. 나 자신은 본질적으로 산업사회의 산물일 뿐이며 자신의 영속성을 위해 편향적인 교육을 받은 존재이다. 가치관, 역사에 대한 이해, 사고의 유형 모두 산업사회형 인간의 세계관을 반영하고 있었다는 것은 부인할 수가 없는 사실이었다.

세상 모든 사회는 스스로를 우주의 중심에 두고 색깔 렌즈를 통해 다른 문화를 바라보려는 경향이 있다. 서구 문화가 다른 문화와 확연히 구분되는 점 가운데 하나는 너무나 널리 그리고 너무나 강력하게 전파되고 있어서 스스로를 돌아볼 객관적인 시각을 상실했다는 것이다. 다시 말해 자신과 비교해볼 만한 상대가 없다는 것이다. 그것은 또 모든 사람들이 자신과 같거나 자신처럼 되고 싶어 한다고 전제한다.

획일적인 산업화 문화가 확산되고 있다는 것은 여러 가지 측면에서 비극적인 일이다. 각각의 문화들이 붕괴되면서 수 세기에 걸쳐 축적된 값진 지식들이 허무하게 사라지게 되었고 다양한 인종들이 정체성을 위협받게 되면서 필연적으로 갈등과 사회 붕괴 과정이 뒤를 이었다.

서구의 문화는 시간이 흐를수록 단 하나뿐인 표준적인 문화로 인식되고 있다. 많은 사람들의 성향이 더욱 경쟁적이고 탐욕스럽고 이기적인 모습으로 변해감에 따라, 그런 성향들은 어쩔 수 없는 인간의 본성이라 치부해버리는 태도가 주류를 이루고 있다. 서구 사회의 사고방식은 정반대의 목소리가 지속적으로 그것을 가로막았음에도 불구하고 '인간의 본성은 근본적으로 공격적인 것이며 진화론적 투쟁 논리에 갇혀 있는 것' 이라는 가정에서 오랫동안 벗어나지 않고 있다.

서구의 주류 문화에서는 발생하는 문제점의 원인을 인간의 내재적 결함 탓으로 돌리면서 '개발' 이나 '진보' 로 불리는 구조적 변화에 있어 자신이 정말 해야 할 역할은 무시해버리곤 한다. 기술의 개발은 진화론적 변화의 한 부분으로 이해되고 있는데 인류가 처음 직립보행을 시작하고 언어를 사용하고 도구를 사용하기 시작했던 것처럼, 원자폭탄을 만들고 생명공학을 태동시켰던 것도 그런 진화론적 맥락으로 보고 있는 것이다. 유럽이 산업혁명으로 인해 변화되고 있는 동안 세계의 다른 곳에 사는 대부분의 사람들은 자신들 고유의 원칙과 가치관을 따르며 살고 있다는 사실을 잊어버린 채 우리는 진화와 과학적 발전을 구분해서 보려 하지 않는다. 그렇게 함으로써 사람들은 서양인들이 전통적 문화권 사람들에 비해 훨씬 더 많이 진화했다고 주장한다.

서양 사람들은 또 기술적 변화나 진보를 날씨가 변화하는 것보다 더 자연스러운 현상이라고 생각한다. 과학적인 발명과 발전이 어느 방향으로 나아가든 사람들은 그것을 따라가야 한다는 믿음 속에 갇혀 있는 것처럼 보인다. 물론 인간의 본성에 어두운 면이 존재하고 개발로 인해 어떤 형태로든 수익이 생긴다는 것을 부인하려는 것은 아니지만, 적어도 라다크에서는 그 개발의 진행과정에서 탐욕과 경쟁과 공격성의 경향이 가속화되었고 사회 붕괴의 가능성이 증가했다는 점을 지적하지 않을 수 없다.

붕괴 과정이 진행되는 규모와 속도는 이전 어느 때보다 방대하고 빠른 것이어서 역사적 선례를 찾아보기 힘들 정도이다. 우리는 지금 단 한 번도 경험하지 못한 상황에 처해 있으며 미래에 대한 전망 역시 그렇게 밝지 않다.

대규모의 환경 파괴, 인플레이션 그리고 실업 사태 같은 문제들은 좌익이나 우익같은 정치문제와는 상관없는 기술 경제적 요인으로 생겨나는 것들이다. 세계는 지금까지 과학과 기술에 기반한 단 하나의 개발 모델만을 알고 있을 뿐이다. 또 부수적으로 나타난 전문화와 중앙 집중화로 인해 자본주의와 공산주의 차이마저도 무의미하게 만드는 극단적인 사회변형이 초래된 것이다.

내가 처음 알게 된 라다크 사회는 폐기물이나 공해 그리고 범죄 같은 것이 존재하지 않는 그런 곳이었다. 무척이나 건강하고 강했으며 어머니나 할머니에게 다정한 말을 건네는 십대 소년의 모습이 너무나 자연스럽게 느껴졌던 곳이 바로 그 라다크였다. 그런 라다크 사회가 현대화의 압력 때문에 붕괴되어 간다는 사실은 그것이 비단 라다크에만 국한되는 문제가 아니라는 것을 말해주고 있다.

라다크에서 나는 이른바 진보라는 것에 의해 사람들이 자신이 살고 있는 대지와 분리되고 이웃들과 분리되고 결국 자신으로부터도 분리되는 모습을 지켜보았다. 그렇게 행복하게 살던 사람들이 서구의 규범을 따르기 시작하면서 오래도록 유지해온 평온함을 잃게 되었던 것이다. 그런 모습 때문에 나는 문화라는 것은 개인의 특성을 형성하는 데 있어 예전 내가 생각했던 것보다 훨씬 더 근본적인 역할을 한다는 결론에 도달했다.

우리에게 시급한 것은 세계가 너무 한 쪽으로 치닫지 않고 균형을 유지하도록 그 방향을 전환해야 하는 것이다. 도시와 지방, 남성과 여성 그리고 문화와 자연 사이의 균형을 복원해야 한다. 라다크의 사례처럼 우리는 사회를 구성하고 유지해주는 상호연계의 의미를 이해함으로써 향후 나아갈 방향을 가늠할 수 있을 것이다. 우리가 라다크에서 배울 수 있는 것은 바로 그런 것이다. 그런 폭 넓은 시각을 통해 우리는 우리 자신과 우리가 살고 있는 지구를 치유할 방법을 찾을 수 있으리라 믿는다.

— 헬레나 노르베르-호지, 양희승 옮김, 『오래된 미래』, 중앙북스, 2007, 38~45쪽

[토론 1] 지금 티베트에도 서구식 문명화의 징후들이 나타나고 있다고 한다. 이에 대한 기사나 자료들을 찾아 읽어보고 그것이 지닌 문제점들을 토론해 보자. 다큐멘터리 〈아마존의 눈물〉을 관람하고 라다크의 미래를 점쳐보고, 지금까지의 문명화와 '다른 길' 이 어떠해야 하는지를 생각해 보자.

[제시문 7]

화성에서 온 사람들

일상적인 생활이 계속되던 어느 날 갑자기 잠에서 깨어보니 다른 행성에서 온 사람들이 당신이 사는 곳을 침략했다고 상상해보자. 이상한 모습을 한 외계인들은 이상한 언어를 사용했고 정말 특이한 생활을 하고 있었다. 일이 무엇인지도 모르는 것 같아 보이는 그들은 계속 여가를 즐기고 있었다. 게다가 그들은 아주 특

별한 능력을 가지고 있었고 엄청난 부를 가지고 있었다.

상상을 조금 더 펼쳐보자. 당신의 자녀들이 그런 상황에 어떻게 반응할지, 또 자녀들이 그런 상황에 얼마나 매혹될지를 생각해보자. 외계인들을 따라가면 안 되고 당신과 함께 집에 있어야 하는 것을 설명 한다는 일이 얼마나 어려울지 생각해보기로 하자. 당신은 어떤 방법으로 자기의 정체성을 찾고 있는 그 감수성 예민한 십대들이 중심을 잃지 않도록 도와줄 것인가?

관광산업이 본격화되기 시작하던 무렵 나는 라다크에 있었다. 그래서 나는 사회적 변화가 전개되는 과정을 처음부터 지켜볼 수 있었다. 라다크 언어를 잘하는 상태였기 때문에 나는 이른바 현대화가 불러온 그 강력한 정서적 압박감을 들여다보게 된 것이다. 라다크의 시각에서 현대사회를 바라보면서 나는 서구문화가 그 내부에서보다는 외적으로 볼 때 더욱 성공적으로 보인다는 사실을 알게 되었다. 외부세계 사람들은 사전 예고도 없이 라다크 땅으로 몰려들었다.

관객들은 자신의 입장에서 라다크 사람들을 바라보며 그들이 낙후된 사람들이라 생각한다.

서양 사람들의 눈에 라다크 사람들은 가난하게 보인다. 그들은 라다크 사람들이 입고 있는 낡은 모직 옷이나, 쟁기를 끄는 쪼의 모습이나, 불모의 고원 같은 것을 보며 라다크 사회의 물질적인 측면만을 생각하는 것이다. 그들은 라다크 사람들이 갖고 있는 마음의 평화나 가정과 공동체의 가치에 대해 알지 못 한다. 또한 그들은 라다크 사람들의 정서적, 사회적, 정신적 풍요로움을 보지 못한다.

세계 전역의 농경 문화권에 사는 수백만의 청소년들은 서구의 문화가 그들 고유의 전통문화에 비해 더 우월한 것으로 생각한다. 현대화된 서방 세계의 화려하고 풍요로워 보이는 물질적인 측면을 겉으로만 보고 있는 그들이 그러한 느낌을 갖는다는 것이 그리 놀라운 일은 아니다. 그들은 서구사회의 내부에 존재하는 사회적이고 정서적인 측면들, 예를 들면 스트레스 과다, 고독감, 늙어가는 데 대한 두려움 같은 상황을 보지 못 한다. 또한 환경파괴 현상이나 인플레이션 그리고 실업문제 같은 상황을 보지 못한다. 그러나 한편으로 그들은 자신이 속한 문화에 대해서는 그 한계나 불완전성 같은 것들까지 속속들이 알고 있다.

— 헬레나 노르베르-호지, 양희승 옮김, 『오래된 미래』, 중앙북스, 2007, 185~191쪽

흑백논리는 없다

이 책의 앞에서 전하려고 했던 것처럼 문화의 붕괴를 일으키는 압력들은 그 수가 너무 많고 종류 또한 다양하다. 그러나 가장 중요한 것은 개발이 진행되는 동안에는 사람들이 현재 그들에게 어떤 일이 일어나고 있는지를 개괄적으로 파악하지 않거나 파악할 수 없다는 것이다. 현대화라는 것은 겉으로 볼 때 문화에 대한 위협으로 느껴지지는 않는다. 현대화의 결과로 나타나는 개별적 변화들은 처음에는 아무런 조건 없는 발전인 것처럼 보인다. 오랫동안 지속되는 부정적 결과들은 예측하기가 어렵다. 라다크 사람들은 다른 나라에서는 그 개발이라는 것 때문에 어떤 변화들이 일어났는지 알지 못한다. 개발이 불러오는 파괴적 영향이란 시간이 흐른 뒤 그간의 과정을 돌이켜 보아야만 명확하게 알 수 있는 것이기 때문이다.

문화의 파괴 현상에 있어 또 하나 중요한 요인은 현대 세계와의 접촉이 초래하는 상대적 열등의식이다. 예전 라다크 사람들은 정서적으로나 물질적으로나 자급적인 생활을 영위하고 있었다. 그때만 해도 이후에 '기본적인 필요 요건' 으로 생각하게 된 그런 종류의 개발이라는 것을 바라지는 않았다.

1975년 스타그모stagmo 마을 사람들은 인근마을이 새로 전기설치 공사를 하느라 일대 소동에 휩싸이는 것을 보고 웃음을 터뜨리며 농담을 주고받았다. 나는 그 장면을 아직도 생생히 기억한다. 스타그모 마을 사람들에게는 그 전기 설치 공사라는 것 때문에 그 많은 돈과 노력이 들어가야 하는 것이 아주 우스운 일 정도 밖에는 되지 못 한 것이다 .

"고작 그런 물건을 천장에 다는 일 때문에 꼭 그렇게 소란스러워야 하나요?"

2년 전 나는 마을 의회와의 일 때문에 스타그모 마을을 다시 찾아 갔는데 그때 그곳 사람들은 나를 보자마자 이렇게 이야기했다.

"무슨 일로 어둠 속에 잠겨 있는 이 뒤떨어진 마을에 수고스럽게 찾아오셨나요?"

물론 그것은 농담조로 한 이야기였지만 그 사람들은 분명히 자기 마을에 전기가 없다는 것을 부끄러워하고 있었다.

자부심과 자신의 가치에 대한 인식이 흔들리기 이전에는 자신들이 문명화되어 있다는 것을 증명해 보이기 위해 굳이 전기 같은 것을 설치할 필요가 없었다. 그러나 개발의 영향력은 짧은 기간 동안 사람들의 자존심을 침식해버렸고 그 결과 전기는 말할 것도 없이 펀자브 지방에서 생산된 쌀이나 플라스틱 제품들까지도 그들의 생활필수품이 되어 버렸다.

전통 음식을 먹는다는 것도 이제는 더 이상 자부심을 가질 만한 일이 아닌 상황이 되어 버렸다. 마을 사람들의 집에 초대되었을 때 그들은 즉석라면이 없어 전통 음식인 보리빵을 내놓을 수밖에 없다는 것에 대해 미안해하기도 했다.

이렇듯 이제 라다크 사람들 대부분은 개발을 필수적인 것으로 생각하고 있다. 물론 전통사회를 옹호하는 입장에서 두 사회를 비교할 경우에도 전통사회가 완벽한 사회라고 할 수는 없다. 분명 그 안에도 개선할 점은 있기 때문이다.

그렇지만 나는 개발이라는 것이 꼭 파괴의 의미를 지니는 것이라고 생각하지는 않는다. 나는 라다크 사람들이 수세기 동안 영위해 온 사회적, 생태학적 균형을 희생하지 않고서도 그들의 삶의 수준을 끌어 올릴 수 있다는 것을 확신한다. 그러나 그렇게 하기위해 그들은 관습화된 개발의 방향을 답습하여 고유의 것들을 해체해 버리기보다 오래전부터 내려오던 그 기반 위에 새로운 것들을 건설해야 할 것이다.

— 헬레나 노르베르-호지, 양희승 옮김, 『오래된 미래』, 중앙북스, 2007, 253~257쪽

[토론 1] 우리나라에는 지금까지도 '조국근대화' 라는 표어가 지상명령처럼 작동하고 있다. 우리의 미래를 위해서는 국토 재개발을 통한 경제 발전이 불가피하다는 생각이 여기에 작동하고 있다. 반면 이와 다른 생각을 지닌 이들에게 국토와 생태계에 대한 무차별 개발은 미래를 재앙으로 몰고 갈 것이라고 반론을 제기한다. 전 지구적 기상이변과 재앙에 가까운 재해들은 무계획적 난개발과 생태계 파괴에서 비롯되었다고 보는 것이다. 서로 평행선을 달리고 있는 이 두 견해의 타당성과 문제점을 찾아보고, 바람직한 근대화의 모델을 어떠해야 하는지를 토론해 보자.

[제시문 8]

세상을 움직이는 돈의 힘

라다크 사람들은 자신들의 전통문화를 유지하는 가운데 돈이 없이도 기초적인 욕구들을 원활하게 충족시켜 왔다. 고도 1만 2,000피트의 고원 지역에서도 보리를 재배할 수 있는 기술을 개발했고 더 높은 지역에서 야크 등을 사육하기도 한다. 그들은 주변에서 구할 수 있는 것들을 이용해 자신들의 손으로 집을 지을 줄도 안다. 실제 그들이 외부세계로부터 구해야 하는 것은 소금뿐이고 그것은 교역을 통해 충당한다. 그들이 화폐를 사용하는 경우는 지극히 제한적인데 주로 귀금속이나 장신구를 구하는 때다.

그런데 그러하던 라다크 사람들이 갑자기 국제 화폐경제의 한 부분이 되면서 아득히 먼 곳에 있는 외부세계의 영향력에 의존하는 상황에 놓이게 된 것이다. 기본적인 욕구충족을 위한 영역마저도 예외가 아니다. 그들은 라다크라는 곳이 세상에 존재하는지조차 모르는 사람들이 내린 결정에 큰 영향을 받게 되었다. 미국 달러의 가치가 변동하면 그것은 인도 화폐 루피에 영향을 미치게 되는데 그로 인해 생계를 위해 화폐를 사용해야 하는 라다크 사람들은 국제금융을 좌지우지하는 사람들의 영향권으로 들어가게 되었다. 땅을 경작하며 살던 시절 그 모든 생활의 주인이었던 사람들이 이제는 그런 상황에 처하게 된 것이다.

기본적인 욕구 충족에 필요한 재화의 공급마저도 전혀 다른 경제체제에 의존하게 되고 예측하지 못 할 인플레이션에도 민감할 수밖에 없는 상황에 이르자 사람들이 온통 돈에 정신을 빼앗기고 있는 현실이 그리 이상하게 느껴지지 않을 정도다. 지난 2000년 동안 라다크에서 보리 1킬로그램은 그냥 보리1킬로그램일 뿐이었다. 그러나 요즘은 그 가치를 확실히 알 수가 없다. 오늘은 10루피를 가지고 보리2킬로그램은 살 수 있지만 내일은 그 돈으로 얼마나 살 수 있을지 아무도 알지 못한다. 라다크 친구들은 내게 이렇게 말할 것이다.

"끔찍하네요. 사람들이 너무 탐욕스러워지고 있어요. 예전에는 돈이 전혀 중요하지 않았는데 요즘은 사람들이 온통 돈 생각만 하고 있잖아요."

지난 수 세기 동안 라다크 사람들은 서로 도와가며 동등한 친구의 자격으로 일을 해왔다. 그런데 요즘은 수확기를 맞아 임금을 지급하는 용역이 등장했다. 고용인은 가능한 임금을 적게 주려고 하고 피고용인은 가능한 많이 받고 싶어 한다. 인간관계가 바뀌어버린 것이다. 돈으로 인해 사람들 사이에 생긴 틈은 점점 더 벌어지고 있는 것이다.

— 헬레나 노르베르-호지, 양희승 옮김, 『오래된 미래』, 중앙북스, 2007, 196~199쪽

[토론 1] 칼 폴라니에 따르면 시장은 자본주의의 전유물이 아니다. 분명 태초부터 시장에서의 교환은 곳곳에서 발견되지만, 이는 어디까지나 사회의 경제 체제로 해결이 안 되는 부분에서만 나타나는 부수적 현상일 뿐 결코 중심적인 자리를 차지한 적이 없었다는 것이다. 하지만 주류 경제학자들은 인간이 경제적 동물이며 그래서 그 경제적 동물들이 모여 온갖 돈 계산과 흥정을 하는 시장이라는 장이 인간의 자연스런 경제제도라고 주장해왔다. 그러나 폴라니는 역사의 사료들을 꼼꼼히 추적해 '자유 시장' 이라는 것이 근대의 발명품이자 국가의 발명품임을 밝힌다. 자유 시장 자본주의는 처음부터 그리고 그 이후로 내내 국가의 능동적 개입을 통해 완성되고 작동했다. 따라서 '국가 개입이냐 시장 자율이냐' 하는 신자유주의자들의 물음은 가짜 물음이다. 질문은 '사회를 보호하는 국가냐, 사회 파괴를 거드는 국가냐' 로 바뀌어야 한다. 사회를 보호하려면 시장의 악마적 파괴성을 제어하고 제압해야 한다고 폴라니는 말한다. 전 세계적 경제 위기 이후 많은 사람들이 자본주의적 시장 경제의 대안들을 찾는 데 깊은 관심들을 보이고 있다. 아메리카의 '포틀래치' , 뉴질랜드의 '하우' , 멜라네시아의 쿨라 등은 인간과 자연을 갈아 마셔버리는 '악마의 맷돌' (윌리엄 블레이크)로서의 자본주의적 시장 경제가 아닌 사회적 시장의 지혜를 선취하고 있다. 이는 라다크의 경제 역시 마찬가지다. 라다크의 경제와 지금의 시장경제를 비교해 보고 이로부터 얻을 수 있는 교훈은 어떤 것들이 있을까?

[제시문 9]

개발 계획의 함정

처음 라다크에 도착했을 때 나는 너무나 놀라게 했던 것은 사람들의 욕심 없는 모습이었다. 그곳 개발 감독관이 이야기한 대로 라다크 사람들은 물질적인 이익을 위해 자신들의 여가나 일상의 기쁨을 포기하려는 사람들이 아니었다.

개발 계획이 추진되고 16년 정도가 흘렀을 무렵 나는 라다크 사회의 빈부격차가 더 커졌다는 것을 알게 되었다. 여성들은 자신감과 힘을 버렸고 실업과 인플레이션과 범죄발생률이 증가하기 시작했다. 경제 상황의 변화와 심리적 압박감으로 인해 인구 증가율은 가속되었고 자급형 경제구조가 외부세계에 대한 경제 의존성에 의해 서서히 밀려남에 따라 가정과 공동체는 붕괴되었고 사람들은 자신의 땅과 분리되기 시작했다.

현대화란 지역의 다양성과 독립성을 하나의 단일 문화와 경제체제로 대체하는 과정을 의미한다.

의식주 문제를 자급하는 사람들에게 있어 불안정한 금전적 이익을 위해 고유의 문화와 독립성을 포기해야 한다는 것은 삶의 질이라는 측면에서 중대한 손실을 의미하는 것이다.

라다크의 상황이나 인근 지역인 히말라야 부탄 왕국의 상황은 인간을 위한 복지의 수준을 금전의 관점에서 정의하는 것이 얼마나 적절치 못한 일인가를 생생하게 보여주고 있다. 두 곳 모두 대부분의 제3세계 국가에 비해 높은 생활수준을 누리는 곳이다. 사람들은 기초적인 생활필수품 자급할 수 있고 아름다운 예술품과 음악을 즐기고 있다. 가족이나 친구들과 함께하는 시간이나 여가 활동을 하는 시간이 서방세계에 사는 사람들보다도 많다. 그러나 IBRD는 부탄을 세계에서 제일 가난한 나라 가운데 하나로 기록하고 있다. 부탄의 GNP가 거의 0에 가깝기 때문에 국제간의 경제 규모 순위에서 바닥에 랭크된 것이다. 그것은 결과적으로 뉴욕 거리의 노숙자들과 부탄이나 라다크의 농부들 사이에는 아무런 차이점이 없다는 의미이다. 그들 모두 수입이 없다는 공통점이 있지만 그 통계수치의 뒤에 있는 현실은 낮과 밤의 차이만큼이나 다른 것이다. 자급경제체제를 유지하는 오지의 나라이건 산업화 세계의 심장부이건 GNP를 사회복지의 주요 지표로 활용하는 국가의 재무시스템에는 분명 문제가 있다. 자기 집 정원에서 기른 감자보다는 다른 지역에서 재배한 다음 가루로 만들고 얼리고 말린 밝은 색깔의 감자과자를 사먹는 게 경제성장을 위해서는 더 좋다고 한다. 이런 식의 소비과정은 더 많은 화석연료와 더 많은 공해물질과 더 많은 화학첨가물과 방부제가 소요된다. 또한 생산자와 소비자 사이의 간격은 더욱 벌어지게 된다. 그러나 그것 역시 GNP 상승을 일으키는 것이어서 경제성장의 차원에서 권장되고 있다. 개발 전문가들과 경제학자들이 선호하는 일차원적 진보관은 경제성장의 부정적 효과들을 은폐하고 있었고 지역적 자급형 경제구조의 가치를 가지고 있었다.

물론 내가 이야기하고자 하는 것이 과학적인 탐구 자체가 불필요하다거나 기술 자체가 쓸모없다는 것은 아니다. 문제는 그 두 가지의 영역이 근시안적인 수익과 기대라는 협소한 목표와 연결되어 있어 우리 사회의 모습을 형성하는 데 있어 무책임한 영향을 미칠 수 있다는 점이다. 우리의 윤리와 가치관을 잃어버릴 수도 있는 심각한 위험상황에 처해 있는 것이다.

그런데 어떻게 그러한 기만행위가 현재까지도 지속될 수 있었을까? 그 해답은 개발을 둘러싼 이해관계에서 찾을 수 있을 것이다. 제3세계 국가내의 엘리트 집단이 개발 자금을 착복한다는 것은 관행화된 사실이며 산업화 국가들의 주요 관심은 자신들의 전문 분야와 상품들을 진출시킬 시장을 구축하는 것이다.

그러나 그런 것만이 전부는 아니다. 개발을 추진하는 당사자들은 천연자원의 한계를 무시하면서 모든 사람이 뉴요커처럼 될 수 있다는 분위기를 조장한다. 이런 문제를 두고 경제학자들과 환경학자들 사이에는 오랜 논쟁이 이어지고 있다. 경제학자들과 낙관적 성향의 기술주의자들은 자원고갈을 극복할 수 있는 기술이 발명될 것이고 과학의 힘으로 지구의 부존자원이 극대화될 수 있다고 전제한다. 그러나 그러한 시각은 인간의 의지로 영향을 미칠 수 없는 자원의 유한성을 부인하는 한편 부의 재분배를 자신들의 편의에 따라 교묘하게 조작하는 것이다. 이러한 주장을 요약한다면 현대사회의 가장 중요한 문제점은 빈곤과 인구과잉이며 그 해결책이 되는 것은 바로 경제개발이라는 것이다. 갈수록 증가하는 환경문제와 제3세계 부채 그리고 기아문제들은 현재 진행되고 있는 경제개발의 모델에 뭔가 잘못된 부분이 있다는 것을 시사하고 있다.

유럽 중심의 과학으로부터 탄생했고 서구인들 혹은 서구화된 엘리트 집단에 의해 시행되는 경제개발은 문화의 다양성을 축소시켜 하나의 획일적 문화로 변형시키고 있다.

다국적 기업들은 사상 유래 없는 막강한 경제 통제권을 손에 쥐게 되는 한편 국제 경제 내에서 제3세계 국가들의 지위는 더욱 하락한다.

'하나의 시장' 은 공동체와 협력을 의미하고 '지구촌' 이라는 말에서는 관용 그리고 상호교류라는 의미를 느낄 수 있다. 그 어디에도 경제의 통합과 기술의 획일화로 인해 환경파괴와 공동체의 해체가 나타난다는 인식을 찾아볼 수 없다. 오늘날의 경제상황은 실제 사람들을 하나로 만드는 대신 사람들을 점점 더 분열시키는 한편 빈부의 격차 역시 더욱 벌어지게 한다. 사람들은 그 막강한 정치경제권력의 중앙 집중화 속으로 빨려 들어가고 있다. 각국의 정부는 유럽공동체EC나 IBRD 같은 초국가적 기구들의 이익을 고려하여 그간 행사하던 통제권과 책임 및 권한을 이양하는 추세이다. 그런 기구들은 자신들이 대표해야 하는 일반 국민들과 점점 더 멀어져 가고 있고 그들의 다양한 이해와 필요에 대해 응답하지 못한다.

오늘날 글로벌경제는 자원남용, 기술혁신, 시장창출, 수익증대를 가속시키는 냉혹한 추진력에 의해 움직이고 있다. 금전적인 부담과 심리적 압박감은 선진국과 개발도상국 사람들 모두를 맹목적 소비 지향주의로 밀어붙이고 있다. 그 모토는 '인류의 발전을 위한 경제성장' 이다. 광고와 미디어는 사람들로 하여금 그들이 무엇을 해야 하는지를 계속 말해 주고 있다.

제3세계 농경 지역 국민들은 현대화된 생활의 이미지를 왜곡된 형태로 받아들이게 된다. 경제개발은 이제 세계 전역에 걸쳐 자동조정 장치에 의해 작동되는 듯한 모습이다. 특별히 계획된 개발 프로그램이 시행되지 않는 지역에서도 그것은 현대생활에 대한 일차원적인 이미지를 전하고 있다. 그 이미지에는 물론 개발로 인한 부작용, 오염, 심리적 스트레스, 약물 중독, 노숙자 같은 것들은 담겨 있지 않다. 경제 개발이란 동전의 한쪽 면만을 접해본 사람들은 현대화에 대해 내성을 갖지 못한 채 그것을 열망하는 반응을 보이고 있는 것이다.

— 헬레나 노르베르-호지, 양희승 옮김, 『오래된 미래』, 중앙북스, 2007, 258~281쪽

[토론1] 이 책의 저자는 서구 단일문화의 확산은 다양한 측면에서 비극적이라고 주장한다. 이는 역사적으로 쉽게 확인될 수 있는 사안이다. 자기를 '보편자'로 내세우며 세상의 중심으로 삼고 '타자들'을 위계화하고 폭력적으로 배제하고 억압해 온 것이 서구 문명화의 또 다른 얼굴이기 때문이다. 그래서 "문명의 기록치고 야만의 기록이 아닌 게 없다"는 벤야민Walter Benjamin의 말은 지금도 절절한 울림으로 다가온다. 서구의 문명(경제 · 정치 · 문화 등)이 비서구에 끼친 긍정적인 영향과 부정적인 영향을 사례를 들어 밝혀 보자.

[토론2] 〈디스티릭트 9〉, 〈아바타〉, 〈에일리언〉, 〈스타워즈〉, 〈300〉 등의 영화 중 한 편을 감상하고, '타자'와 '차이'의 의미에 대해 논의해 보자.

■ 토론에 대해 알아보기(1) : 집단토론의 진행 방식 및 채점 기준

[예시 1] 독서토론대회 집단토론 순서

(토론자 찬/반 선택은 자유)

구분	순서	내용	시간
A. 각 측 주장	1	제1토론자 주장	3분
	2	제1토론자 주장	3분
	3	제1토론자 주장	3분
	4	제1토론자 주장	3분
	5	제1토론자 주장	3분
	6	제1토론자 주장	3분
	7	제1토론자 주장	3분
	8	제1토론자 주장	3분
	9	제1토론자 주장	3분
B. 반박	1	제2토론자 질문 혹은 반박	4분
	2	제2토론자 질문 혹은 반박	4분
	3	제2토론자 질문 혹은 반박	4분
	4	제2토론자 질문 혹은 반박	4분

B. 반박	5	제2토론자 질문 혹은 반박	4분
	6	제2토론자 질문 혹은 반박	4분
	7	제2토론자 질문 혹은 반박	4분
	8	제2토론자 질문 혹은 반박	4분
	9	제2토론자 질문 혹은 반박	4분
C. 마무리	1	제1 혹은 제2토론자 마무리	2분
	2	제1 혹은 제2토론자 마무리	2분
	3	제1 혹은 제2토론자 마무리	2분
	4	제1 혹은 제2토론자 마무리	2분
	5	제1 혹은 제2토론자 마무리	2분
	6	제1 혹은 제2토론자 마무리	2분
	7	제1 혹은 제2토론자 마무리	2분
	8	제1 혹은 제2토론자 마무리	2분
	9	제1 혹은 제2토론자 마무리	2분

* 이 방식은 집단토론 면접의 형식을 변용한 것임
* 이 방식에서 토론 참가팀(2명 한 팀)의 수는 토론 환경에 따라 변경될 수 있음

[예시 2] 집단토론 채점표(각 팀 30점 만점)

토론 순서		점수(10점)	특이사항
1	제1토론자 주장		
2	제1토론자 주장		
3	제1토론자 주장		
4	제1토론자 주장		
5	제1토론자 주장		
6	제1토론자 주장		
7	제1토론자 주장		
8	제1토론자 주장		
9	제1토론자 주장		

1	제2토론자 질문 혹은 반박		
2	제2토론자 질문 혹은 반박		
3	제2토론자 질문 혹은 반박		
4	제2토론자 질문 혹은 반박		
5	제2토론자 질문 혹은 반박		
6	제2토론자 질문 혹은 반박		
7	제2토론자 질문 혹은 반박		
8	제2토론자 질문 혹은 반박		
9	제2토론자 질문 혹은 반박		
1	제1 혹은 제2토론자 마무리		
2	제1 혹은 제2토론자 마무리		
3	제1 혹은 제2토론자 마무리		
4	제1 혹은 제2토론자 마무리		
5	제1 혹은 제2토론자 마무리		
6	제1 혹은 제2토론자 마무리		
7	제1 혹은 제2토론자 마무리		
8	제1 혹은 제2토론자 마무리		
9	제1 혹은 제2토론자 마무리		
* 이 채점표는 집단토론 채점을 위해 만든 것임			

■ 토론한 내용을 바탕으로 한 편의 글을 써 보자.

《 함께 읽기 좋은 자료 》

게리 스나이더, 『야생의 삶』, 동쪽나라, 2000.
김종철, 『간디의 물레』, 녹색평론사, 2010.
노명우, 『계몽의 변증법(e시대의 절대사상 012)』, 살림, 2005.
레이첼 카슨, 『침묵의 봄』, 에코리브르, 2002.
마르셀 모스, 『증여론』, 한길사, 2002.
박노자, 〈하얀 가면의 제국 : 오리엔탈리즘 서구 중심의 역사를 넘어〉, 한겨레신문사, 2003.
반다나 시바, 『자연과 지식의 약탈자들』, 당대, 2000.
슈마허, 『작은 것이 아름답다』, 문예출판사, 2002.
윤구병, 『잡초는 없다』, 보리, 1998.
헨리 데이빗 소로우, 『월든』, 이레, 2006.
헬레나 노르베리-호지, 『라다크 소년 뉴욕에 가다』, 녹색평론사, 2003.
헬레나 노르베리-호지, 김종철 역, 『오래된 미래』, 녹색평론사, 2001.
MBC다큐멘터리, 아마존의 눈물.

5 『구운몽』을 읽고 쓰다

| 학습 목표 |

- 『구운몽』 전편을 정독하면서, 나 자신의 삶의 방식, 삶의 자세, 삶의 가치에 대해 성찰한다.
- 『구운몽』에서 등장인물의 생각이 현실에서 실현되는 양상을 살핀다.
- 『구운몽』에서 죽음과 환생이 전개되는 양상을 살펴, 나 자신의 죽음에 대해 준비한다.
- 『구운몽』에서 꿈, 가상, 환상, 착각 등이 나타나는 양상을 살피고, 그것이 작품에서 어떤 역할을 하는지 생각한다.
- '현실은 꿈이다.' 는 메시지와 '꿈은 현실이다.' 는 메시지가 공존하는 양상을 살피고, 그것을 계기로 삼아 꿈 명상을 경험한다.
- 『구운몽』에서 '인생은 무상하다.' 혹은 '인생은 일장춘몽이다.' 라는 주제를 추출한 근거는 무엇인가? 그와 반대로 『구운몽』에서 '인생은 살만한 가치가 있다.' 라는 주제도 찾을 수 있다. 현실에서의 삶이 가치가 있다는 주제를 구성해낼 수 있도록 노력하며 『구운몽』을 읽는다.

| 해제와 저자 소개 |

●해제

『구운몽』은 꿈력』着환상과 현실을 넘나드는 아주 독특한 조선시대 소설이다. 이 작품의 기본 설정은 수행승인 성진이 팔선녀를 만난 뒤 세속적 삶에 대한 간절한 염원을 하게 되고, 그 순간 양소유로 환생하여 온갖 부귀영화와 애욕을 마음껏 누리고, 마침내 성진으로 돌아오는 것이다.

『구운몽』은 우리 고전소설을 대표하는 사상적 깊이가 있는 소설로서, 7개 국어 이상 번역되어 외국에까지 알려졌다. 『구운몽』은 국어 교과서 안에서도 그 권위를 인정받아 왔다. 『구운몽』은 제4차 교육과정 고등학교 2학년 국어교과서에 실렸다가, 제5차 때는 제외되었으며, 제6차와 제7차 교육과정에서는 고등학교 국어(상)에 실렸다. 검인정 고등학교 문학교과서에서는 빠지지 않고 실렸는데, 제1차 교육과정에서는 4종, 2차에서 13종, 3차에서 5종, 4차에서 3종, 6차에서 10종, 7차에서 3종의 교과서에 실렸다.

이처럼 『구운몽』은 학교 서사문학 교육에서 큰 비중을 차지하여 왔지만, 그에 대한 해석과 교육목표 설정에서 문제점들을 드러내었다. 7차 교육과정 국어(상)은 양소유의 말년 부분부터 마지막까지에 해당하는 '양승상등고망원楊丞相登高望遠 진상인반본환원眞上人返本還元' 을 싣고 있고, 다른 문학 교과서들은 다른 대목들을 싣고 있다. 이 결말부를 선택한 것은 이 부분에서 『구운몽』의 주제가 가장 뚜렷이 나타난다고 판단했기 때문일 것이다. 과연 교사지도서를 비롯한 참고서들은 '인생무상' 혹은 '인생무상의 자각을 통한 허무의 극복' 이라고 『구운몽』의 주제를 설명하고 있다. '양승상등고망원' 에다 '인생무상' 을 대응시킨다면, '진상인반본환원' 에다 '허무의 극복' 을 대응시키는 식이다. '인생무상' 과 '허무의 극복' 을 기계적으로 연결시켰다는 인상을 준다.

『구운몽』 교육은 사실 『구운몽』의 가치를 살리지 못해왔다. 『구운몽』은 여러가지 교육적 미덕 혹은 미덕을 만들 계기를 함축하고 있다. 무엇보다 『구운몽』은 생각의 가치, 생각의 형성력 등에 대해 깊고 다양한 생각을 하게 하는 소설이다. 생각의 형성력을 인정하고 이 작품을 읽어갈 때, 긍정적 생각을 통해 지금 이곳 현실을 살만한 곳으로 인식하고 또 그렇게 만드는 것을 가능하게 한다. 죽음에 대한 성찰기회를 제공한다. 성진은 양소유로 환생해가면서 자신의 육신과 자신의 죽음을 떠올리는데, 그 과정이 구체적이다. 꿈이나 환상, 가상을 경험하게 한다. 그런 경험은 현실 경험과 함께 제시된다는 점에서 꿈과 환상, 가상 경험을 현실 경험과 견주어 보고 그 각각의 의의는 무엇인가를 성찰하게 한다.

그리고 지금까지 부정적으로만 해석되어온 양소유의 일생에서 갖가지 긍정적인 모습들을 발견할 수 있다. 양소유의 일생은 '옳고 그름' 의 상대적 분별을 넘어선 정당함, '높고 낮음' 의 상대적 분별을 넘어선 절대적 높음, '남성성과 여성성' 의 상대적 분별을 최소화한 남성성과 여성성, '너와 나' 의 분별을 넘어선 형제애 혹은 동성애 등 위대한 평등세계를 보여주는 것이라고 해석할 수 있다. 그런 점에서 환몽같은 세속의 모든 허망한 것에 불성佛性이 있다는 『능엄경』 등의 가르침과 연결된다고 볼 수 있다.

『구운몽』은 인생이 무상하기 때문이 허무하다는 결론에 이를 것이 아니라, 인생이 무상하다는 것을 자각하는 것은 결국 지금 이곳의 삶이 소중하고 의의가 크다는 결론에 이른다는 것이다. 그런 방향으로 『구운몽』을 새롭게 읽을 수 있다. 무엇보다 『구운몽』은 성진과 양소유, 그리고 육관대사라는 등장인물의 시선을 통하여 현실 삶이 어떤 가치를 지니고 어떤 의의가 있는가에 대한 근원적인 성찰을 하게 하는 소설이다.

●저자 소개

저자 김만중金萬重은 본관 광산光山, 자는 중숙重叔, 호는 서포西浦이다. 시호 문효文孝이다. 1637년(인조 15년)에 병자호란으로 피난가던 배에서 출생하였다. 병자호란 때 강화도에서 순절한 충렬공 김익겸金益兼의 유복자로 태어나 어머니 윤씨 슬하에서 자라났다. 1665년(현종 6년) 정시문과庭試文科에 장원급제 하였고, 1671년(현종 12년) 암행어사暗行御史가 되었다. 이듬해 겸문학兼文學과 헌납獻納을 역임하고 동부승지同副承旨가 되었으나 1674년 인선왕후仁宣王后가 작고하여 자의대비慈懿大妃의 복상문제服喪問題로 서인西人이 패하자, 관직을 삭탈당했다. 그 후 다시 등용되어 1679년(숙종 5년) 예조참의, 1683년(숙종 9년) 공조판서에 이어 대사헌大司憲이 되었으나 탄핵으로 전직되었다. 1687년에는 김수항金壽恒의 아들 창협昌協의 비위非違까지 도맡아 처벌되는 것이 부당하다고 상소했다가 선천宣川에 유배되었다. 여기서 『구운몽』을 지었다. 1688년 풀려나 이듬해인 1689년(숙종 15년)에 박진규朴鎭圭, 이윤수李允修 등의 탄핵으로 다시 남해南海에 유배되었다. 거기서 사망했다. 대표적인 작품으로는 『구운몽』, 『사씨남정기謝氏南征記』, 『서포만필西浦漫筆』, 『서포집西浦集』 등이 있다.

| 읽고 생각하기 |

독서 노트

『구운몽』은 생각이 현실화되는 과정을 보여준다. 또 현실과 꿈의 넘나듦을 보여주기도 한다. 『구운몽』에서 생각이 현실화되는 과정에 대해서는 다음 글을 참조할 수 있다.

성진→양소유의 서사 진행과정에는 생각의 실현과 환생의 성립이라는 두가지 원동력이 개입한다고 할 수 있다. 사람은 한 심찰나心刹那(한 생각이 일어났다 사라지는 아주 짧은 시간) 동안 생각을 일으켰다 사라지게 하는데, 그 생각이 그대로 실현된다. 그리고 윤회의 경우, 죽는 순간 사람이 갖게 되는 갈애에 의해 다음 생이 결정된다.

— 중략 —

12연기에 의한 윤회 고통의 연속은 사람의 한 생애나 몇 생애에 걸쳐 나타나게 마련이다. 『구운몽』은 '생각의 실현' 이란 서사적 장치를 활용하여 윤회를 포함한 12연기의 각 단계가 한 찰나에 나타나게 하였다. 연화도량에서 부들방석을 깔고서 가부좌를 틀고 있는 지금 여기의 성진의 생각과 마음 속에서, 양소유의 일생이 연기의 법칙에 따라 그대로 실현된 것이다. 독자들은 12연기를 한 순간에 경험하며 또 관찰할 수 있게 된다. 이런 관찰을 통하여 지금 여기 내 마음 속에서 일어나는 것을 그대로 관찰한다. 마침내 그 연기의 고통을 벗어나는 수행을 할 수 있게 된다. 그 과정을 거쳤기에 성진도 연화도량 대중에게 교화를 베풀고 보살대도菩薩大道를 얻어 극락세계로 갈 수 있었던 것이다.

— 이강옥, 『구운몽의 불교적 해석과 문학치료교육』, 소명출판, 2010.

다음으로 현실과 꿈의 넘나듦 혹은 현실을 꿈으로 보는 것은 우리나라 불교의 수행 전통으로 면면히 이어져오고 있다. 대표적 사례로 원효대사의 다음 글을 읽어볼 수 있다.

猶如眠時睡蓋覆心	비유컨대 잘 때에 잠이 마음을 덮어서,
妄見已身大水所漂	제 몸이 큰 물에 빠져 떠내려가는 허상을 보면
不知但是夢心所作	그게 단지 꿈꾸는 마음이 빚어내는 것임을 알지 못하고
謂實流溺生大怖	정말로 물에 빠진 줄 알고 큰 두려움이 생긴다.
未覺之時更作異夢	미처 깨지 못한 채로 또 다른 꿈을 꾸기도 하거니와,
謂我所見是夢非實	내게 보이는 게 이게 꿈이지 현실이 아니지 하면서
心性聰故夢內之夢	마음의 본성은 깨어있는 까닭에 꿈 속에서 또 꿈을 꾸면

卽於其溺不生其懅	그렇게 물에 빠졌다 해도 그리 두려워하지는 않으나,
而未能知身臥床上	아직 제 몸이 침상에 누워 있음을 알지 못하고
動頭搖手勤求永覺	머리를 흔들고 손을 내저으면서 완전히 깨어나려고 애를 쓴다.
永覺之時追緣前夢	완전히 깨었을 때에 그 꿈을 돌이켜 생각하면
水與流身皆無所有	물도 물에 떠다니던 몸도 다 실재가 아니며
唯見本來靜臥於床	단지 본래 침상에 고요히 누워 있었다는 것을 보게 될 뿐이다.
長夢[1]亦爾	긴 (인생의) 꿈도 또한 그러하니.

— 원효, 〈대승육정참회〉

제시문

읽기 요점 :

❶ 내가 성진이 되어본 뒤, 다시 성진으로부터 멀어져 성진의 생각과 행동을 살펴본다.
❷ 성진의 생각이 어떻게 실현되어 가는가를 살피며 읽는다.

[제시문 1]

생각의 힘

왕이 계속 권하자 성진이 이를 마지 못하여 석 잔을 연거푸 마시고 용왕께 하직하고는 바람을 타고 연화봉으로 떠났다. 산 아래에 이르자 술기운이 올라 얼굴이

1) 육도(六道)와 팔고(八苦)에 유전(流轉)하는 것.

달아올랐다.

마음으로 생각했다.

'만일 얼굴이 붉으면 사부께서 이상하게 여겨 나무라지 않을까?'

하고 즉시 냇물에 나아가 웃옷을 벗고 두 손으로 물을 움켜 얼굴을 씻었다. 그때 갑자기 기이한 냄새가 코를 찔렀다. 향로의 기운도 화초의 냄새도 아닌데 사람의 뼛속에 사무쳐 정신이 아득하여 가히 형언하지 못할 정도였다. 성진이 생각하였다.

'이 물 상류에 무슨 꽃이 피었기에 이런 낯선 향기가 물에서 풍길까?'

다시 의복을 단정하게 하고 물을 따라 내려왔다. 이때 여덟 선녀는 오히려 석교 위에서 담소를 즐기고 있었던지라 마침 성진과 만나게 되었다. 성진이 지팡이를 놓고 인사를 하며 말했다.

"소승은 연화도량 육관대사의 제자인데 스승의 명을 받아 산하에 나갔다가 이제 절로 돌아가는 길이라오. 석교는 심히 좁고 여보살이 다리 위에 앉아 있는 탓에 사나이와 계집이 길을 분별하지 못하게 되었으니 잠깐 길을 빌리고자 하나이다."

여덟 선녀가 답례하고 말하였다.

"우리는 위 부인 낭랑의 시녀인데, 부인 명으로 대사께 문안하고 돌아가는 길입니다. 이 다리가 심히 좁고 첩 등이 이미 밟았으니 도인의 말미암음이 마땅하지 않습니다. 청컨대 다른 길로 행하소서."

성진이 대꾸했다.

"냇물이 깊고 다른 다리 없으니 빈승으로 하여금 어느 길로 가라 하시오?"

"옛날 달마대사는 갈대의 잎을 타고 바다를 건넜다 하니 화상께서 육관대사에게 수학하셨으면 반드시 신통력이 있을 것입니다. 이렇게 작은 냇물을 건너지 못하여 아녀자의 길을 다투시나요?" 성진이 웃고 말했다.

"낭자의 뜻을 보니 행인의 길 사는 돈을 받고자 하도다. 가난한 중에게 무슨 돈이 있겠소. 마침 명주 여덟 개가 있으니 이제 낭자께 드려 길을 사고자 하오."

손을 들어 도화桃花 한 가지를 꺾어 모든 선녀 앞에 던지니 여덟 봉오리 땅에 떨어져 변하여 명주가 되었다. 여덟 명이 각각 주워 손에 쥐고 성진을 돌아보며 찬연히 한 번 웃고 몸을 솟구쳐 바람을 타고 공중으로 올라갔다. 성진이 석교 위에서 선녀가 가는 곳을 한동안 바라보더니, 구름 그림자가 사라지고 향기로운 바람이 잦아지자 바야흐로 석교를 떠났다.

스승을 찾아뵈니 왜 늦게 왔느냐 물어 성진이 대답했다.

"용왕이 관대히 대접하고 만류하니 능히 떨치고 일어나지 못하였사옵니다."

물러가 쉬라 하거늘 자기가 거처하던 선방으로 돌아오니 날이 이미 어둑해졌다.

성진이 여덟 선녀를 본 후로는 정신이 자못 황홀하여 마음으로 생각하였다.

'남자가 세상에 나서 어려서는 공맹(공자와 맹자)의 글을 읽고 자라서는 요순 같은 임금을 만나, 나면 장수 되고 들면 정승이 되어 비단옷을 입고 옥대를 두르고 궁궐에 조회하고 눈으로 고운 색을 보고 귀로 좋은 소리를 듣고 은택이 백성에게 미치고 공명功名을 후세에 전함이 또한 대장부의 일이라. 우리 부처의 법문은 한 바리 밥고 한 병 물과 두어 권 경문과 일백여덟 개 염주뿐이라. 도가 비록 높고 아름다우나 적막하기 심하지.'

이런저런 생각을 하는 사이에 밤이 이미 깊었더니 문득 눈 앞에 여덟 선녀 서 있거늘 놀라서 다시 보니 이미 간 곳이 없었다. 성진이 뉘우쳤다.

'부처의 가르침에는 뜻을 바르게 함이 으뜸 행실이라. 내 출가한 지 십 년에 일찍이 조금도 이를 어기고 구차한 마음을 먹지 않았는데 이제 이렇게 생각을 잘못하면 어찌 나의 앞날에 해롭지 않을까?

향로에 향을 다시 피우고 의연히 부들방석에 앉아 정신을 가다듬어 염주를 고르며 일천 부처를 염송하였다. 홀연 창밖에서 동자가 불렀다.

"사형은 잠이 들었습니까? 사부께서 부르시나이다."

성진이 놀라 생각하되,

'깊은 밤에 나를 부르시니 반드시 연고가 있구나.'

동자와 함께 방장으로 나아가니 대사가 모든 제자를 모아 놓고 등불을 낮같이 밝히고 소리하여 꾸짖었다.

"성진아 네 죄를 아느냐?"

성진이 무릎을 꿇고 대답했다.

"소자, 십 년 동안 사부를 섬겼지만 한마디도 불손히 한 적이 없으니 진실로 어리석고 아득하여 지은 죄를 알지 못하나이다."

대사가 다시 꾸짖었다.

"중의 공부에는 세 가지 행실이 있으니 몸과 말씀과 뜻이다. 네 용궁에 가 술에 취하고 석교에서 여자를 만나 언어를 수작하고 꽃을 던져 희롱한 후에 돌아와 오히려 미색을 그리워하여 세상 부귀를 흠모하고 불가의 적막함을 싫어하였으니 이는 세 가지 행실을 한꺼번에 허물어버림이라. 이 땅에 머무를 수가 없다."

성진이 머리를 조아리고 울며 말하기를,

"사부님! 제가 진실로 죄 있거니와 술의 계율을 어긴 것은 주인이 괴로이 권하기에 마지못함이고, 선녀와 더불어 언어를 수작하기는 길을 빌리기 위함이었습니다. 각별 부정한 말을 한 바 없고 선방에 돌아온 후에 일시 마음을 잡지 못하였으나 마침내 스스로 뉘우쳐 뜻을 바르게 하였습니다. 제자 죄 있거든 종아리를 치실 일이지 어찌 차마 내치려 하시나이까? 사부 우러러보기를 부모같이 하여 성진이 열두 살에 부모를 버리고 스승님을 좇아 머리를 깎았으니 연화도량이 곧 성진의 집이라. 저더러 어디로 가라 하십니까?"

대사가 이르되,

"네 스스로 가고자 하기에 가라 함이니 네 만일 있고자 하면 뉘 능히 가라 하리오? 네 또 이르되 어디로 가리오 하니 너의 가고자 하는 곳이 네가 갈 곳이라."

그러고 나서 대사 소리를 질렀다.

"황건역사는 어디 있느냐?"

홀연 공중에서 신장이 내려오거늘 대사가 명했다.

"네 죄인을 데리고 풍도(지옥의 하나로 죽음을 관장하는 신이 있는 곳)에 가서 염라대왕께 내어 주고 오너라."

하였다.

성진이 이 말을 듣고 눈물을 비 오듯 흘리며 울고 머리를 무수히 두드리며 말했다.

"사부는 성진의 말을 들으소서. 옛날 아난존자는 창녀에게 가서 잠자리를 함께 하며 살을 섞었지만 석가께서 죄주지 않으시고 다만 설법하여 가르쳤으니, 제자 비록 죄가 있으나 아난존자와 비교하면 중하지 않은 듯하옵니다. 어찌 풍도에 가라 하십니까?"

대사 말했다.

"아난존자는 요술을 제어하지 못하여 창녀를 가까이 하였지만 마음은 어지럽지 않았는지라. 너는 속세의 부귀를 흠모하는 뜻을 두었으니 어찌 윤회의 괴로움을 면하리오?"

성진이 다만 울고 갈 뜻이 없거늘 대사 위로하여 말하였다.

"마음이 깨끗하지 못하면 비록 산중에 있어도 도를 이루기 어렵고, 근본을 잊지 아니하면 속세에 있어도 돌아올 길이 있는지라. 네 만일 오고자 하면 내 손수 데려올 것이니 의심 말고 행할지어다."

읽기 과제

1. 등장인물과 동일시를 시도하고 다음으로 거리두기를 한다.

❶ 『구운몽』의 작중 인물 중 가장 강한 동질감을 느낀 인물은 누구인가? 그 인물에게 공감과 지지의 말을 건네 본다.

❷ 성진이 사대부의 일생을 꿈꾼 것처럼 각자가 지금 꿈꾸고 있는 최고의 삶은 어떤 것인가?

❸ 성진과 양소유가 작중에서 한 생각과 행동 중 못마땅한 점은 어떤 것인가?

2. 사람의 생각의 힘과 가치에 대해 성찰한다.

❶ 성진과 양소유의 자기 부정에 대한 나의 생각은 어떤 것인가? 그 부분을 읽었을 때의 느낌은 어떠했나?

❷ 자기 생각을 실현해 가는 인물들의 경우들을 정리한다.

❸ 각자는 자기를 부정적으로 생각하는가 아니면 긍정적으로 생각하는가? 부정적으로 생각하게 되었다면 언제부터이며 그 이유는 무엇인가? 긍정적으로 생각하게 되었으면 언제부터이며 그 이유는 무엇인가?

제시문

읽기 요점 :

❶ 성진이 양소유로 되는 과정을 죽음과 환생으로 설명해 본다. 이런 과정이 우리 의식의 어떤 점과 연결되는지 생각하며 읽는다.

❷ 이 제시문은 환생의 과정을 보여준다. 각자의 종교적 철학적 관점에 따라 이 부분이 어떻게 수용될 수 있으며 또 어떤 논리로 비판될 수 있는지 생각하며 읽는다.

[제시문 2]

죽음과 환생

성진이 할 수 없어 불상과 사부에게 절하고 모든 동문들과 이별하고 황건역사와 같이 풍도로 향하였다. 유혼관에 들렀다가 망향대를 지나 풍도성에 도달하니 성문을 지키는 귀졸이 묻자, 역사가 말했다.

"육관대사의 범지로 죄인을 데려온다."

하니 길을 열어주었다. 곧바로 삼라전에 이르렀다. 염라대왕이 바삐 역사에게 맡겨 보냈다. 이에 성진이 전 아래에 무릎을 꿇으니 염왕이 묻되,

"성진 상인아, 상인의 몸이 남악에 있으나 이름은 이미 지장왕의 향안에 올라 있으니 머지 않아 큰 도를 얻어 연좌에 오를 것이라. 그러면 중생들이 모두 큰 은덕을 입을까 하였더니 무슨 일로 이 땅에 왔는가?"

성진이 부끄러워하며 염왕께 아뢰었다.

"성진이 무상하여 길 위에서 남악 선녀를 만나고 마음에 둔 까닭에 스승께 죄를 얻어 대왕의 명을 기다리나이다."

염왕이 좌우로 하여금 지장보살께 이런 말씀을 올리게 했다.

"남악 육관대사가 제자 성진을 보내어 벌하라 하니, 여느 죄인과는 다른 까닭에 취품하나이다."

보살이 대답하되,

"수행하는 사람의 오고 감은 저의 원대로 할 것이니 어찌 구태여 물으리오?"

염왕이 성진의 죄를 결단하려 할 즈음에 두어 귀졸이 들어와 아뢰었다.

"황건역사 또 육관대사의 명으로 여덟 죄인을 인솔하여 왔나이다."

염왕이 죄인을 불러들이라 하니 남악 선녀 여덟 명이 들어와 무릎을 꿇거늘 염왕이 물었다.

"남악 선녀야 선가에 무궁한 경치와 쾌락이 있는데 어찌 여기에 왔느냐?"

여덟 명이 부끄러움을 머금고 대답했다.

"첩 등이 위 부인 명으로 육관대사께 문안하러 갔다가 길에서 젊은 화상을 만나 언어로 수작한 일이 있었습니다. 대사께서 부처의 깨끗한 땅을 더럽혔다 하여 우리 부중府中에 알려 첩 등을 잡아 이리로 보냈습니다. 첩 등의 앞날이 오로지 대왕의 손에 달렸으니 바라옵건대 자비를 베푸시어 좋은 땅에 돌아가게 하소서."

염왕이 저승사자 아홉 명을 불러 각각 은밀하게 분부하여 보내더니 홀연 궁전 앞에 큰 바람이 일어나 모든 사람을 공중으로 날려 사면팔방으로 흩어지게 하였다. 성진이 사자를 따라 표표탕탕 바람에 실려 한 곳에 도달하니 바람이 그치며 발이 땅에 닿았다. 정신을 차려보니 푸른 산이 사방에 둘러 있고 시냇물이 구비지어 흐르는데 대발과 푸른집이 수풀 사이에 여러 채 있었다.

사자가 성진을 이끌고 한 집에 이르러 문밖에서 기다리라 하고 안으로 들어가거늘, 성진이 한동안 서서 들으니 이웃 사람이 서로 말하였다.

"양 처사 부부 나이 쉰에 처음으로 잉태하니 제상에 드문 일이라. 임신한 지 오래 되었는데 아이 울음소리 없으니 걱정이다."

하거늘 성진이 자기를 이르는 말 같으니, 분명히 양 처사의 자식이 되어 태어날 줄 알았다. 그리고 이렇게 생각했다.

"내 이미 인간 세상에 환도하게 되었으니 이곳에 와도 분명 정신만 왔을 것이라. 육신은 틀림없이 연화봉에서 화장하는도다. 나이 젊어서 제자를 두지 못하였으니 어느 사람이 나의 사리를 거두리오?"

이같이 생각하며 마음이 자못 처량하더니, 사자 나와 손을 저어 불러 말했다.

"이 땅은 대당국 회남도 수 땅이고 이 집은 양 처사의 집이라. 처사는 너의 부친이며 처사의 부인 유 씨는 너의 모친이니 빨리 들어가 길한 시각을 놓치지 마라."

성진이 들어가 보니 처사가 갈건야복으로 당상에 앉아 약탕을 곁에 놓았으니 향기가 코를 찌르고 방 안에는 여자의 신음하는 소리가 은은하게 났다. 사자가 재촉하여 방에 들어가라 해도 성진이 마음에 꺼려 머뭇머뭇하니 사자 뒤에서 힘주어 밀쳤다. 성진이 공중에 엎어져 정신이 아득하여 천지가 뒤바뀌는 듯하였다. 소리 질러 나를 구하라 하더니 소리가 목구멍에서 나오며 말을 이루지 못하고 다만 아기 울음소리를 할 뿐이었다.

산파가 축하하며 말했다.

"아기 울음소리 크기 작은 낭군이로소이다."

처사 약사발을 가지고 들어오고 부부가 매우 기뻐하였다.

이후에 성진이 배 고프면 울고 울면 젖 먹이니 처음에는 마음으로 남악 연화봉을 잊지 아니하였다. 점점 자라 부모의 정을 알게 되니 전생의 일은 아득하게 잊고 기억하지 못하였다.

읽기 과제

❶ 성진의 혼이 자기 육신을 바라보는 구절을 다시 읽어보고, 그에 대한 소감을 이야기해 보자. 죽음과 환생에 대한 여러 종교의 공통점과 차이점을 조사하고 이 글을 다시 읽어 보자.

❷ 이 제시문은 환생의 과정을 보여준다. 각자의 종교적 철학적 관점에 따라 이 부분이 어떻게 달리 읽혀질 수 있을 지 생각하여 보자.

제시문

읽기 요점 :

❶ 이 제시문은 『구운몽』에 거듭 나오는 '속이고 속기' 장면 중 하나다. '속이고 속

기' 는 『구운몽』 전편에서 어떤 상황에서 어떤 효과를 염두에 두고 설정되었는지 생각하며 읽는다.

❷ 『구운몽』에 거듭 나타나는 속임수 경험, 꿈 경험, 가상 경험의 본질에 대해 생각해 보며 읽는다.

[제시문 3]

현실과 꿈 · 가상 · 환상

생이 듣지 않고 또 십 리쯤 행하니 해는 이미 지고 산에 달이 떠오르거늘 달빛을 따라가는데 잘 곳을 구하지 못해 비로소 당황해 하였다. 문득 보니 열 살 남짓 되어 보이는 푸른 옷 입은 여동이 물가에서 옷을 씻다가 생을 보고 급급히 달려가며 불러 말하였다.

"낭자야 낭군이 오시나이다."

양생이 그 말을 듣고 아주 이상하게 여겨 수십 걸음을 가니 산을 돌아 한 작은 집이 있었다. 계수나무에 임하여 극히 정결하였고 한 여자가 달빛을 띠고 푸른 복숭아꽃 아래에 있었다. 생이 오는 것을 보고 정중하게 맞이했다.

"양랑이시여 어찌 이렇게 늦게 오나뇨?"

양생이 그 여자를 보니 몸에 홍초의를 입고 머리에 비취 비녀를 꽂고 허리에 백옥패를 찼으니 날씬하고 하늘거려 정말 신선 같았다.

양생이 황망히 답례하고 말하였다.

"소생은 속세의 사람이라. 애초 달 아래의 기약이 없었는데 선녀께서 늦게 온 것을 나무람은 어찌 된 일입니까?"

"청컨대 정자 위에 가서 말씀을 베풀어지이다."

생을 데리고 정지 위에 가서 자리를 정해 앉고 여동자가 주안상을 들여오니 미인이 탄식하며 말했다.

"옛일을 말하려 함에 사람의 슬픔이 마음을 돕는군요. 첩은 원래 요지왕모瑤池王母(서왕모를 지칭)의 시녀였는데 낭군의 전생이 곧 하늘의 신선입니다. 옥황상제의 명으로 왕모께 조회하던 길에 첩을 보고 신선의 과일로써 희롱하니 왕모께서 노하시어 옥황상제께 아뢰어 낭군은 인간 세상에 떨어지고 첩은 산중에 귀양 왔더니 이제 기한이 다 되었습니다. 다시 요지로 갈 것이로되 부디 낭군을 한 번 보고 옛정을 펴고자 하는 연유로 선관에게 빌어 한 달 기한을 얻었으니 첩은 시로 낭군이 오늘 오실 줄 알았습니다."

어느덧 밤이 깊어져 달이 높고 은하수가 기울어졌다. 서로 이끌어 침실로 들어갔다. 그 황홀함은 가히 형언할 수 없었다. 두 사람의 다정한 정을 충분히 풀지도 못하여 산새가 지저귀고 동쪽 하늘에 햇살이 올랐다. 미인이 일어나 양생에게 말했다.

"오늘은 첩이 요지로 갈 날이어요. 선관이 와서 데려갈 것이니 낭군이 먼저 가지 않으면 피차 다 허물이 될 겁니다. 낭군이 만일 옛정을 잊지 아니하면 서로 만날 기약이 있겠지요."

하고 비단 수건에 이별하는 글을 써서 생에게 주니 그 글의 내용은 다음과 같았다.

— 중략 —

미인이 재삼 재촉하니 서로 눈물을 뿌리고 헤어졌다. 산을 내려오며 머리를 돌려 자던 곳을 바라보았다. 새벽 구름이 골짜기에 잦았으니 황연히 요지의 꿈같이 희미하였다.

양 한림이 돌아온 후에 생각에 잠겼다.

"선녀 비록 기한이 다 되어 천상으로 돌아간다 하지만 반드시 오늘 올라갈 줄 어찌 알까? 내 잠깐 산중에 머물러 몸을 숨겼다가 선관이 데려간 후에 내려와도 괜찮을거야.'

이날 밤이 새도록 잠을 이루지 못하고 일찍 일어나 몰래 서동만 데리고 자각봉으로 길을 따라 선녀와 만났던 곳에 갔다. 도화유수의 경치는 변함 없었지만 빈 누각이 적막하여 사람의 자취도 없었다. 종일토록 배회하며 눈물을 뿌리고 왔다.

읽기 과제

❶ 위 [제시문 3]은 『구운몽』에 거듭 나오는 '속이고 속기' 장면 중 하나다. '속이고 속기'는 『구운몽』 전편에서 어떤 상황에서 어떤 효과를 염두에 두고 설정되었는지 생각하며 읽는다.

❷ 『구운몽』에 거듭 나타나는 속임수 경험, 꿈 경험, 가상 경험의 본질은 어떤 것인가? 그러는데, 다음과 같은 양소유의 말을 참고하라.

> 양승상이 짐짓 믿을 수 없다는 듯 말했다.
> "그게 무슨 말이요? 정사도는 딸 하나만 두었고 그 딸이 죽은 지 오래 되었소. 죽은 정씨가 지금 내 옆에 있다니 그렇다면 죽은 정씨 외에 산 정씨가 있단 말이요? 죽지 않으면 산 것이요, 살아 있지 않으면 죽은 것. 이것이 상식이라오. 한 사람의 몸이 혹은 죽었다고 하고 혹은 살았다 하니, 그렇다면 죽은 자가 진짜 정씨요? 산 자가 진짜 정씨요? 산 것이 진실로 진眞이라면 죽은 것은 망妄이요, 죽은 것이 진眞이라면 산 것은 허탄한 것일 게요. 귀주의 말씀을 내 믿기 어렵다오."

❸ 속임수 전후의 양소유의 기분을 짐작하여 본다.

| 토론하기 |

토론 과제

[토론 과제 1] '세상은 생각대로 된다.'는 주장에 찬성하는 조와 반대하는 조가 토론한다. 학생들은 자기가 속한 토론조의 주장을 뒷받침할 만한 자료들을 조사해 온다.

[토론 과제 2] 『구운몽』이 궁극적으로 주장하는 삶은 어떤 것인가? 각자는 지금 자기 삶에 대해 긍정적인 의미를 부여할 수 있는가? 긍정적인 의미를 부여하게 되었

다면 그 이유는 무엇인가? 긍정적인 의미를 부여할 수 없다면 그 이유는 무엇인가? 『구운몽』이 '날마다 좋은 날'을 추구하게 한다고 볼 수 있는가 없는가? 삶에 긍정적인 의미를 부여하는 태도와 기존 체제를 일방적으로 두둔하는 것과는 어떤 점에서 다르고 같은가? 이런 점들에 대해 토론한다.

[토론 과제 3] 양소유의 일생에 대해서는 두 상반된 해석이 있다.

(1) 부귀영화와 여색에 탐닉하는 향락적 삶의 연속이다. 가부장제의 남성중심주의가 관철되고 있다.

(2) '옳고 그름'의 상대적 분별을 넘어선 정당함, '높고 낮음'의 상대적 분별을 넘어선 절대적 높음, '남성성과 여성성'의 상대적 분별을 최소화한 남성성과 여성성, '너와 나'의 분별을 넘어선 형제애 혹은 동성애 등 위대한 평등세계를 보여준다.

(1)과 (2)를 지지하는 두 조를 나누어 토론한다. 그러기 위해서 두 조는 『구운몽』 작품을 정교하게 읽고 자신들의 입장을 지원하는 근거를 찾아온다.

■ 토론에 대해 알아보기(2) : 교차토론(CEDA)의 진행 방식 및 채점 기준

[예시 1] 교차조사(CEDA) 방식 토론 진행 순서

구분	순서	내용	시간
A. 각 측 주장 및 질의응답	1	찬성 측 첫 번째 토론자의 입론 (찬성1)	4분
	2	반대 측 두 번째 토론자의 교차조사 (반대2)	2분
	3	반대 측 첫 번째 토론자의 입론 (반대1)	4분
	4	찬성 측 첫 번째 토론자의 교차조사 (찬성1)	2분
	5	찬성 측 두 번째 토론자의 입론 (찬성2)	4분
	6	반대 측 첫 번째 토론자의 교차조사 (반대1)	2분
	7	반대 측 두 번째 토론자의 입론 (반대2)	4분
	8	찬성 측 두 번째 토론자의 교차조사 (찬성2)	2분
B. 반박	9	반대 측 첫 번째 토론자의 반박 (반대1)	2분
	10	찬성 측 첫 번째 토론자의 반박 (찬성1)	2분
	11	반대 측 두 번째 토론자의 반박 (반대2)	2분

B. 반박	12	찬성 측 두 번째 토론자의 반박 (찬성2)	2분
	작전타임	긍정측, 부정측 팀당 5분 혹은 4분	

* 미국 CEDA협회 교차조사 방식 토론 진행 순서
* 시간은 75분 수업에 맞게 조정한 것임

[예시 2] 교차조사(CEDA) 방식 토론 채점표(총120점)

찬성팀 :	찬성1	
	찬성2	
반대팀 :	반대1	
	반대2	

	팀원 최종점수	팀 최종점수
찬성팀 :	찬성1 :	
	찬성2 :	
반대팀 :	반대1 :	
	반대2 :	

토론순서	점수(10점)	특이사항
찬성 측 첫 번째 토론자의 입론(찬성1)		
반대 측 두 번째 토론자의 교차조사(반대2)		
반대 측 첫 번째 토론자의 입론 (반대1)		
찬성 측 첫 번째 토론자의 교차조사 (찬성1)		
찬성 측 두 번째 토론자의 입론 (찬성2)		

반대 측 첫 번째 토론자의 교차조사 (반대1)		
반대 측 두 번째 토론자의 입론 (반대2)		
찬성 측 두 번째 토론자의 교차조사 (찬성2)		
반대 측 첫 번째 토론자의 반박 (반대1)		
찬성 측 첫 번째 토론자의 반박 (찬성1)		
반대 측 두 번째 토론자의 반박 (반대2)		
찬성 측 두 번째 토론자의 반박 (찬성2)		

| 성찰적 글쓰기 |

쓰기 과제

[쓰기 과제 1] [제시문 1]에서 성진은 『능엄경』의 아난존자의 사례를 언급하며 자기의 억울함을 말했다. 다음은 『능엄경』의 해당 부분인데, 이를 읽고 성진의 자기변명이 정당한지 따져보라. 이와 관련하여 성진과 육관대사는 어떤 점에서 의견이 다른가? 나아가 그와 관련된 영역에서, 『구운몽』과 『능엄경』은 어떻게 다른지에 대해서도 창의적으로 써 보라.(원고지 10매)

그때 아난이 걸식하던 차제에 사창가를 지나다가 환술을 잘하는 마등가족의 여인 마등가녀를 만났다. 그녀는 사비가라 선범천先梵天의 주문으로 아난을 음탕한 자리로 이끌고가 음란한 몸으로 만지고 비비면서 장차 아난의 계율을 무너뜨리려

하였다.

여래께서 아난이 마등가녀의 음술淫術에 붙들린 줄 아사고, 공양을 마치자 바로 정사精舍에 돌아오시니, 왕과 대신 그리고 장자와 거사들도 부처님을 따라 함께 와서 법요를 듣게 되었다.

그때 세존께서는 정수리로부터 백보百寶무외광명無畏光明, 정수리에서 나오는 빛)을 놓으시니 광명 가운데 천 개의 연꽃이 피어나고, 꽃잎마다 그 속에 부처님의 화신化身이 결가부좌하고 앉으시어 신비한 주문을 설하시었다.

부처님이 문수사리보살에게 '이 주문을 가지고 가서 아난을 구해오라' 고 명하시니, 이리하여 악주惡呪가 소멸하고, 문수보살은 아난과 마등가녀를 데리고 부처님 앞으로 돌아왔다.

아난이 부처님을 뵈옵고 부처님의 발에 대어 슬피 울면서 '무시이래無始以來로 한결같이 다문多聞(많이 듣고 아는 것)만 했지 도력道力을 온전히 하지 못하였습니다' 라고 한탄하였다.

그리고 시방의 여래께서 보리菩提를 이루시었던 사마타(마음이 고요한 상태)와 삼마(삼매상태) 선나(진정한 이치를 사유하고 마음이 안정된 상태)의 최초방편最初方便(바른 수행법)에 대해서 간절하게 여쭙고 청하였다.

그때 다시 항하의 모래수와 같이 많은 보살과 시방이 대아라한과 벽지불 등도 함께 부처님의 법문을 들으려고 자리를 정하고 물러나 앉아 묵묵히 성인의 뜻을 기다리고 있었다.

부처님이 아난에게 말씀하시었다. "너와 나는 사촌이지만 우리의 정리로 보면 친형제와 같다. 네가 처음 발심하였을 때 나의 법 가운데서 무슨 빼어난 상相을 보았기에 그렇게도 갑자기 세간世間의 그 깊고 무거운 사랑과 은혜를 모두 버릴 수 있었더냐?"

아난이 부처님께 사뢰었다. "저는 여래의 32상이 빼어나고 절묘하여, 그 몸의 비치고 사무침이 마치 유리와 같음을 보고 항상 '이러한 수승한 모습은 애욕으로 인하여 생긴 것이 아닐 것이다. 왜냐하면 애욕의 기운은 추하고 탁하며 비릿한 것이 얽히고, 고름과 피가 섞여서 승정묘명勝淨妙明한 자금광명취紫金光明聚를 발하지는 못할 것이다' 라고 생각하였으며, 이렇게 생각한 까닭으로 목마르게 부처님을 우러러 사모하였고, 끝내는 부처님 앞에 출가하게 되었습니다."

부처님이 말씀하셨다. "착하다 아난이여! 너희들은 응당 일체중생이 시작이 없는 옛날부터 나고 죽음을 계속하는 것은 다 상주진심常住眞心의 성정명체性淨明體를 알지 못하고, 가지가지 망상을 사용하는 까닭이니, 이 망상이 본래 진실하지 않기 때문에 생사에 윤회하게 되느니라. 그대가 이제 위없는 깨달음을 참구하여 그 진성을 드러내고자 한다면, 응당 직심直心, 無心(작위성이 없는 본심)으로 내가 묻는 것에 대답하라. 시방의 여래께서 한결같이 동일한 방법으로 모두 생사의 고통에서 벗어나셨으니, 모두가 이 직심이요, 마음과 말이 곧아 처음부터 끝까지 그리고 중간에도 전혀 구부러진 모습이 없으셨느니라."

아난아! 내가 지금 너에게 묻는다. "너의 발심發心이 '여래의 32상을 말미암았다' 고 하니, 무엇으로 보고 무엇으로 사랑하고 좋아하였느냐?"

아난이 부처님에게 대답하였다. "세존이시여! 제가 이와같이 부처님을 사랑하고 좋아하였던 것은 저의 마음과 눈이었습니다. 눈으로 여래의 수승한 모습을 보고, 마음으로 좋아하였기 때문에 저는 발심하여 생사에서 벗어나기를 바라게 되었습니다."

부처님이 아난에게 말씀하셨다. "' 너의 말과 같이 정말 사랑하고 좋아한 것이 마음과 눈이다' 라고 하니, 마음과 눈의 소재所在를 알지 못하고서는 진로塵勞(번뇌)를 항복시킬 수 없을 것이다. 마치 국왕이 도적의 침입을 당해 병사를 보내 토벌하고자 할 때에 이 병사가 응당 저 도적들의 소재所在를 알아야 하는 것과 같다. 너를 생사에 윤회하게 하는 것은 마음과 눈의 허물이니 내가 이제 너에게 묻는다. 마음과 눈은 지금 어디에 있느냐?"

[쓰기 과제 2] 토론하기 1), 2)의 과정과 결과를 정리하면서 각자의 생각을 비판적으로 쓴다.

[쓰기 과제 3] 살아가는 것이 꿈결의 일이라고 느낀 적이 있는가? 꿈에서 꿈을 꾼 적이 있는가? 있다면 어떤 느낌이 들었는가? 지금 이곳의 내가 꿈속의 존재라고 볼 수 있다. 있다면 어떤 이유에서인가? 그렇다면 내가 어떻게 달라질 것인지 등에 대해 글을 써 보자.

[쓰기 과제 4] 『구운몽』에 등장하는 다양한 욕망에 대해 성찰한다.

- 성진의 욕망이 정당하다 생각하는가? 아니면 부질없는 것이라 생각하는가?
- 각자가 생각하는 최고 행복을 누리기 위해서 가장 중요한 조건은 무엇이라 생각하는가?
- 모든 것을 다 누리게 된 양소유가 우울하게 된 이유를 짐작해 보자. 그리고 비슷한 사례를 직접 경험하였거나 간접적으로 목격한 적이 있는가?

[쓰기 과제 5] 성진처럼, 학생들은 현재의 자기와는 전혀 다른 삶을 구성해 본다. 그리고 그 삶을 다 살아본 시점에서 그런 삶의 의의를 현재 삶과 대조하는 방식으로 기술한다.

◖ 함께 읽기 좋은 자료 ◗

단정쟈춰, 『꿈-삶과 죽음을 바라보는 티베트 사람들의 지혜』, 호미, 2003

디팩 초프라, 『죽음 이후의 삶』, 행복우물, 2007

이강옥, 『구운몽의 불교적 해석과 문학치료교육』, 소명출판, 2010

파드마 삼바바, 『티벳 死者의 書』, 정신세계사, 1995

스티븐 라버지, 이경식 옮김, 『루시드 드림』, 북센스, 2008

툴쿠 퇸둡 림포체, 『평화로운 죽음 기쁜 환생』, 도서출판 청년사, 도솔 옮김, 2007

6 『베토벤의 생애』를 읽고 쓰다

| 학습 목표 |

- 『베토벤의 생애』를 읽고 음악가로서 치명적인 청각을 잃어버리는 고통을 맛보고 어두운 그림자 속에서 살았으나, 스스로는 불행한 사람들에게 의지가 되고자 했던 베토벤의 삶과 그의 음악을 이해한다.
- 『베토벤의 생애』에 대한 이해를 바탕으로 다양한 쟁점들에 대한 발표와 토론을 수행한다.
- 베토벤의 음악 인생에서 여인과의 사랑이 어떤 역할을 하였는지 살핀다.
- 인생에 있어서 고통과 환희의 관계에 대해 성찰한다.
- 베토벤의 경우를 참고하면서, 학생 각자가 자신의 삶의 방식과 태도에 대해 근본적으로 성찰한다.
- 토론의 결과를 토대로 글쓰기를 학습한다.

| 해제와 저자 소개 |

●해제

『베토벤의 생애』는 '고독 속에서 살다간 정신의 거장' 들을 알리려는 로망 롤랑의 기획에 따라 간행된 첫 번째 책이다. 로망 롤랑에게 음악은 어렸을 적부터 마음의 양식이었으며, 베토벤은 가장 소중한 정신적 벗이자 스승이었다. 로망 롤랑은 『어린 시절의 추억』이란 글에서 '위기 속을 헤매던 나의 청년시절에 가슴속에 영원한 삶의 불을 붙여 준 것은 베토벤의 음악이었다.' 라고 고백했다.

로망 롤랑은 베토벤이 생애의 대부분을 지낸 빈으로 가서 그 자취를 속속들이 더듬었고, 본에서는 베토벤이 태어난 초라한 다락방에 몸소 들어가 보았고, 그 사망한 모습도 보았다. 1902년에는 마인츠에서 열린 베토벤 기념 음악회에 참석하여 바인가르트너가 지휘하는 교향악을 들었다. 가는 곳마다 위대한 예술가의 비참했던 일상생활을 느끼고 베토벤의 위대성을 한층 더 깊이 인식할 수 있었다. 그런 인식과 감격을 바탕으로 하여 마치 복음서를 적는 것과 같은 태도로 쓴 글이 『베토벤의 생애』이다.

이 전기는 베토벤과 그를 둘러싼 주변 인물들의 기록과 증언들을 바탕으로 하여 베토벤의 일생을 재구성하였다. 베토벤을 일생동안 괴롭혔던 귓병에 대한 이야기, 베토벤의 친구이자 지지자였던 베겔러 부부와의 서신, 사랑했지만 결국 파혼하게 된 테레제 폰 브룬스비크, 괴테와의 만남, 자연에 대한 그의 사랑, 조카 카를에 대한 사랑을 소개한다. 또 「환희의 송가에 의하여 합창을 종곡으로 한 교향곡」(일명 합창 교향곡)에 대한 설명과 초연 당시 압도된 빈의 청중들에 관한 이야기가 소개된다.

이 책은 고난 속에서도 신념을 잃지 않고 초인적 노력으로 마침내 고통을 극복하고 위대한 음악을 작곡하였던 베토벤의 인간적인 면을 보여준다. 이 책은 열악한 상황에서 삶을 꾸려가야 하는 사람들로 하여금 역경을 이길 의지를 갖게 하고 어떤 절망적 상황에서도 좌절하지 않고 희망을 가질 수 있게 할 것이다. 학생들은 고뇌 속에서 인생이 더 풍요로워지고 위대해진다는 메시지를 내면화함으로써 앞으로 꿋꿋하게 사회생활을 이끌어 갈 수 있을 것이다.

●저자 소개

로망 롤랑Romain Rolland(1866~1944)은 보불전쟁의 패전국이었던 당시 프랑스의 비루한 물질주의와 이기주의에 대해 환멸감을 느꼈다. 그는 그 대안으로 영웅적 이상주의를 추구했다. 그의 초기 희곡인 『이리 떼』, 『이성의 승리』, 『당통』 등은 사람의 열정을 부추김으로써, 무기력하고 피폐화된 당시 사회를 끌어올리려 한 의도에서 창작된 것이다. 그것은 '민중극 운동'으로 명명되었지만, 결국 실패로 돌아갔다. 또 '드레퓌스 사건'(로망롤랑은 드레퓌스의 무죄를 부르짖고 나섰다)도 마침내 정치문제로 전락하였다.

로망 롤랑은 사회적 참여를 포기하고 조용히 들어와 침묵 속의 성찰을 추구했다. 그는 고독 속에서 살다간 정신의 거장들의 삶을 알리고자 했다. 엄청난 시련과 고난 앞에서 좌절하지 않고 예술로써 고통을 극복하고 승화시킨 위대한 예술가들의 생애를 살피고 싶었다. 그는 '인생이란 고뇌 속에서 가장 위대하고 가장 풍요로워지고 가장 행복해질 수 있다.'는 것을 새삼 깨달았다. 그래서 『탁월한 사람들의 생애』 시리즈를 저술하기에 이르렀다. 『베토벤의 생애』, 『미켈란젤로의 생애』, 『톨스토이의 생애』 등이다.

| 읽고 생각하기 |

독서 노트

제시문

읽기 요점 :

❶ 로망 롤랑이 위대한 영웅은 어떤 존재이며, 그가 그런 위대한 영웅을 고대한 까닭은 무엇인지 염두에 두며 읽어간다.

❷ 로망 롤랑이 말한 '마음으로써 위대하였던 사람'이 베토벤의 경우에 무엇을 뜻하는지 유심하면서 읽어간다.

[제시문 1]

로망 롤랑의 머리말

나는 사상이나 또는 힘으로써 승리한 사람을 영웅이라고 부르지 않는다. 내가 영웅이라고 부르는 것은 오직 마음으로써 위대하였던 사람들뿐이다. 그들 가운데서도 가장 위대한 사람의 하나, 바로 우리가 여기에 생애를 이야기하려는 그 사람이 말한 것처럼, '나는 선善 이외에는 아무 것도 탁월의 표적으로 인정하지 않는다.' 인격이 위대하지 못한 곳에 위대한 사람은 없다. 위대한 예술가도 위대한 행동가도 없다. 다만 비루한 대중이 받드는 공허한 우상이 있을 따름이다. 시간이 그들을 모조리 없애버린다. 성공은 우리들에게는 중요한 것이 아니다. 참으로 위대함이 중요한 것이요, 위대하게 보인다는 것은 문제가 되지 않는다.

우리가 여기에 이야기하려는 사람들의 생애는 거의 언제나 기나긴 수난의 역사였다. 비극적 운명이 그들의 넋을 육체적 고통 위에다가 단련시키고자 하였거나, 혹은 그들의 동포가 뼈아프게 당하고 있는 말할 수 없는 고난과 굴욕의 광경을 봄으로 말미암아 그들의 심정이 갈가리 찢어지고 그로 인해 그들의 생활이 여지없이 거칠어졌거나, 하여튼 그들은 나날의 시련의 빵을 먹은 것이다.

그리고 그들이 의지력으로써 위대하였다면, 그것은 그들이 또한 불행을 통해 위대해졌기 때문이다. 불행한 사람들이여, 그러므로 너무 서러워하지 말라. 인류의 우월한 사람들이 그대들과 더불어 있는 것이다. 그들의 용기로써 우리 자신을 북돋우자. 그리고 우리가 너무나 잔약할 때는 그들의 무릎 위에 잠시 머리를 고이고 쉬자. 그들은 우리를 위로해 줄 것이다. 그들 성스러운 심령들로부터 청량한 힘과 기운 찬 자비의 분류가 용솟음 친다. 그들이 작품을 묻지 않고도, 그들의 목소리를 듣지 않고도, 우리들이 그들의 눈 속에, 그들 생애의 역사 속에서 읽을 수 있는 것은 - 인생이란 고뇌 속에서 가장 위대하고 가장 풍요하고 가장 행복할 수 있다는 것이다.

이 영웅적 대열의 선두에 맨 먼저 장하고 깨끗한 베토벤을 세우자. 그 자신 고난 속에 있으면서 바라던 바는, 그 자신의 실례가 불행한 사람들에게 의지가 되며, 또 "모든 불행한 사람들은 한낱 자기와 같은 불행한 사람이 자연의 갖은 장애에도 불구하고 인간이란 이름에 값 닿는 사람이 되고자 전력을 다했다는 것을 알고 위로를 얻으라"는 것이었다. 오랜 세월의 초인적 분투와 노력으로 마침내 고난을 극복하고, 천직을 – 그 천직이란 그 자신의 말에 의하면 가련한 인류에게 조금이라도 용기를 불어넣어주는 것이었다 – 완수할 수 있게 되었을 때, 이 승리자 프로메테우스는 신에게 애원하고 있던 어느 친구에게 "인간이여, 그대 자신을 도우라!" 고 대답했다.

그의 이 자랑스러운 말에서 가르침을 받자. 그를 본받아 인생과 인간에 대한 인간적 신앙을 다시 일으키자.

– 로망 롤랑, 이휘영 옮김, 『베토벤의 생애』, 문예출판사, 2004, 12~14쪽

읽기 과제

❶ 로망롤랑이 '불행한 사람'을 위로한 방식에 대해 말해 보라.

❷ '인간이여, 그대 자신을 도우라!'는 프로메테우스의 말은 무슨 뜻인가?

제시문

읽기 요점 :

❶ 베토벤의 삶은 비참했던 것으로 알려져 있는데 청각의 상실 외에도 그를 불행하게 만든 것들은 무엇이었는지 살피면서 읽는다.

❷ 베토벤은 『하일리겐슈타트의 유서』 이후 25년을 더 살았는데, 유서 이후 그의 음악적 자취가 어떠했는지를 연상하며 읽는다.

❸ 베토벤은 "타인을 위해서 일할 수 있다는 것은 어릴 때부터 나의 최대의 행복이며 즐거움이었다(1824)"라고 말했다. 이러한 그의 염원이 음악에 어떻게 적용되어 표현되었는지 알아본다.

[제시문 2]

하일리겐슈타트의 유서
– 나의 동생 카를(요한) 베토벤에게

오오, 너희들 – 나를 원망 많고 허황하고 사람을 싫어한다고 생각하거나 또 남에게 그렇게 말하는 사람들아, 그게 얼마나 부당한 것인가! 내가 그렇게 보이는 숨은 이유를 너희들은 모른다! 내 마음과 정신은 어렸을 적부터 착한 것을 좋아하는 부드러운 감정으로 쏠렸다. 위대한 행위를 이루어 보고자 하는 마음까지 나는 늘 가지고 있었다. 그러나 생각만이라도 해 보라, 6년 이래 내 처지가 얼마나 처참했는가를! 주책없는 의사들 때문에 병세는 더해졌고 행여나 나아질까 하던 희망은 헛되기만 해 결국 병이 오래 가리라는 것을 인정하지 않을 수 없게 되었다 – 이 병이 나으려면, 비록 전혀 불가능하지는 않다손 치더라도, 적어도 여러 해가 걸려야 할 것이다. 열렬하고 쾌활하며 사교도 곧잘 즐길 수 있는 성질을 타고났건만, 일찍부터 나는 사람들을 멀리 떠나 고독한 생활을 하지 않으면 안 되었다. 어쩌다가 그러한 모든 고난을 박차 버릴라치면, 오오, 얼마나 무참하게 내가 불구자라는 것을 새삼스럽게 깨닫는 슬픔에 부닥쳤던가! 그렇지만 사람들에게 – "좀더 큰 목소리로 말해 주시오. 고함을 질러 주시오!" 하고 말할 수는 없는 노릇이었다. 아아! 다른 사람들에게 있어서보다도 나에게 있어서는 더 완벽해야 할 그 감각, 예전에는 내가 완전무결하게 가지고 있었던 그 감각, 확실히 예전에는 나와 같은 직업에 종사하는 사람들이라 해도 그렇게 완벽하기는 드물었을 만큼 완벽하게 내가 가지고 있었던 그 감각의 결함을 어떻게 사람들에게 드러낼 수가 있겠는가? – 오오, 그것은 나로서는 못할 일이다! – 그러므로 너희들의 동아리에 섞이고는 싶으면서도 외따로 떨어져 살고 있는 나를 용서해 다오. 그 때문에 나는 오해를 받아야 하는 까닭에 이 불행은 이중으로 나에게 괴로운 것이다. 사람들과 사귄다든가, 자상한 이야기를 속삭인다든가, 서로 심경을 토로한다든가, 그러한 것을 즐겨본다는 것은 나에게는 허용되지 않는다. 나는 고독하다. 참으로 고독하다. 부득이한 경우라야만 나는 세상 사람들 사이로 나간다. 마치 쫓겨난 사람처럼 살아 갈 수밖에 없는 것이다. 사람들이 모인 자리에 가까이 가면, 내 병세를 남들이 알아차리게 되지나 않을까 하는 무서운 불안에 사로잡혀 버린다.

지난 여섯 달 동안을 내가 시골에서 보낸 것도 그 때문이었다. 될 수 있는 대로 청각을 정양하라는 현명한 의사의 권고를 받았던 것인데, 그것은 내 스스로 원하던 바이기도 했다. 그러나 여러 번 나는 사람들과 사귀기 즐겨하는 내 성미에 못 이겨, 사람들의 모임에 발을 들여놓은 일이 있었다. 하지만 내 옆의 사람은 멀리서 들려오는 피리 소리를 듣고 있는데 나는 아무것도 들을 수 없다든가, 또 그 사람은 양치는 목자의 노랫소리를 듣고 있는데 내게는 여전히 아무것도 들리지 않을 적에, 그 굴욕감은 어떠하였으리랴! 그러한 경험들로 말미암아 나는 거의 절망하기에 이르렀다. 하마터면 나는 스스로 내 목숨을 끊어 버릴 뻔하였다 – 그것을 제지하여 준 것은 오직 예술뿐이었다. 나에게 걸머지워졌다고 느껴지는 이 사명을 완수하기 전에는 이 세상을 버리지 못할 것이라고 생각되었던 것이다. 그리하여, 나는 이 비참한 생명을 부지하기로 하였다 – 참으로 비참한 생명이다. 하도 자극을 받기 쉬운 몸뚱이여서, 아주 조그만 변화일지라도 나를 최선의 상태에서부터 최악의 상태로 던져 버리는 것이다! 인종忍從! – 이렇게 사람들은 말한다. 이제 내가 길잡이로 택하여야 할 것은 바로 참고 견디는 것이라고. 나는 그렇게 하였다 – 바라건대, 참고 견디고자 하는 나의 결심이 영원히 계속되어 주었으면 한다. 준엄한 운명의 여신들이 나의 목숨을 가져가기를 원하게 될 때까지. 차차 좀 나아질지 어떨지는 모르겠으나, 하여튼 각오는 되어 있다 – 스물여덟 살에 벌써 도통한 사람의 행세를 해야 한다는 것은 쉬운 일이 아니다. 다른 사람들에게 있어서보다도 예술가에게 있어서는 그것은 더욱 가혹한 일이다.

신이여, 당신은 높은 곳에서 나의 마음속을 들여다보실 것이니 그것을 아실 겁니다. 사람들을 사랑하고 선을 행하고자 하는 마음이 나의 가슴속에 뿌리박혀 있음을 당신을 아실 겁니다. 오오, 너희들이 장차 이 글을 읽게 되거든 생각하여 보라, 너희들이 내게 얼마나 옳지 못했던가를. 그리고 불행한 사람들은 자기와 같은 한낱 불행한 사람이 자연의 갖은 장애에도 불구하고 우수한 사람들과 예술가들의 대열에 참여할 수 있고자 전력을 다하였다는 것을 알고 위로를 받으라.

너희들, 나의 동생 카를과 (요한)아, 내가 죽은 뒤 아직도 슈미트 박사가 살아계시거든, 즉시로 내 병의 기록을 작성하도록 나의 이름으로 박사에게 청원하라. 그리하여 그 병태 기록서에 이 편지를 첨부하라. 그러면 내가 죽은 다음에 세상 사람들과 나 사이에는 적어도 가능한 한도의 화해가 성립될 수 있을 것이다 – 그리고 여기에 또 나는 너희들 두 사람을 나의 사소한 재산의 – 그것을 재산이라 부를 수가 있으면 – 상속자로 인정한다. 성실하게 둘이서 나누어라. 합의하여 서로 돕거라. 내게 대한 너희들의 나쁜 소행은, 너희들도 알다시피 벌써 오래 전에 이미 나는 용서하였다. 동생 카를아, 요사이 네가 나에게 보여 준 호의에 대해서는 특히 너에게 감사한다. 내가 바라는 것은 너희들이 나보다는 행복하고 고생이 덜한 생활을 할 수 있게 되는 것이다. 너희들의 아이들에게 도덕을 권하라. 도덕만이 사람을 행복하게 할 수 있는 것이다. 돈이 아니다. 내 경험에 비추어 보면, 내가 비참한 지경에 빠져 있었을 때, 나를 받들어 준 것은 도덕이었다. 내가 자살로 인생을 끝마쳐 버리지 않을 수 있었던 것은 내 예술의 덕택이기도 하지만, 또한 도덕의 덕택이기도 하다 – 잘들 있거라, 서로 사랑하여라! 나의 모든 친구들, 특히 리히노프스키 공작과 슈미트 박사에게 감사한다 – 리히노프스키 공작이 내게 준 악기는 너희들 중의 누구든지 한 사람이 보존하여 주었으면 한다. 그러나 그 때문에 너희들 사이에 조금이라도 불화가 생겨서는 안 될 것이다. 만약 좀더 유익한 일에 쓰일 수 있다면 곧 팔도록 하여라. 무덤 속에서라도 너희들에게 도움이 될 수 있다면 나는 얼마나 행복하랴!

필경 그렇게 되어야 할 것이라면 나는 기꺼이 죽음을 맞으리라 – 나의 예술적 천분을 충분히 발휘할 기회를 가져 보기 전에 죽음이 닥쳐온다면, 나의 운명이 너무나 가혹해서 죽음이 그렇게 일찍 오는 것이라면 할 수 없는 일이고, 다만 좀더 늦게 와 주었으면 하고 바랄 뿐이다 – 허나 그래도 나는 만족하리라. 죽음은 나를 끝없는 고뇌로부터 해방시켜 주는 것이 아니겠는가? – 오고 싶은 때에 언제든지 오라, 나는 너(죽음)을 용감히 맞으리라 – 그러면 잘들 있거라. 내가 죽은 뒤에도 나를 잊어버리지는 말아 다오. 살아 있는 동안에 나는 너희들을 항상 생각하고, 어떻게 해서든지 너희들을 행복하게 해주고자 노력했으니까. 너희들이 나를 생각해주는 게 마땅할 만도 하지 않으냐? 부디 행복하기 바란다!

루트비히 판 베토벤

하일리겐슈타트, 1802년 10월 6일

– 로망 롤랑, 이휘영 옮김, 『베토벤의 생애』, 문예출판사, 2004, 91~96쪽

읽기 과제

❶ 사교적 성격이었던 베토벤이 사람들과 떨어져 고독하게 지낼 수밖에 없었던 이유를 말해 보라.

❷ 베토벤이 불행에 절망해서 목숨을 끊어버릴 뻔 했을 때 그것을 제지한 것은 무엇이었는가?

❸ 베토벤이 청각 상실로 인해 겪은 구체적 절망의 경험을 제시문에서 찾아 말해 보라.

❹ 베토벤의 삶은 비참했던 것으로 알려져 있는데 청각의 상실 외에도 그를 불행하게 만든 것들은 무엇이었는지 말해 보라.

❺ 베토벤은 『하일리겐슈타트의 유서』 이후 25년을 더 살았는데, 유서 이후 그의 음악적 자취를 말해 보라.

제시문

읽기 요점 :

❶ 베토벤이 생의 각 대목마다 만나는 시련과 불행의 양상을 잘 살피고, 베토벤이 그 불행을 극복하는 몇 가지 방식을 찾으면서 읽는다.

❷ 사람과의 만남이 베토벤을 어떻게 달라지고 어떤 음악을 작곡하게 만드는가? 특히 베토벤의 사랑의 다양한 양상과 형식을 눈 여겨 보면서 읽어간다.

❸ 베토벤이 절망적 삶을 경험하면서도 마침내 삶의 환희를 노래하는 뜻을 이해한다. 그리고 인생에 있어서 고통과 환희의 관계에 대해 성찰한다.

[제시문 3]

합창교향곡

[3-1] 귀는 완전히 어두워졌다. 1815년 가을부터 사람들과의 접촉은 다만 필담으로밖에는 할 수 없게 되었다. 맨 첫 〈회화수첩〉은 1816년의 것이다. 1822년 〈피델리오〉 공연에 관한 쉰들러의 그 슬픈 이야기는 너무나 유명하다.

"베토벤은 총연습 때 지휘하기를 청했다... 제1막의 이중창에서부터 벌써 무대 위의 형편을 그가 도무지 듣지 못한다는 것이 드러났다. 그는 템포를 상당히 느리게 하였다. 오케스트라는 그의 지휘봉을 따르고 있었으나 가수들은 제멋대로 서둘러 나갔다. 그리하여 전반적으로 혼란이 일어났다. 평상시의 지휘자 움라우프가 이유는 말하지 않고 잠시 휴식할 것을 제안하였다. 그리고, 가수들과 몇 마디

주고받는 의논이 있은 다음 연주를 다시 시작하였다. 또다시 같은 혼란이 일어났다. 두번째 다시금 휴식을 하는 수밖에 없었다. 베토벤의 지휘로 연주를 계속함은 불가능하리라는 것이 명백하였다.

그러나 그것을 어떻게 그에게 알릴 수가 있겠는가? '퇴장하게, 가엾은 베토벤, 자넨 지휘를 할 수 없게 되었네.' 하고 말할 용기는 아무에게도 없었다. 베토벤은 불안한 마음이 들고 흥분되어서 좌우를 둘러보며 여러 사람의 얼굴 표정을 살피고, 어디서 무엇이 잘못되었는지 알아보려고 하였다. 사방에는 침묵이 있을 뿐이었다. 갑자기 그는 위압적인 태도로 나를 불렀다. 내가 그의 곁으로 가자 그는 수첩을 내놓으며 적으라는 시늉을 하였다. 그래서 나는 이렇게 썼다. '연주를 계속하지 말게. 이유는 집에 돌아가서 설명하겠네.' 후다닥 그는 관중석으로 뛰어내리면서 나에게 외쳤다. '어서 밖으로 나가세.' 그는 단숨에 집까지 달음질쳐 방안으로 들어갔다. 그리곤 소파 위에 털썩 주저앉으며 두 손에 얼굴을 파묻은 채 식사 시간이 될 때까지 그대로 있었다. 식탁에서도 말 한마디 하려 하지 않고 낙담해서 가장 깊은 고뇌의 표정을 짓고 있었다. 식사가 끝난 다음에 그를 남겨 두고 나오려고 하였더니 혼자 있고 싶지 않다고 하며 나를 붙들었다. 헤어질 때 그는 이과로 평판이 좋은 의사에게 갈 터이니 동행해 달라고 청하였다. 나의 베토벤의 모든 교제 기간을 통하여 11월 그날의 숙명적인 하루에 비할 만한 날을 나는 기억 속에서 찾아볼 수 없다... 그는 그날 마음속 깊이 타격을 받아 죽는 날까지 그 무서운 장면의 인상에서 벗어나지 못하였다."

…

[3-2] 1826년에 급기야 이 조카는 자기의 머리에다 피스톨을 쏘았다. 그로 인하여 카를의 목숨이 끊어지지는 않았으나 마음속 치명상을 입은 것은 베토벤이었다. 이 무서운 마음의 타격에서 그는 다시 일어나지 못하였다. 카를은 완쾌되었다. 그는 살아서 마지막까지 베토벤의 속을 썩였으며, 베토벤의 죽음의 원인에도 결코 무관하다고는 할 수 없었건만, 그는 베토벤의 임종 때에도 곁에 있지 않았다. "신은 여태까지 나를 버려 두시지 아니하셨다." 이렇게 베토벤은 그보다 몇 해 전에 조카에게 편지를 썼다. "내가 죽을 때에도 내 눈을 감겨 줄 사람이 누구든 한 사람쯤은 있겠지." 그러나, 그것은 베토벤이 '자가의 아들' 이라고 부르던 사람

은 아니었던 것이다.

[3－3] 베토벤이 '환희'를 찬양하려고 꾀한 것은 이러한 슬픔의 구렁 속에서였다. 그것은 그의 전 생애의 목적이었다. 1793년 그가 본에 있었을 적에 벌써 그는 그것을 생각하고 있었다. 전 생애를 통해서 그는 환희를 노래하여 그것을 대작의 하나를 장식하는 면류관으로 삼고자 하였다. 일생동안 그는 노래의 정확한 형식과 그것을 넣기에 합당한 작품을 찾으려고 고심하며 망설였다. 〈제9교향곡〉에서도 좀처럼 결정을 짓지 못하여 〈환희에 바치는 송가〉는 제10 혹은 제11교향곡으로 미루어 버릴까 하는 생각을 마지막 순간까지 가졌던 것이다.

〈제9교향곡〉의 제목이 사람들이 보통 부르듯이 〈합창 교향곡〉이라고 되어 있지 않고 〈환희의 송가에 의하여 합창을 종곡으로 한 교향곡〉이라고 되어 있다는 것은 주목할 필요가 있다. 이 교향곡은 전혀 다른 종결을 갖게 되었을지도 모르며, 또 하마터면 그렇게 될 뻔하였던 것이다. 1823년 7월에도 아직 베토벤은 이 작품에 기억만으로 된 종곡 – 이것은 그 뒤 현악 사중주곡(작품 제132번)에 전용되었다 – 을 붙일 생각을 가지고 있었다. 체르니와 존라이트너가 확언 바에 의하면, 1824년 5월의 연주회가 있은 뒤에도 베토벤은 그 생각을 포기하지 않고 있었다.

교향곡에 합창을 넣는 것에는 여러 가지 기술상의 곤란한 점이 있었다. 베토벤의 수기며, 성악을 다른 방식으로 또는 이 작품의 다른 대목에 넣으려고 여러 가지로 시험을 하여 본 그의 허다한 시도가 그것을 증명하고 있다. "아다지오"의 둘째 멜로디의 초안에 그는 이렇게 쓰고 있다.

"아마도 여기에서 합창이 들어가는 것이 가장 좋을 것 같다."

그러나 그는 오케스트라를 포기할 결심이 서질 않는 것이었다.

"어떤 악상이 마음속에 떠오를 때 나에게는 그것이 기악으로 들리지 성악으로 들리는 적은 없다."

라고 그는 말했다. 그래서 가는 성악을 사용할 것을 최후의 순간까지 미루어 갔다. 그리하여 먼저 기악으로써 종곡의 레치타티보뿐만 아니라 '환희'의 테마까지도 꾸미기로 했던 것이다.

그러나 그가 그처럼 오래오래 망설이며 미루었던 까닭을 좀 더 캐어 볼 필요가 있다. 그 원인은 더욱 깊은 곳에 있는 것이다. 이 불행한 사람은 항상 '환희' 의 극치를 노래하기를 갈망했으나, 해가 갈수록 선풍과 애수에 사로잡히게 되어 그의 과제를 미루어 가는 수밖에 없었으니, 생애의 최후에 이르러서야 비로소 그 목적을 달성할 수 있었던 것이다. 그렇지만 얼마나 위대하게 이루어졌는가!

'환희' 의 테마가 나타나려고 하는 순간에 오케스트라는 갑자기 뚝 멎는다. 별안간 침묵이 내린다. 그것은 노래의 등장에 신비롭고 거룩한 성격을 부여한다. 진실로 이 테마는 하나의 신이라고 할 수 있는 것이다. 초자연적 정적에 둘러싸여서 '환희' 는 하늘에서 내려온다. 가벼운 숨결로 환희는 고뇌를 어루만져 준다. 다시금 기운이 솟아오르는 마음속에 기쁨이 스며들 적에 그것이 주는 맨 첫인상은 한없이 따사로운 것이어서 베토벤의 친구의 말과 같이 '그 부드러운 눈을 보면 울고 싶어진다.'

이윽고 테마가 성악으로 옮겨질 때는 우선 장중하고 다소 억압된 성격을 띤 저음으로서 나타난다. 그러나 차차 환희는 전체를 휘어잡아 버린다. 그것은 하나의 정복이다. 고뇌에 항거하는 투쟁이다. 그러자 행진의 리듬이 울린다. 행진하는 군대, 테너의 열렬하고 헐떡이는 노래, 그것은 베토벤 자신의 숨결이 들려오는 듯한 그 북받치는 부분이다. 폭풍우를 무릅쓰고 헤매는 늙은 리어왕처럼, 미칠 듯이 벌판을 내달리면서 작곡하던 때의 그의 숨소리와 영감을 받은 부르짖음의 리듬이 들리는 듯하다. 전사적 환희에 뒤이어 종교적 황홀이 따른다. 그리고는 성스러운 대축제, 사랑의 열광, 인류 전체가 하늘로 팔을 뻗치고 우렁찬 아우성을 지르며 '환희' 를 향하여 뛰어올라 그것을 품 안에 껴안는다.

범용한 빈의 청중도 이 거인적 작품에는 압도되었다. 빈의 경박함도 한때는 이 작품으로 인하여 뒤흔들렸다. 그러나 결국 유행은 거의 로시니와 이탈리아 가극으로 쏠리고 있었다. 베토벤은 굴욕과 슬픔을 머금고, 런던으로 이주하여 거기서 〈제9교향곡〉을 연주하게 할 생각을 하고 있었다. 1809년처럼, 이번에도 그의 애호가인 몇몇 귀족들이 그가 조국을 떠나지 않도록 간원을 하였다....이 간원을 받고 베토벤은 깊이 감동되었다. 그는 빈에 눌러 있기로 결심하였다. 1824년 5월 7일에 빈에서 〈장엄미사곡〉과 〈제9교향곡〉이 초연되었다. 성공은 굉장하여 거의 소요가 일어나다시피 하였다. 베토벤이 무대에 나타났을 때에는 열렬한 갈채를 다섯 번이나 받았다. 예의지국인 이 나라에서는 황실의 내빈을 맞을 때라도 갈채를 세 번밖에는 하지 않는다. 경찰이 소요를 진압하지 않으면 안 되었다. 〈제9교향곡〉은 열광적 감격을 몰고 왔다. 많은 사람들이 눈물을 흘리고 있었다. 베토벤은 연주회가 끝난 뒤에 감격한 나머지 기절을 하였다. 사람들이 그를 쉰들러의 집으로 실어갔다. 거기에서 베토벤은 옷을 입은 채, 먹지도 않고 마시지도 않고 밤새도록 이튿날 아침 나절까지 옅은 잠이 들어 있었다.

그러나 이와 같은 승리도 일시적이었다. 그리고 실제적 효과는 전혀 없었다. 음악회에서 들어온 수입은 한 푼도 없었다. 물질적 곤궁은 조금도 변함이 없었다. 여전히 가난했고 병에 시달렸고 외로웠다 – 그러나 이제는 승리자였다 – 사람들의 범용함을 이긴 승리자, 자기 자신의 운명과 고니를 극복한 승리자였다.

"생활의 하잘것없는 노릇을 항상 너의 예술에 희생하라! 무엇보다도 신은 높은 것이다!"

– 로망 롤랑, 이휘영 옮김, 『베토벤의 생애』, 문예출판사, 2004, 61~63쪽, 70~77쪽

읽기 과제

❶ [3–1]에 나오는 '나'는 누구인가? 그와 베토벤의 관계에 대해 알아본다.

❷ 저자는 "생활의 하잘것없는 노릇을 항상 너의 예술에 희생하라! 무엇보다도 신은 높은 것이다!"라는 문장을 왜 강조했는가?

❸ 로망 롤랑은 베토벤이 절망이 극에 이르렀을 때 '환희'를 노래한 것으로 기술해가고 있다. 이런 시각이 정당하고 설득력이 있는가? 이와 관련하여 [3. 읽고 생각하기]에서 제시한 글의 시각과 대비하여 읽고 생각하라.

| 토론하기 |

토론 과제

[토론 과제 1] 불행이 인간을 위대하게 만든다는 로망롤랑의 주장에 대한 반론을 제기해 보자. 로망롤랑의 주장에 찬성하는 쪽과 반대하는 쪽으로 나누어 토론을 전개한다.

[토론 과제 2] '절망은 없다' – 처절한 절망과 고통을 극복한 우리 시대의 영웅 이야기를 조사하여 발표하고, 그에 대한 소감을 나눈다.

[토론 과제 3] 베토벤은 음악가로서 치명적인 청각 상실에 절망하여 유서를 작성하였다. 학생 각자의 인생에서 절망의 순간은 언제였으며, 그 절망을 어떻게 극복했는지 이야기한다.

[토론 과제 4] 예술가들은 때때로 예술의 완성을 위해 인간을 희생하는 경우가 있다. 영화 〈서편제〉에서 주인공 유봉은 소리를 완성시키기 위해 의붓딸 송화의 눈을 멀게 한다. 인간의 존엄성과 예술의 고귀함 중 어느 것이 우선인지 토론한다.

| 성찰적 글쓰기 |

쓰기 과제

[쓰기 과제 1] 위의 토론 사항들을 정리하고 각 논점에 대한 각자의 생각을 개진하시오.

[쓰기 과제 2] 베토벤의 교향곡 중 하나를 선택해 듣고 그 감상을 쓰시오.

[쓰기 과제 3] 베토벤 〈합창교향곡〉이 음악사와 개인사에서 독특하고 위대한 이유를 찾아보고 그에 대해 나름대로의 생각을 기술하라. 그 과정에서 로망 롤랑의 〈합창교향곡〉에 대한 평가가 설득력이 있는지 비판적으로 기술하라.

[쓰기 과제 4] 위 [제시문 3]은 절망적 삶을 살아가던 베토벤이 인생에 대한 '환희'를 노래하게 된 과정을 자세하게 설명해 주지 않는다. 내가 베토벤이 되었다고 가정하고, 절망적 상황에서 환희를 노래하게 된 까닭을 짐작하는 글을 써 보자.

[쓰기 과제 5] '장애와 시련의 극복과 승화'라는 관점에서 학생 각자의 자기 삶을 되돌아보는 성찰적 에세이를 써 보자.

《 함께 읽기 좋은 자료 》

제러미 시프먼 지음, 김병화 · 임선근 옮김, 『베토벤, 그 삶과 음악』, 포토넷, 2010.

주대창, 『베토벤 교향곡 제9번』, 음악세계, 2009.

조수철, 『베토벤의 삶과 음악세계』, 서울대 출판부, 2002.

* 베토벤 음악 감상

http://www.classickorea.co.kr

7 『예술과 환영』을 읽고 쓰다

| 학습 목표 |

- 보는 것은 사람의 지각 작용 중 가장 중요한 것 중 하나다. 우리가 일상생활 중 보는 것은 어떤 본질적 특징을 갖고 있는가에 대해 근본적으로 생각하는 기회를 갖는다.
- 사물을 있는 그대로 보는 것이 가능할까? 가능하다면 본 그대로 그리는 것이 가능할까? 이런 점들에 대해 깊이 생각해 보는 기회로 삼는다.
- 이 책에서 저자는 있는 그대로 보는 것과 본 그대로 그리는 것이 불가능하다고 보는데, 이 책을 꼼꼼하게 읽어가면서 그 근거를 잘 따져본다. 제시한 그림과 저자의 주장이 잘 맞는지도 살핀다.
- 저자와 반대의 의견을 제출한 사람은 누구인가? 그리고 그들의 견해는 어떤 것인가를 살핀다.
- 보는 것과 관련된 다양한 견해에 대해 학생 각자는 어떤 입장을 가질 수 있을지 생각하고 토론한다.
- 보는 것과 미술 작품에 대한 다양한 관점이 오늘날 우리 문화의 재창조에 어떻게 적용될 수 있을지 창의적 생각을 전개한다.

| 해제와 저자 소개 |

●해제

이 책은 오늘날의 시지각과 심리학에 관련한 연구성과를 토대로 재현representation의 심리학과 그 역사를 검토한 것이다. 예술에서의 양식 변화에 대한 합리적인 해석을 찾기 위해, 곰브리치는 자연의 모방과 전통의 기능에 대한 무수한 관념들과 미술사를 재검토했다. 그 결과 예술작품을 만들어내는 것과 그것을 보는 것 사이에서 일어나는 불가사의한 관계의 실마리를 밝혀냈다. 따라서 이 책은 화가들의 계보로 이뤄져 있는 서양미술사의 이면을 탐사한 것이라 할 수 있다. 또 이 책은 예술가가 아닌 관람자의 입장과 역할도 고려하고 있다는 점에서 오늘날 시사하는 바가 크다고 할 것이다.

• 심리학과 철학, 문화사 전반을 가로지르는 곰브리치 미술사 연구의 결정판

이 책은 '왜 재현에도 역사가 있어야 하는가.' '왜 실물과 닮은 환영을 창조하는 데 그토록 오랜 시간이 걸렸는가.' '왜 자신의 시각에 충실하고자 했던 컨스터블John Constable 같은 미술가도 결국 관습과 화풍에서 벗어날 수 있는 미술이 존재하지 않는다고 시인해야 했는가.' 곰브리치는 이러한 질문으로 이 책을 시작한다.

곰브리치는 『서양미술사』에서, "어떤 예술가도 자신의 모든 관례적 기법을 버리고 '그가 보는 대로 그린다는 것' 은 불가능하다." 고 주장한 바 있다. 『예술과 환영』은 이 주장을 좀더 명확히 하고 구체화하기 위해 쓴 것이라 할 수 있다. 그래서 제6판 서문에서는 '실물 그대로의 이미지란 애당초 존재하지 않는다. 다시 말해, 모든 이미지는 언어나 문자만큼이나 관습에 근거하고 있다. 모든 이미지는 기호이며, 그것들을 연구할 분야는, 지각심리학이 아니라 기호들의 과학인 기호학semiotics이다.' 라 주장했다.

『서양미술사』가 청소년들을 위한 미술교양서로서 간결한 문체와 풍부한 비유로 흥미롭게 써진 것이라면, 『예술과 환영』은 '회화적 재현의 심리학적 연구' 라는 부제에서 알 수 있듯이, 우리가 알고 있는 미술사적 업적들, 특히 회화적 재현이 어떤 과정을 통해 전개되어 왔는지를 철학과 심리학 그리고 문화사 전반을 두루 활용하며 논지를 전개했다.

• '회화적 재현'의 심리학적 연구

이 책은 모두 열한 개 장章으로 이루어져 있는데, 이미지를 만들어내는 미술가와 그것을 받아들이는 관람자 양쪽을 오가며, 미술작품뿐만 아니라 캐리커처와 드로잉, 광고용 포스터, 책의 표지화 등 다양한 시각 이미지를 예로 들고, 특히 최근의 심리학적 연구 성과를 활용하여 재현의 역사를 고찰하고 있다. 이 책은 미술가들이 이미지를 만들기 위해 사용하는 관습적 표현법, 즉 보는 방법 전부를 통괄하는 '도식과 수정schema and correction'이란 개념을 토대로 한다. 그리고 이미지를 보고 그 재현이 정확하다고 믿는 관람자들이 익숙한 관습에 기대어 그러할 것이라고 기대하는 정신적 반응을 뜻하는 '정신적 반응기제mental set'라는 개념을 토대로 하고 있다. 이러한 두 개념을 토대로, 심미적 목적을 갖는 미술의 탄생을 불러 온 '그리스 혁명', 그리스 혁명 이래 정확한 재현을 목적으로 했던 미술가들이 고안해낸 가장 주된 방편인 '원근법', 예술을 과학이라고 생각함으로써 도식에서 벗어날 수 없음을 인정하면서도 실험을 계속 전개해 나갈 수 있도록 힘을 실어 준 '컨스터블'의 등장, 이렇게 재현의 역사에서 중요한 세 단계를 집중적으로 검토해 나간다. 이는 서양미술사에서 일관된 흐름으로 보이는 재현의 역사를 좀더 깊이 파고든 것인데, 그 결과 이집트와 중세 미술가들의 미술은 그들이 단지 미숙했기 때문이 아니라 재현의 목적이 달랐기 때문에 오늘날 눈으로 보면 이상하게 보인다고 하였다. '눈으로 본 것을 그린다'는 생각은 르네상스 시기에 들어서야 싹트기 시작해 과학적 원근법, 스푸마토 등의 새로운 기법을 통해 전개되어 나가게 된 것임을 알게 한다.

• 무엇이 우리가 알고 있는 '서양미술사'를 만들어 냈나?

곰브리치는 미술가가 객관적으로 그려냈다고 생각한 재현 역시 그들이 알고 있는 재현적 관습과 기법에 바탕을 두고 있으며, 관람자는 자신의 시각적 기대를 통해 그 재현을 인식한다는 것을 보여주고 있다. 미술에서 재현의 역사란 이전 시대의 재현적 고안들이 쌓여서 구성되었다고 본 것이다. 그리고 그 재현이 각 시대별 미술이 담당하던 상이한 목적에 따라 이루어졌음을 밝힘으로써, 미술의 역사가 단순한 진보 단계를 밟아 나가는 것이 아니라, 오히려 각 시대의 양식적 관습을 통해 암묵적으로 동의한 결과물, 즉 '도식과 수정'을 통한 실험과 시행착오의 과정이었음을 분명히 하고 있다.

미술비평가 케네스 클라크는 이 책 『예술과 환영』에 대해 "이제껏 내가 본 미술비평

서적 중 가장 뛰어난 책"이라고 말한 바 있는데, 이 책은 화가들의 계보와 양식 전개를 통해 보여주었던 표면적인 '미술사' 기술에서 한 걸음 더 나아가, 시각적 이미지의 생산과 수용 과정의 역사적 전개와 그 원동력을 보여주는 것으로, 우리가 알고 있는 미술사의 이면을 깊이있게 들여다본 기록이라 할 수 있다. 한편 저자 곰브리치는 재현의 역사를 검토하면서 그것을 창조하는 미술가 외에 그 이미지를 보고 자신의 시각적 기대감과 상상력을 발휘하여 재구성하는 관람자의 역할을 강조하고 있는데, 이는 관람자의 몫이 더욱 확대된 오늘날의 미술에서 시사하는 바가 크다고 할 수 있다.

●저자 소개

곰브리치E. H. Gombrich(1909~2001)는 1909년 오스트리아 빈에서 태어났다. 1936년에 영국으로 이주하여 런던 대학의 바르부르크 연구소 일원이 되었고, 1959년부터 1976년까지 동 연구소 소장과 교수를 역임하며 옥스퍼드, 케임브리지, 하버드 대학에서 미술사 연구와 강의활동을 했다. 『서양미술사』, 『예술과 환영』, 『이미지가 우리에게 들려주는 것』, 『규범과 형식』 등이 있다.

『예술과 환영』은 1956년 워싱턴 내셔널 갤러리 오브 아트의 '미술에 관한 멜런 강좌(A.W.Mellon Lecture)'에서 행한 '가시적 세계와 미술의 언어(The Visible World and the Language of Art)' 라는 강연을 바탕으로 한 것이다. 1960년 초판 발행되어 과학과 인문학, 과학과 미술 사이의 접점을 찾는 모든 이들에게 훌륭한 고전으로 꾸준히 읽혀 왔는데, 곰브리치는 세상을 떠나기 전 해인 2000년 제6판을 펴내며 이 책을 저술한 목적을 더욱 분명히 하기 위해 이미지와 기호에 관한 십여 페이지에 달하는 서문을 새롭게 추가할 만큼 이 책에 대한 그의 남다른 애정과 열정을 가졌다.

| 읽고 생각하기 |

예술과 환영의 문제는 미술 작품이 현실의 재현representation이거나 재현이어야 하는가 아니면 현실과 무관한 추상이거나 추상이어야 하는가라는 의견 갈림에서 출발한다. 원시 구석기시대부터 시작된 동굴벽화에 사실주의 창작원리가 관철되고 있다는 것은, 인간이 현실을 그대로 모방하는 것이 아주 중요하다고 인식했다는 증거다. 가령 들판의 야수를 정확하게 그린다면, 실제 그 야수를 자기 손아귀에 넣을 수 있다고 믿었다. 대상을 장악하기 위해 대상을 실물에 가장 가깝게 묘사해야 한 것이다. 그런데 그것은 기독교적 관점에서 보면 신에 대한 도전일 수 있다. 실물을 하나님이 만드셨기 때문이다. 기독교 문화권에서 기호나 도상이 중시된 이유가 그것이다.

미술사는 이런 사실주의와 추상주의의 역사라 해도 과언이 아니다. 그러던 것이 포스트모던 시대에 이르러 인간 세계의 기준 혹은 중심이 해체되어 버린다. 그 결과 지금까지 사실성 여부 판단의 기준이 된 현실조차 의심하고 부정하기에 이른다. 현실이 철저한 가상이요 조작의 결과가 된 것이다.

『예술과 환영』을 이해하는 데는 이런 배경지식이 필요하다. 다음의 글은 그 과정을 간략하게 설명하고 있다.

"당신은 새를 속였다. 그러나 나는 동료 예술가를 속였다."

플리니우스Gaius Plinius Secundus(23~79)가 쓴 『자연사Natural History』에 기록하고 있는 그리스의 두 화가, 제욱시스와 파라시오스의 그림 대결에서 파라시오스가 한 말이다. 제욱시스가 포도 그림을 너무나 여실하게 그린 나머지 진짜 새가 날아와 포도를 먹으로 했겠다. 그런 뒤, 의기양양하게 파라시오스에게 이제 그림을 덮은 커튼을 열어보라고 하자, 파라시오스는 이 커튼이 바로 그림임을 확인시켜 주고 난 뒤, 이 말을 했다는 것이다. 회화에서의 재현이 얼마나 핍진逼眞하게 이루어질 수 있는 것인지를 실감케 하는 전설적인 이야기다.

화가들이 눈을 번연히 뜨고서 정확하게 바라보고 있는 이른바 3차원적인 장면을 있는 그대로 그림으로 그려내고 싶어 하는 이유는 무엇일까?

— 중략 —

추정컨대 대략 다음의 세 가지 정도의 이유가 있을 것 같다.

첫째, 신을 흉내 내는 것이다. 이 세상이 어떻게 누구에 의해 창조되었는지 알 수는 없지만, 그 창조자를 신이라 일컬었던 것이다. 신이 우주를 창조한 것을 인간이 흉내를 내어 되풀이함으로써 인간으로서의 한계를 넘어서고자 하는 초월에의 열망이 고대에서부터 있었다.

— 중략 —

둘째, 진리를 담아내고자 한 것이다. 아리스토텔레스는 "있는 것을 있다고 하거나 없는 것을 없다고 하면 진리요, 있는 것을 없다고 하거나 있는 것을 없다고 하면 거짓이다."라는 말을 했다. 진리는 진짜 존재하는 것과 정확하게 대응하고 일치할 때 성립한다는 진리에 대한 관념은 인간의 사유에서 기본적으로 유지된다. 존재하는 것과 대응하는 것은 인간의 관념, 인간의 언어, 인간의 이미지 창조 등이다. 한 치 빈틈도 없이 있는 그대로 그림을 그려낸다는 것은 그림을 통해 진리의 세계로 진입해 간다는 것을 의미한다.

셋째, 시간을 넘어서서 영원을 붙들고자 한 것이다. 이는 앞의 두 이유와 직결되는데, 진리는 결국 신적인 것이고, 신적인 것이란 영원한 것이기 때문이다. 내가 바라보고 있는 이 지각의 현실은 무상하게 생멸하는 것인데, 이를 고정된 형태로 붙들어 고정시킴으로써 영원한 순간 혹은 순간적인 영원으로 바꿀 수 있다는 것이다.

그러나 플라톤처럼 이데아적인 형상을 진정으로 존재하는 것이라고 할 경우, 이야기가 확 달라진다. 전번 시간에 생각해 본 것처럼, 비가시적인 영역을 재현하고자 할 경우, 추상의 과정이 필수적이고 그에 따라 지각 현실에 대한 모방 열망은 추상적인 변형의 열망에 자리를 내주고 만다.

미술사를 개략概略해서 보자면, 위 제욱시스와 파라시오스의 대결에서 볼 수 있는 것과 같은 지각 현실에 대한 모방 열망은 기독교가 지배함으로써 기독교 교리에 의한 상징에의 열망으로 바뀐다. 어떻게 하면, 알기 쉽게 기독교의 교리를 전달할 것인가 하는 것에 몰두하게 되면서 묘사는 상징적인 장치들을 중심으로 간단해지고 공간은 파편화되어 평면적으로 얼기설기 나열된다. 기호로서의 회화가 주를 이룬 것이다.

르네상스에 시기에 들어서면서 잘 알려진 것처럼 이탈리아 최고의 건축가로 알려진 브루넬레스키Filippo Brunelleschi(1377~1446)가 창안하고 당시 미술 이론가인 알베르티Leon Battista Alberti(1404~1472)가 수학적으로 정식화하고, 화가 마사치오

Masaccio(1401~1428)가 맨 처음 그림으로 구현했다고 하는 원근법이 개발된다. 3차원적인 통일된 공간을 그림으로 나타낼 수 있는 확실한 기법을 개발함으로써 현실에 대한 지각을 '있는 그대로' 표현할 수 있는 길을 연다. 물론 내용은 대부분 실제로 지각되는 현실이 아니라 성서의 사건이나 고대 그리스 신화에 담긴 내용들이었다. 여기에 르네상스 마지막 시기에 이르러 다 빈치(Leonardo da Vinci, 1452~1519)가 그림을 그릴 때 과학적인 관찰을 한껏 중시해야 한다는 주장을 하고 또 스스로 실현함으로써 사실적인 묘사가 강화된다.

18세기 후반, 다비드Jacques-Louis David(1748~1825)를 중심으로 한 신고전주의 회화는 르네상스의 원근법을 바탕으로 해서 한 점 군더더기 없는 깔끔한 구성과 색채처리를 바탕으로 프랑스의 애국심을 불러일으킬 수 있는 고전적인 사건을 내용으로 삼는다.

그런데 19세기가 열리면서 쿠르베Gustave Courbet(1819~1877)에 의해 눈으로 직접 지각할 수 있는 실생활의 장면 외에는 그리지 않겠다는 각오를 피력하면서 이른바 사실주의가 시작된다. 드디어 진정한 의미의 지각 현실이 회화의 내용과 주제로 당당하게 올라설 수 있게 된 것이다.

하지만 1839년에 첫 전시회가 있었던 사진술의 발명과 확산은 사실주의를 지향하는 회화를 위기로 몰아넣게 된다. 사진술에 반발하면서 인상주의 회화가 등장하고 아울러 상징주의가 대대적으로 발흥하게 된 것은 다 아는 사실이다. 이어서 20세기가 열리면서 입체파, 미래파, 러시아구성주의, 다다이즘, 초현실주의 등 회화사를 완전히 뒤집어놓는 이른바 본격 모더니즘적인high modernist 아방가르드 미술이 대거 등장한다.

이 와중에 모더니즘적인 아방가르드의 대척점을 형성하듯이 하면서 새로운 사실주의, 즉 신사실주의neorealism에 입각한 회화들이 대거 등장한다. 독일의 신즉물주의neue Sachlichkeit, 미국의 프레시지오니즘Precisionism(정확주의), 소련의 사회주의적 리얼리즘socialist realism 등이 그것들이다. 이들은 1차 세계 대전에 의한 처절한 상흔을 있는 그대로 드러내기도 하고 그 이후 산업화의 과정을 묘사하기도 했다. 사실주의에 대한 열망, 즉 눈에 보이는 것을 있는 그대로 모방해서 묘사함으로써 진실을 드러내겠다고 하는 열망은 어지간해서 사라지지 않는 것이다.

더욱이 이는 서서히 사회의 중요한 현상으로 자리를 잡기 시작하는 '대중'이 등장함으로써 더욱 힘을 발휘한다. 사회학자 부르디외Pierre Bourdieu(1930~2002)가 그의 『구별짓기』에서 잘 밝히고 있듯이, 교양 수준의 구별 짓기에 있어서 일반 대중은 형식보다는 내용을 중시한다. 한눈에 알 수 있는 구체적인 내용을 담은 사실주의 그림들은 대중에게 한결 손쉽게 다가갈 수 있는 것이다.

그 이후 2차 세계대전을 거치면서 미국이 세계적인 권력으로 부상하면서 추상표현주의가 득세를 하지만, 잘 알려진 것처럼 1960년대를 거치면서 팝 아트를 필두로 미니멀리즘과 개념미술이 등장하면서 추상이냐 구상이냐 하는 문제, 혹은 재현적인 모방이냐 아니면 이상적인 창조적 구성이냐 하는 문제 등은 중요하지 않은 것처럼 된다. 이 와중에 포스트모더니즘이 등장한 것이다.

포스터모더니즘을 특징짓는 것 중 중요한 사항은 지각 현실의 세계와 이미지 세계 간의 착종이다. 이는 특히 보드리야르Jean Baudrillard(1929~2007)의 '초현실hyperreaity'이라는 개념을 통해 이론적으로 정착된다. '초현실'은 지각 현실의 세계 자체가 이미 시뮬라크르simulacre 즉 모사模寫임을, 따라서 도대체 현실reality(실재)은 없다는 것이다. 보드리야르가 존재하지 않는다고 한 현실(실재)은 순수 객관적인 것을 의미한다고 해야 할 것이다. 그렇지 않고서는 이 말은 아무런 의미를 가질 수 없다. 즉 현실(실재)은 그 자체 가공되는 것이고, 가공된 현실이란 근본적으로 시뮬라크르일 수밖에 없다는 이야기다. 예컨대 이를 극단화해서 적극적으로 반영한 영화가 바로 〈매트릭스〉이다. 우리가 살고 있는 이 현실세계가 바로 미래의 인간들이 최고도로 발달된 가상현실 기술을 통해 가공해서 만들어낸 허구라는 것이 영화 〈매트릭스〉의 기본 아이디어이다.

이러한 '시뮬라크르로서의 현실'은 사진에도 크게 영향을 미친다. 그렇게 된 데에는 디지털-컴퓨터 기술이 크게 영향을 미친다. '포토샵'을 통해 사진의 형식은 그대로 유지하면서 손쉽게 가공된 이미지를 만들어낼 수 있게 된 것이다.

회화는 제아무리 정교하게 실재를 모사한 것처럼 극사실주의적으로 그려낸다 할지라도 회화의 본성상 굳이 그림 바깥의 지시물(실물)을 필연적으로 지시해야 이유가 없다. 그런 점에서 회화는 본성상 외부 환경에 대해 독립적이고 자율적이다. 그런 점에서 회화는 본성상 시뮬라크르(모사) 세계 자체를 시뮬라크르가 성립하는 원 실물로부터 독립시킨 것이라 할 수 있다. 그러나 사진은 그렇지 않다. 사진은 본성상 모사된 사진 이미지가 항상 실물 즉 바깥 실재를 지시하지 않을 수 없다. 그런 점에서 본래 사진은 시뮬라크르의 의미, 즉 실물(실재)에 대한 모사라고 하는 의미를 그대로 간직하고 있다. "회화는 실재를 보지 않고서도 실재를 가장할 수 있다. (…) 이러한 회화적인 모방과는 달리, 사진에서 나는 사물이 거기에 존재했었다는 것을 도무지 거부할 수 없다." 하트니가 전하는 롤랑 바르트의 이야기다.

그런데 디지털-컴퓨터 기술에 의해 사진마저도 회화처럼 바깥 실재에 대한 지시 관계를 빼버린 채 존립할 수 있게 된 것이다. 요컨대 이제 사진은 바깥 실재와의 그 어떤 직접적인 관계나 연결이 없이도 이미지를 만들어내는 소프트웨어 프로그램에 의해 정말 실물의 광경을 방불케 하는, 혹은 어쩌면 실물에 대한 사진보다 더 실물에 대한 사진인 것처럼 가공할 수 있게 된 것이다. 이에 사진을 통한 사실주의, 즉 포토-리얼리즘이라는 것이 회화에서의 극사실주의와 마찬가지로 근본적으로 그 의미를 달리하게 되는 것이다. 극사실주의적인 그림이 오히려 극단적인 시뮬라크르, 즉 그 자체로 바깥 세계와 전혀 무관한 독립된 일종의 특수한 허구의 세계를 나타낸 것이 되는 것처럼, 포토-리얼리즘에 의거한 사진 예술 역시 오히려 충분히 허구의 세계를 만들어내는 것이 되고 마는 것이다. 요컨대 이제 재현은 현실의 재현이 아니라, 허구의 가공으로 바뀐 것이다.

– 조광제, 미술과 재현, 리얼리즘의 허구, 『주제로 본 1980~2010 오늘날의 미술』, (사)철학아카데미, 2010.

제시문

읽기 요점 :

❶ 기호와 이미지의 개념을 정확하게 파악한 뒤, 곰브리치가 주장한 '기호와 이미지에 개입한 서로 다른 정신적 반응기제' 가 어떤 것인지 생각하며 읽는다.

[제시문 1]

서문

최근 들어 실물 그대로라는 미메시스 사상이 하나의 환상이며 통속적인 오류라는 근거하에 공격을 받고 있다. 실물 그대로의 이미지란 애당초 존재하지 않았다. 다시 발해, 모든 이미지는 언어나 문자만큼이나 관습에 근거하고 있다. 모든 이미지는 기호이며, 그것들을 연구할 분야는, 내가 믿었듯이 지각심리학이 아니라 기호들의 과학인 기호학semiotics이다.

이러한 반응은 의문의 여지 없이 가치있는 예술적 목표로서의 미메시스가 거부된 지난 세기에 시각미술이 겪었던 급격한 변화와 관계가 있다. 그러나 좋아하지 않는다고 해서 아예 존재하지 않는다고 단언하는 것은 다소 성급한 처사로 보인다. 결국, 이른바 '엔터테인먼트 산업' 이 환영illusion의 제공자로 나서서 그 목표를 체계적으로 추구하여 큰 성공을 거둔 것이 정확하게 금세기의 일이 아니었던가...

물론 그 동안 환영을 창조하는 기술도 비약적인 발전을 보였다. 조종사의 훈련을 위한 시뮬레이터(모의장치)가 개발되어, 헬멧 하나만 착용하면 통제해야 할 주변환경이 눈앞으로 스쳐 지나가게 하는 일이 가능하게 되었다. 최근에는 이른바 '가상현실virtual reality' 이라는 것이 더 완벽해져서, 조작된 현실을 보고 들을 수 있을 뿐 아니라 특별히 고안된 장갑으로 그것을 만져 볼 수도 있게 되었다. 나는 이 장치가 앞으로 예술의 한 매체가 될 것인지, 혹은 그럴 가능성이 있는 것인지에 대해서는 알지 못한다. 다만 현재의 상황에서 중요한 것은 이미지가 실재의 경험에 근접할 수 있다는 부정할 수 없는 증거이다.

기호에 대해서도 같은 말을 할 수 있을까. 파리의 사상가들이 기호학을 유행시키기 오래 전에, 훨씬 위대한 지성의 소유자가 미술이 어느 정도로 기회체계에 근접할 수 있느냐에 대해 예견하고 있었으니, 바로 윌리엄 셰익스피어였다. 나는 〈헨리 5세(Henry V)〉의 프롤로그를 인용하여, 이 책에서 제기했으나 분명하게 해결되지는 않은 문제를 새로운 시각에서 바라보고자 한다.

그러나 관객 여러분, 부디 용서하소서.

그렇게 위대한 것을 이런 하찮은 무대에 올리려는 이 몰지각한 만용을.

이 투계장 같은 공간에서 그 광대한 프랑스의 싸움터를

어찌 보여줄 수 있으리요?

또는 이 목조의 원형무대 안에 아젱쿠르의 하늘도 떨게 만든

그 투구들을 다 갖다 놓을 수 있으리요?

용서하소서!

구부러진 숫자인 0은

좁은 장소에서도 백만의 수를 나타낼 수 있을지니,

0과 같은 우리로 하여금 그대의 상상력 속에서 그런 위대한 계산법에 따라 활동하게 하소서....

그대의 상상으로 우리의 결함을 보충하소서....

그리고 상상의 권세를 이루어

우리가 말[馬]에 대해 말할 때, 그 말을 보고 있다고 생각하소서....

그 아찔한 정상에서 내려와 이 프롤로그가 실제로 얘기하고 있는 것은 이미지가 아니라 기호라는 것을 명심하자. 말[馬]이란 단어는 물론 관습적 기호이다. 따라서 오직 그 언어를 습득한 사람만이, 배우가 말에 대해 얘기할 때 말을 보라는 극작가의 지시를 따를 수 있다. 로렌스 올리비에가 헨리 5세로 나오는, 이 연극을 토대로 한 유명한 영화에서는 실제로 말들이 등장해 '그들의 자랑스러운 'i' 자 말발굽을 땅 위에 새기는 것' 을 볼 수 있다.

우리는 스크린에서 그와 같은 광경을 볼 수 있을 뿐만 아니라, 눈을 감고 있지 않는 한 그것을 보지 않을 수 없다. 영화는 우리 시력의 약점이나 둔함을 교묘히 이용하여, 정지 사진의 연속에 불과한 것을 운동으로 보게 한다. 이제 우리는 상상력을 동원할 필요가 없다. 우리는 비록 자발적일지라도, 피할 수 없는 환영의 수동적인 희생자들이다.

그러나 으레 이와 같은 감각의 노예화에 반기를 드는 사람들이 있게 마련이다. 그들은 자신의 상상력이 영화감독이나 연극 연출가의 그것과 충돌을 일으키게 하

느니 차라리 집구석에서 셰익스피어의 희곡을 읽는 편이 낫다고 생각할 것이다. 원치 않는 침입자들이 자신들의 시각을 연극에 강요하는 것을 생각해 보면, 누가 그들을 비난할 수 있을 것인가. 그렇기는 하지만, 괜찮은 연극공연을 보는 것과 독서는 분명 다르다. 그것은 영화처럼 우리의 감각에 강요하지 않는다. 연극 공연은 분명 우리의 상상, 또는 셰익스피어의 말을 돌이켜 보면 우리의 '상상력 imaginary forces'을 도와준다.

따라서 영화는, 충분하진 않더라도 정신적 에너지의 소모를 줄여 줄 수 있으며, 그런 의미에서 바퀴의 발명에서 휴대용 계산기에 이르기까지 기술이 우리에게 제공한 숱한 노동절감 장치들 중 하나로 분류할 수 있다.

여기에서 우리는 윤리학자와 미학자들이 환영을 향한 걸음에 그토록 철저하게 반대하고 저항했던 이유를 찾아볼 수 있다. 아마도 그들이 옳을지도 모른다. 다른 사람이 우리를 위해 그 일을 해주도록 하기보다 우리가 우리의 정신적 에너지를 잘 조절해야만 하기 때문이다. 어찌 되었건 노동절감 장치의 영향을 받지 말아야 할 사회제도는 존재한다. 내가 염두에 두고 있는 것은 게임과 스포츠로, 이들의 고유한 기능은 우리의 정신적 육체적 에너지를 시험하고 사용하는 것이다. 육아에서 그러한 금기사항은 분명 존재하지 않는다. 우리가 놀이라고 부르는 일종의 가장은, 장난감 산업의 교묘한 기술, 즉 짖거나 꼬리를 흔드는 개나 '엄마'라고 말하는 인형에 저항하지 않는다. 아이들은 이렇게 비싼 도구들 없이도 행복하게 놀 수 있지만, 일단 그것들이 시장에 나오면 그것을 갖고 싶어 안달하게 된다.

놀이와 예술은 자주 관계를 맺어 왔다. 내게는 그것이 환영과 잘못된 믿음은 분명하게 구분되어야만 한다는 사실을 환기시켜 주는 역할을 한다. 어쨌든 아이들은 인형과 아기를 구별해낼 수 있다. 마찬가지로 극장에 앉아 있는 어떠한 관객도 프로스페로의 섬Prospero's island이 객석의 바로 옆에 붙어 있다고 믿지는 않을 것이다. 그러나 갑작스런 비상사태나 배역의 변동을 알리는 방송이 나올 경우, 우리가 있는 곳을 기억해내기 위해서는 적응의 시간이 필요할 것이다.

내가 알고 있는 이러한 경험의 가장 좋은 예는 통상의 무대가 아니라 인형극에서 찾아볼 수 있다. 그러한 공연을 본 적이 있는 사람들은 공연에 몰입하면 할수록 상상력이 우세해져서, 결국 앞에 있는 것들이 작은 인형이라는 사실을 잊게 되었던 경험을 기억할 것이다. 말하자면 그 인형들이 보통의 사람 크기로 커진 것이다. 그러나 갑자기 거인의 손처럼 보이는 것이 끈들 사이로 나타나게 되면, 인형들의 크기가 우리 규범이 되었던 까닭에, 적어도 잠시 동안은 우리의 지각을 조정해야 한다.

내가 위의 예를 좋아하는 이유는, 그것이 우리의 기대가 지각에 가하는 영향을 아주 극적으로 보여주기 때문이다. 정해진 기대를 통해 우리의 지각에 영향을 줄 수 없다면, 그리고 셰익스피어의 말처럼 '우리의 상상력에 작용' 하고 '그 결점을 우리 상상으로 보충' 하지 못한다면, 어떠한 예술매체도 제대로 작용할 수 없을 것이다.

심리학은 이러한 지각적 조율의 형식을 정신적 반응기제mental set라는 용어로 표현한다. 말하자면 선별적인 주의注意의 형식을 의미하는 것으로, 일상적인 말로 묘사한다면 바라보는 것과 보는 것, 귀 기울이는 것과 듣는 것의 차이 정도가 될 것이다. 만일 그와 같은 여과장치가 없다면, 우리는 외부세계에서 전해지는 무수한 자극에 압도당하고 말 것이다. 이 현상에 대해서는, 특히 서문의 말미와 '환영의 조건' 에 관한 장에서 상세하게 다룰 것이다. 그러나 여기서 이 주제를 다시 언급하는 것도 도움이 되리라 믿는다. 이미지에 대한 기호학적 접근이 놓치는 것이 바로 이러한 과정과 가능성이기 때문이다. 간단히 말해서, 나는 기호와 이미지의 사이는 우리가 그것들을 이해하기 위해 채택하는 서로 다른 정신적 반응기제에 있다고 믿는다.

금세기의 가장 지적인 화가 중 한 사람인 마그리트가 이 차이에 대해 숙고하기를 즐겼다는 사실은 나의 목적에 적합한 예라 하겠다. 액자에 끼운 두 개의 캔버스로 이루어진 작품에서, 그는 한쪽에는 그냥 파랗게 칠했고, 다른 한쪽에는 '시엘ciel(하늘)' 이라고 적었다. 우리는 아마도 첫번째 것이 이미지이고, 두번째 것이 기호라고 할 것이다. 미국의 철학자인 찰스 퍼스Charles Pierce에 따르면, 이미지는 도상적 기호iconic sign라고 기술할 수 있는데, 그 이유는 그것이 그 의미나 뜻denotation, 즉 여기서는 청색과 공통점이 있기 때문이다. '시엘' 이라는 단어는 비도상적 기호이다. 그 의미가 순전히 관습적이며, 그 단어를 구성하는 네 개의 글자 역시 마찬가지이기 때문이다. 만일 우리가 프랑스어를 모른다면, 또 서양의 알파벳을 배우지 않았다면, 우리는 그 의미에 대해 추측해 볼 수밖에 없다. 파란 부분이 꼭 하늘을 나타내는 것이라고만 생각해야 할까. 그렇지는 않다. 파란 부분은 어느 재료나 물감의 샘플일 수도 있다. 그러나 그것이 '시엘' 이라는 단어와 결합됨으로써, 우리는 그러한 추론을 피하게 된다. 일단 주의가 환기되고 나면, 우리는 하늘을 떠올리게 된다. 그렇다고 이것이, 우리 미술사를 통해 알고 있는 다소 충실하고 그럴듯한 하늘의 묘사를 구분하지 못하게 방해하는 것은 아니다. 통상 우리는 '시엘' 이라는 단어가 대체로 하늘과 유사할 것이라고 기대하지 않는다....

고대의 벽화나 바닥 모자이크에 남겨진 것을 보면 고대 세계에서 환영적 기법이 높은 평가를 받았다는 것을 알 수 있다. 로마의 건축가 비트루비우스는 자신이 '현실에 근거한 모방' 이라 불렀던 환영적인 벽화에는 전적으로 찬성했지만, 당시의 새로운 유행에는 반대하여 '원주 대신에 줄기, 박공 대신에 꼬인 잎들... 이런 것들은 있지도 않고 있을 수도 없다. 어떻게 갈대가 지붕을 지탱할 수 있으며, 가느다란 줄기가 앉아 있는 조각상을 받쳐낼 수 있겠는가? 라고 주장했다. 비트루비우스는 분명히 벽화를 상상적인 현실에 대한 미메시스로 바라보는 데 익숙해져 있었기 때문에, 형태의 장식적 유희와 '그로테스크한' 뱀 문양에 관심을 가질 수 없었음에 틀림없다.

나는 이 책에서 고전 미술이 종말을 고하게 되는 과정에 대해 넌지시 암시한 바 있다. 미메시스를 기대하는 정신적 반응기제가 당시 새롭게 등장하던 기독교와 갈등관계에 있었던 것은 주지의 사실이다. 기독교는 유대교의 십계명을 계승했는데, '조각된 형상이나 그 어떤 사물의 초상도 만들지 말라' 는 계명은 특히 우상 숭배의 풍조를 염두에 둔 것이었다.

— 곰브리치, 차미례 옮김, 『예술과 환영』, 열화당, 2008, 16~23쪽

읽기 과제

❶ 위에서 완전한 실물 그대로의 미메시스는 불가능하다고 한 근거는 무엇인가?

❷ 연극과 영화에서 상상력이 어떻게 다르게 작용하는가?

❸ 도상적 기호iconic sign와 비도상적 기호는 어떻게 구분되는가?

❹ 미메시스를 추구하던 태도가 기독교와 갈등을 일으킨 이유는 무엇인가?

제시문

읽기 요점 :

❶ 서양미술사에 바탕을 두고 있는 곰브리치의 이런 논리가 과연 동양미술사 혹은 한국미술사에서는 어떻게 적용될 수 있을지? 혹은 없을지에 대해 비판적인 생각을 개진해본다. 물론 한국미술사를 통털어 논의할 수 없을 진데, 특정 시대의 작품, 가령 조선후기 풍속화나 김정희의 문인화의 경우에 초점을 맞추어 생각을 전개해 본다.

❷ 미술가들이 자연을 완전하게 재현하고자 하는 욕망은 두 가지 차원에서 좌절되었다. 그 양상을 정교하게 따라가며 읽는다.

[제시문 2]

피그말리온의 힘

그리스의 철학자들이 예술을 '자연의 모방mimesis' 이라고 부른 이래, 그 후계자들은 줄곧 이 정의를 시인하거나 부정하거나 평가해 오느라고 바빴다. 이 책 맨 앞의 두 단원 역시 같은 목적을 갖고 있었다. 그 두 개의 장은 완벽한 '모방' 을 목표로 하는 데는 어떤 한계가 있다는 걸 보여주려고 노력하고 있는데, 그 한계란 한편으로는 매체의 본성에 의해서, 다른 한편으로는 미술 제작의 심리학적 과정에 의해서 주어져 있는 것이다. 이 모방이 이미 오늘날의 미술가들에게는 관심사가 아니라는 것은 모든 사람이 다 알고 있는 사실이다. 그러나 이것이 새로운 출발일까. 그리스인들은 역시 과거 미술가의 목적에 대한 그들의 해석에서까지도 옳았던 것일까.

그리스 신화는 이와 다른 이야기를 그들에게 들려주었을 것이다. 왜냐하면 그 신화는 더 앞선 시대의 더 외경스러운 미술의 기능, 즉 미술가의 목적이 단지 하나의 '닮은 초상'을 만드는 것이 아니고 실물에 필적할 만한 것을 창조해내는 데 있었던 때의 이야기를 들려주기 때문이다. 초상을 제작하는 데 그치지 않고 어떤 것을 창조해내는 미술의 힘에 대한 믿음을 가장 극명하게 드러내 주는 신화들 가운데 가장 유명한 것이 피그말리온의 이야기다. 오비디우스는 그것을 단순한 사랑 이야기로 뒤바꿔 놓았지만, 그의 향기 높은 번안 가운데서도 우리는 미술가들의 신비스러운 능력이 인간에게 부여했던 두려움의 일말을 느낄 수가 있다.

오비디우스의 글에서, 피그말리온은 자기 마음에 그리는 여인의 형상을 그대로 만들어내려고 하다가 자기가 만든 형상과 사랑에 빠져 버리는 한 조각가이다. 그는 비너스 여신에게 그 초상을 그대로 닮은 신부를 내려 달라고 기도한다. 그러자 비너스 여신은 그 차디찬 대리석을 살아 있는 몸으로 변하게 해준다. 이것은 당연하게도 많은 미술가들의 상상력을 사로잡아 왔으며, 엄숙하면서도 심약한 꿈을 표현한 번-존스F. Bume-Jones도, 도미에의 불경스러운 야유도 여기서 비롯되었다. 암암리에 밑에 깔려 있는 이 신화의 약속, 창작이라는 행위에 따르는 비밀스런 희망과 두려움이 없었더라면, 오늘날 우리가 알고 있는 바와 같은 미술은 존재하지 않았을지도 모른다. 영국의 젊고 창조적인 화가들 가운데 한 사람인 루시언 프로이트Lucien Freud는 아주 최근에 이렇게 썼다. "미술작품의 창작에서는 완전한 행복의 순간이란 결코 찾아와 주지 않는다. 그것에 대한 약속은 창작행위 과정에서 느껴지지만, 작품의 완성을 향해 다가가면서 사라져 버린다. 왜냐하면 화가가 자신이 그리고 있는 것이 한낱 그림일 뿐이라는 것을 깨닫는 것이 바로 그때이기 때문이다. 그때가 되기 전까지 그 화가는 자기 그림이 벌떡 살아나게 될지도 모른다는 희망까지 감히 품어 보고 있었던 것이다.

'한낱 그림일 뿐'이라고 루시언 프로이트는 말한다. 이것은 우리가 서양미술사 전체에서 발견하는 하나의 주제이다. 바사리는 도나텔로가 그의 〈로 주코네Lo Zuccone〉를 제작하고 있을 때, 갑자기 그 작품을 바라보면서 "말해라, 말해!"라면서 무시무시한 욕설을 퍼부었다는 이야기를 해준다. 또한 그들 중의 거장이라 불리는 레오나르도 다빈치는 미술가의 창조력을 극구 칭찬한 바 있다. 회화를 예찬하는 그 찬송가 『파라고네Paragone』 가운데에서, 그는 화가를 '모든 사람과 모든 사물의 태도 중에서 가장 뛰어난 주主'라 부른다. "만약 화가가 자신이 사랑할 만한 미인을 보고 싶다면, 그는 자기 힘으로 그들을 불러낼 수가 있으며, 만약 무섭거나 어리석거나 우스꽝스럽거나 정말 동정할 만한 괴물들을 보고 싶다면, 그 자신이 그들의 주군이며 신이 될 수가 있는 것이다."

정말이지, 인간의 열정을 불러일으킬 수 있는 미술의 힘은 그에게는 마술의 징표로 해석된다. 또한 그는, 시인과 달리 화가는 인간의 마음을 너무나도 철저히 정복할 수가 있기 때문에 실제 여인을 재현한 것도 아닌 그림과 사랑에 빠지게도 할 수 있다고 쓰고 있다. 또 그는 이어서 "나도 그런 경험을 한 적이 있다"고 한다. "언젠가 종교적인 그림을 하나 그린 적이 있는데, 그것을 사 간 사람은 그 그림을 어찌나 사랑했던지 자기가 거북스런 생각을 갖지 않고도 거기 키스할 수 있도록 신성한 표현을 제거해 달라고 했을 정도였다. 결국에는 그의 양심이 그의 욕망과 탄식을 제압했지만, 그는 그 그림을 자기 집에서 치워 버리지 않으면 안 되었다. 만약 우리가 〈성 요한〉같은 작품이 〈바쿠스〉(도판 67)로 변형되었던 것을 생각한다면, 레오나르도의 말도 상당히 신빙성있는 것으로 받아들일 수가 있을 것이다.

그렇지만 레오나르도는, 아니 어떤 사람이라도, 미술가의 창작의욕, 즉 제2의 현실을 창조하려는 욕망이 그가 다루는 매체의 여러 가지 제약 속에서 냉혹한 한계선에 봉착하게 된다는 것을 잘 알고 있었다. 루시언 프로이트가 쓴 문장 중에 '한낱 그림' 만을 창조해낸 데 불과하다는 말이 있는데, 다음의 레오나르도가 한 말에서 프로이트의 환멸을 되풀이해 듣는 듯한 생각이 든다. "화가들은 거울에 비친 대상들에게서 발견하는 것 같은 둥근 입체감과 생명력을 자기 그림들이 갖고 있지 못하다는 것을 알 때, 흔히 절망감에 빠져든다...그러나 그림이 거울 그림자처럼 둥글게 보인다는 것은 불가능한 일이다.....다만 한쪽 눈만 가지고 양자를 한꺼번에 바라볼 때를 제외하고는 말이다."

아마도 이 말은, 레오나르도의 자기 예술에 대한 깊은 실망, 그리고 완성이란 결정적인 순간에 이르기를 왜 그처럼 망설였던가 하는 궁극적인 이유를 은연중에 나타내 주고 있는 것 같다. 즉 모든 미술가들의 지식이나 상상력이 아무 소용도 없으며, 그가 지금까지 그리고 있었던 것은 한낱 그림일 뿐이고, 결국 납작하게 보일 뿐이라는 거다. 그와 동시대 사람들이, 만년의 레오나르도를 화필畵筆을 들고는 참지 못하는 사람, 오히려 수학에만 전념했던 사람으로 묘사하는 것도 무리가 아니다. 수학은 그가 진정한 창조자가 되게 하는 데 도움을 주었던 것이다. 오늘날 우리는 '날아가는 기계'를 제작하려고 했던 레오나르도의 계획에 관해서 읽고 있지만, 만약 레오나르도의 노트들을 꼼꼼히 읽어 본다면, 그런 표현은 전혀 발견하지 못할 것이다. 그가 만들고 싶어했던 것은 하늘을 나는 새였다. 그 새가 '날게 될 것'이라는 이 대가의 유명한 예언에는 다시금 더할 나위 없는 기쁨의 어조가 엿보인다. 그러나 그 새는 날지 않았다. 그리고 우리는 그로부터 얼마 후 레오나르도가 비티칸에 자리를 잡고(이 당시는 미켈란젤로와 라파엘로가 그들의 최대 걸작들을 거기서 제작하고 있을 때였다)독일인 거울 제작자와 말다툼을 하거나, 방문객들을 놀려 주기 위해서 길들인 도마뱀에 날개와 수염을 붙이며 지내고 있는 것을 알게 된다. 그는 용을 만들어냈지만, 이 위대한 프로메테우스의 생애에서는 기묘한 사족에 불과한 것이었다. 창조자, 사물을 만들어내는 사람이라는 주장은 화가로부터 기술자의 손으로 넘어갔으며, 미술가들에게는 꿈을 만드는 사람이라는 조그마한 위안밖에는 남겨 주지 않게 된 것이다.

이렇듯 숙명적이라고도 할 만한 구분이 지어진 시기는, 4세기 그리스인들에 의해서 '자연의 모방'이 처음으로 주창되고 정의되었던 바로 그 시기까지 거슬러 올라간다. 플라톤이 그림과 거울 영상과의 비교론을 처음으로 시도한 『국가 Republic』의 저 유명한 구절만큼 재현의 철학에 대해 후세에 파문을 던진 주장은 별로 많지 않다. 이 구절은 그 이후 계속해서 예술철학에서 자주 거론되곤 했다. 자신의 이데아론을 재검토하기 위해서 플라톤은 화가와 목수를 대비하고 있다. 침대를 만드는 목수는 침대라는 이데아 혹은 개념을 실물로 옮겨 놓는다. 이 목수가 만든 침대를 그림으로 그리는 화가는 단지 어떤 특정한 침대의 외양을 모사하는 데 불과하다. 그는 이렇게 해서 그 이데아로부터 두 배나 멀리 떨어지게 된다.

— 곰브리치, 차미례 옮김, 『예술과 환영』, 열화당, 2008, 110~113쪽

읽기 과제

❶ 완전한 모방이 불가능한 두 가지 이유가 무엇인가? 그것을 자세하게 이야기해 보자.

❷ 플라톤의 이데아론이 미술가를 이중적으로 절망하게 한 이유를 설명하라.

제시문

읽기 요점 :

❶ 제시문은 러스킨과 버클리의 주장을 그럴듯하게 옮겨놓은 뒤, 완전히 상반된 시각으로 부정한다. 그런 논지 전개 과정을 잘 따라 읽는다.

❷ 대상의 지각과 수용에서 러스킨의 주장을 반박하는 저자의 논리를 다양하게 찾으며 읽는다.

[제시문 3]

미술에서의 시각의 분석

1856년에 씌어진 이러한 이론에서 러스킨이 제시한 것은, 인상파 화가들의 논리를 예견케 한다. 그는 다음과 같이 말한다.

"견고한 형태에 대한 지각은 전적으로 경험의 문제이다. 우리는 단조로운 색깔 외에 아무것도 보지 못한다. 검은색이나 회색 자국이 고체의 어두운 면을 나타낸다는 것, 혹은 희미한 색깔은 그 물체가 멀리 떨어져 있음을 나타낸다는 것을 발견하는 것은 일련의 실험을 거쳤을 때에야 비로소 가능하다. 그림을 그리는 데 기술적인 역량은 소위 말하는 '눈의 순진함(innocence of the eye)' 을 회복하는 데 달려 있다. 다시 말해 그것은, 이러한 단조로운 색깔 얼룩 그 자체만을 지각하는 일종의 어린이 같은 마음, 즉 색이 의미하는 것을 의식하지 않고 그대로 보는 지각을 말한다. 이는 장님이 갑자기 시력을 얻었을 때 그것들을 바라보는 것과 마찬가지이다."

우리는 러스킨이 이토록 자신있게 그리고 멋있게 성공적으로 확립해 놓은 지각에 대한 이론이, 한 세기도 더 전에 비숍 버클리Bishop Berkeley가 자신의 저서 『새로운 시각이론New Theory of Vision』에서 이미 제기했던 것이라는 사실을 기억하고 있다. 그 책은 여러 해에 걸친 노작勞作의 결실이라 할 만한 것으로, 그 책에 의하면 우리가 보는 세계는 하나의 구조물로 우리들 각각에 의한 오랜 동안의 실험을 통해 서서히 세워진 것이다. 우리들의 눈은 소위 '색채감각' 을 낳는 자극을 망막에 받을 뿐이다. 이러한 감각들을 지각, 즉 경험과 지식에 바탕한 세계에 대한 우리의 의식적인 상像의 요소들로 엮어 짜내는 것은 정신이다.

이 이론은 19세기의 거의 모든 심리학자들에게 받아들여졌으며, 아직도 편람에 소개될 정도로 가치를 지니고 있어서, 이렇게 말하고 보면 러스킨의 결론은 흠잡을 데가 없어 보인다. 회화는 단지 우리의 망막에 이미지로 남는 빛과 색깔에만 연관되어 있다. 따라서 이러한 영상을 올바르게 재생하기 위해서, 화가는 자신이 알고 있는 그 대상에 대한 모든 것을 마음속에서 제거해야 한다. 석판을 깨끗이 닦아내고, 자연이 스스로 자신의 이야기를 쓰도록 해줘야 하는 것이다. 그것은 세잔느가 모네에 대해 "모네는 하나의 눈에 지나지 않는다. 단 훌륭한 눈일 것이다" 라고 평한 말과 같다.

그러나 버클리가 제시한 이론의 대부분을 받아들인다고 할지라도, 우리는 이러한 순진한 수동성이 과연 인간에게 성취 가능한 일인가에 대해 더더욱 의문을 가져야 한다. 시각적인 인상을 받을 때마다, 우리는 그것에 꼬리표를 달고 분류하고 이러저러한 방식으로 그룹을 짓는 반응을 보인다. 그 인상이 잉크 자국이나 지문과 같은 것에 불과할 때라도 그렇다. 조저 프라이와 인상파 화가들이 선입견 없는 눈에 사물이 어떻게 보이는가를 발견하기가 어렵다고 한 것은, 그들의 표현을 빌면, 소위 '개념적인 습관들' 이 삶에 필요하기 때문이다. 그러나 이러한 습관들이 삶에 필요한 것이라면, 선입견 없는 눈을 가정하기란 불가능하다. 조직하는 일이야말로 살아 있는 유기체의 의미이다. 왜냐하면 삶이 있는 곳에는 속담에서 이르듯이, 희망이 있을 뿐 아니라 두려움, 추측, 기대도 있어서, 그것들이 들어오는 메시지들을 분류하고 모델로 삼으며 시험하고 변형하고 재검토하고 있기 때문이다. 순진한 눈이란 하나의 신화다. 러스킨이 말한, 갑자기 시력을 되찾은 장님은 세상을 터너나 모네가 그린 그림처럼 보지는 않는다. 심지어 버클리조차도 호된 혼란 상태를 겪게 될 것이며, 그것을 분류하는 법을 끈질긴 도제정신으로 배워야 한다는 것을 알고 있었다. 실제로 이러한 불운한 사람들 중 몇 명은 스스로 포기하여 그것을 전혀 배우지도 못한다. 왜냐하면, 보는 것은 결코 단지 기록해 두는 것에 불과하지는 않기 때문이다. 보는 행위란, 눈의 뒷부분을 자극하는 빛의 패턴에 대한 유기체의 반응이다. 실제로 최근에 깁슨은 버클리의 가설과는 달리 망막 자체를 개별적인 빛의 자극에 반응하는 기관으로 설명하지 않고, 오히려 그 빛들끼리의 관계 혹은 기울기에 반응하는 기관으로 설명한 바 있다. 우리는 심지어 갓 부화한 병아리조차도 자신이 받은 인상을 상호관계에 따라 구분하고 있음을 보았다. 감각과 지각을 확연히 구별하는 것은, 처음엔 그럴듯했지만, 인간과 동물에 대한 실험의 결과로 나온 증거와 비교되자 단념될 수밖에 없었다. 일찍이 시감각視感覺을 본 사람은 아무도 없다. 심지어 인상파 화가들도, 대단한 창의력을 발휘하며 자신들의 목표물에 접근해 갔음에도 보지 못했다.

이쯤에서 어쩐지 막다른 골목에 와 있은 것 같다. 회화에 대한 조저 프라이와 러스킨의 설명은 한편으로는 사실과 어느 정도 들어맞는다. 재현이란 과연 개념적인 지식을 눌러 없앰으로써 생겨날 수 있는 것 같다. 그러나 다른 한편으로, 이러한 억제는 도무지 가능해 보이지를 않는다. 이렇게 막다른 골목에 이른 결과, 예술이론에 상당한 혼란을 불러일으킨 것이다. 이곳에서 빠져 나오는 가장 손쉬운 길은 역사적인 사실에 대한 전통적인 해석을 전면 부정하는 것이다. 선입견 없는 눈이 존재하지 않는다면, 그러한 선입견 없는 눈에 사물이 어떻게 보일 것인가를 발견하는 데 대한 조저 프라이의 설명도 거짓임이 분명하다. 우리가 20세기에 목격한 인상주의에 대한 반동은 이러한 결론의 호소력을 더욱 증가시켰다. 여기에 바로 그림이 자연과 똑같이 보이기를 바랐던 교양 없는 속물들을 두들겨 댈 또 다른 막대기가 하나 있었던 것이다. 그러한 요구는 그 자체로 난센스였다. 모든 보는 행위가 해석하는 행위라면, 개개의 해석 방식은 모두 똑같은 유효성을 지닌다고 할 수 있다.

— 곰브리지, 차미례 옮김, 『예술과 환영』, 열화당, 2008, 280~282쪽

읽기 과제

❶ 필자는 '시각의 순진한 수동성'을 부정한다. 그 근거는 무엇인가?

❷ '모든 보는 행위는 해석행위다.'는 핵심 문장과 관련된 각자의 경험을 이야기하여 보자.

| 토론하기 |

토론 과제

[토론 과제 1] 미메시스는 있는 그대로의 대상을 모방한다는 뜻인데, 왜 기독교에서 그런 미메시스를 기대하는 정신적 반응기제에 대해 제동을 걸었는지를 조사하여 온다. 그런 기독교적 제동의 정당성 여유에 대해 토론해 본다.

[토론 과제 2] 윤리학자와 미학자들은 환영(illusion)에 대해 반대하고 저항했는데, 각자는 윤리학자와 미학자들의 그런 자세에 대해 찬성하는가 아니면 반대하는가? 그 이유를 구체적 사례를 소개하면서 토론하여 보자.

[토론 과제 3] 인간은 자연 대상을 있는 그대로 보고 그릴 수 있다는 주장과, 인간은 어떤 선입관이나 관습, 기대를 바탕으로 하여 자연 대상을 볼 수밖에 없다는 주장에 대해 토론을 한다.

[토론 과제 4] 미술가들이 자기가 그린 그림에서 피그말리온 효과를 기대했던 태도와 미술가나 시인에 대한 플라톤의 태도는 상반된다. 현실과 예술 작품에 대한 미술가 및 시인과 플라톤의 상반된 태도에 대해 토론해 보자.

| 비평적 글쓰기 |

쓰기 과제

[쓰기 과제 1] 위 토론 과제 중 하나를 선택하여 토론 내용을 정리하고 자신은 어느 쪽을 지지하는지 나름대로의 근거와 예시를 제시하며 기술하라.

[쓰기 과제 2] 미술에서 나타난 피그말리온 현상을 우리의 일상생활 속에서 찾아 그것을 활용하는 기획서를 작성해 보라.

[쓰기 과제 3] [제시문 3]에서 필자가 타인의 글을 인용하고 그 인용 내용에 대해 비판적 정리를 한 뒤 필자 자신의 창의적 생각을 피력하는 방법을 설명하라.

[쓰기 과제 4] [제시문 3]에 나타난 장님의 경우와 〈다음〉에 제시된 장님의 경우를 대조하는 설명문을 작성하라.

〈다음〉

자신의 본분으로 돌아가라. 이 말이 어찌 문장에만 해당되는 것이리요. 일체의 가지가지 만사가 모두 그렇지요.

서화담(서경덕) 선생이 출타했다가 집을 잃어버리고 길가에서 울고 섰는 사람을 만났더랍니다. "너는 어찌하여 울고 있느냐?" "저는 다섯 살 때 눈이 멀어서 지금 20년이나 되었답니다. 오늘 아침 나절에 밖으로 나왔다가 홀연 천지만물이 맑고 밝게 보이기에 기쁜 나머지 집으로 돌아가려 하니 길은 여러 갈래요, 대문들이 서로 어슷비슷 같아 저희 집을 분별할 수 없습니다. 그래 지금 울고 있습지요."

선생은, "네게 집에 돌아가는 방법을 깨우쳐 주겠다. 도로 눈을 감아라. 그러면 곧 너의 집이 있을 것이다."라고 일러주었답니다. 그래서 소경은 다시 눈을 감고 지팡이를 두드리며 익은 걸음걸이로 걸어서 곧장 집에 돌아갈 수 있었더랍니다.

이는 다른 까닭이 아닙니다. 색깔과 모양에 정신이 뒤죽박죽 바뀌고, 슬픔과 기쁨에 마음이 쓰여서 이것이 곧 망상이 된 것입니다. 지팡이를 두드리며 익숙한 걸음걸이로 걷는 것, 그것은 바로 우리가 우리의 본분을 지키는 이치요, 집으로 돌아가는 증인證印입니다.

— 박지원, 〈자신의 본분으로 돌아가라〉, 〈答蒼厓〉, 『연암집』

《 함께 읽기 좋은 자료 》

곰브리치, 『서양미술사』, 예경, 2003.

조광제, 『주제로 본 1980~2010 오늘날의 미술』, (사)철학아카데미, 2010.

조용진, 『동양화 읽는 법』, 집문당, 1999.

아놀드 하우저, 『문학과 예술의 사회사』(고대, 중세, 근세, 현대편), 창작과비평사, 1999.

부록

Ⅰ. 『멋진 신세계』를 읽고 쓰다

Ⅱ. 『나의 생애와 사상』을 읽고 쓰다

Ⅲ. 『엔트로피』를 읽고 쓰다

Ⅳ. 한글맞춤법

Ⅴ. 명저 백선 목록

I 『멋진 신세계』를 읽고 쓰다

| 학습 목표 |

- 작품 읽기를 통해 주제를 파악하고 인물과 사건의 전개를 자신의 언어로 표현한다.
- 토론을 통하여 작품의 심층적 의미를 찾고 그것의 현재적 의의를 생각해 본다.
- 글쓰기를 통해 문단의 중요성을 이해하고 문단의 전개 과정을 익힌다.

| 해제와 저자 소개 |

●해제

《멋진 신세계》(1932)에는 발달한 과학문명 즉, 기계 문명에 의해 만들어진, 말 그대로 멋진 신세계가 등장한다. 말 그대로 사회적 안정과 개인의 행복을 철저하게 보장하는 유토피아이다. 그 안에서 사람들은 모두 행복해 한다. 그렇다면 무엇이 문제인가? 사람이 살아가는 데 안정과 행복 그밖에 무엇이 더 필요할까? 문제의 핵심은 타인에 의해 인위적으로 만들어진 행복과 안정이 우리가 진정으로 원하는 것이냐이다. 다시 말해 '진정한 자아를 희생한 대가로 얻은 안정과 행복이' 혹은 '자유로부터 도피하여 얻은 안정과 행복이' 우리가 진정으로 원하는 것이냐이다. 헉슬리는 고뇌하는 세 인물을 통해 이 문제에 대답한다. 첫째 인물이 버나드다. 그는 "다른 방법으로 행복할 수 있는 자유를 원하지 않습니까? 예컨대 당신 자신만의 방법으로 말입니다. 타인들과 같은 방법이 아닌 방법으로 말입니다."라고 하여 자유로부터 도피가 아닌 진정한 자유를 통한 행복을 추구하는 인물이다. 둘째 인물은 감정공학대학(창작과) 강사인 왓슨이다. 그는 "아무 내용도 없는 것에 관해 무엇을 쓸 수 있단 말인가?"라고 하여 진정 자기 내면의 목소리를 표현하고자 하는 인물이다. 셋째 인물은 신세계의 외곽 보호구역에서 태어나고 자란 야만인 세비지이다. 소설의 마지막에서 그는 신세계의 총통에게 '아니오.'라고 당당하게 말한다. "저는 불편한 것을 좋아합니다. 저는 안락을 원하지 않습니다. 저는 신을 원합니다. 시와 진정한 위험과 자유와 선을 원합니다. 저는 죄를 원합니다."라고 외친다. 총통이 "그러니까 자네는 불행해질 권리를 요구하고 있군 그래."라고 묻는다. 존은 "그렇게 말씀하셔도 좋습니다. 저는 불행해질 권리를 요구합니다. 저는 그 모든 것을 요구합니다."라고 답한다. 이 장면을 통해 헉슬리가 이 작품 전체를 통해 하고 싶은 말이 드러난다. 인간에게는 행복과 안전보다 더 중요한 것이 있는데 그것은 자유라는 것이다. 설사 불안과 불행을 감내해야 한다하더라도 자신의 진정한 자아를 위해 자유로부터 도피하지 않고 현실을 용감히 직시하며 자신의 삶을 스스로 선택하고 실행해야 한다는 것이다. 한편 이 작품이 현대 기계 문명의 심각한 위험성을 지적하고 있다는 점에서 이 작품의 문명론적 가치를 인정하지 않을 수 없다. 그러나 논리적으로 파고들 때 헉슬리의 문명관이 비건설적이고 부정적인 염세주의라고 할 여지도 발견된다.

●저자 알아보기

올더스 헉슬리Aldous Leonard Huxley(1894~1963)는 《연애대위법戀愛對位法》(1928)을 필두로 일찍부터 우리나라에 알려진 영국의 소설가이자 평론가이다. 헉슬리 아버지는 차터하우스학교 부교장이었고, 조부는 저명한 동물학자 T.H.헉슬리이다. 시인 · 문예비평가인 M.아놀드, 종교와 사회문제를 대담한 소설로 묘사한 햄프리 워드 부인은 그 외척이고, 생물학자 J.S.헉슬리는 그의 형이다. 이러한 지적知的 환경 속에 태어난 그는 이튼학교를 졸업한 뒤 옥스퍼드대학에서 영문학을 배웠다. 이튼 시절에 거의 실명失明에 가까운 안질을 앓은 탓으로 당초에 마음먹었던 의학도의 길은 포기하였다. 1916년 시집《불타는 수레바퀴》를 출판한 이래 몇 권의 시집도 냈으나, 그가 소설가로 일생을 보내기로 결심한 것은 소설《크롬 옐로》(1921)가 인정을 받게 된 후부터였다. 이후《어릿광대의 춤》(1923),《하찮은 이야기》(1925),《연애대위법戀愛對位法》(1928) 등의 작품을 통해 그는 20세기를 대표하는 작가가 되었다.《멋진 신세계》(1932)를 기점으로 풍자소설가였던 그는 도덕론자로 전환하여 파괴적 회의주의자로부터 건설적 도덕가로 변신해 갔다.《가자에서 눈이 멀어》(1936)를 후기 도덕가적 경향을 띤 최초의 작품으로 본다면, 이《멋진 신세계》(1932)는 이 작가의 전기와 후기를 잇는 가교적이고 과도기적 성격을 띤 작품이다.

| 읽고 생각하기 |

읽기 활동

❶ 작품의 주제 : 독자가 책을 읽은 때 가장 먼저 해야 할 일은 책의 대의大義 혹은 대맥大脈을 파악하는 것이다. 소설 작품의 경우는 플롯의 통일성이 무엇인지를 아는 일이다. 대의를 파악해야 그 작품의 세계 깊숙이 들어갈 수 있고 마침내 작품의 진실과 만나게 된다. 대의 혹은 플롯의 통일성을 주제라 할 때 본 작품의 주제는 무엇인가? 이 질문에 대해 주제문의 형식으로 답해보시오.(개별 활동)

주제문 :

▶가이드 글 〈소설을 읽는 법〉

빨리 읽을 것. 그리고 작품에 몰입하여 읽는 데 열중할 것. 몰입한다는 것은 문학에다 몸과 마음을 맡기고 작품이 작용하는 대로 맡기는 것을 말한다. 자기가 완전히 작중 인물이 되어, 어떤 사건이든 순순히 받아들이는 것이다. 어떤 인물의 행동을 긍정할 수 없더라도, 자기의 세계를 떠나 그 사람의 세계에서 살려고 노력하면 마침내 이해할 수 있게 된다. 판단을 내리는 것은 자기가 완전히 그 세계의 인물이 되었을 때 해도 좋다.

빨리 읽지 않으면 이야기의 통일성을 놓치기 쉽다. 집중해서 읽지 않으면 세부細部가 눈에 들어오지 않는다. 인물이나 사건은 이야기의 '명사名辭'에 해당하는 것이므로, 독자는 그러한 것을 잘 알아서 각각을 식별할 수 있도록 하지 않으면 안 된다.

다만, 여기서 한 가지 주의해두고 싶은 것이 있다. 예를 들면, 《전쟁과 평화》를 읽기 시작하면, 귀에 익지 않은 이름의 등장인물이 자꾸 나타나서 마음 약한 독자는 도중에 단념하고 말지도 모른다. 그렇지만, 마치 우리가 새로운 거리에 이사가거나 파티에서 많은 사람을 만났을 때와 같은 것으로서, 어떤 인물이나 모두 기억하려고 할 필요는 없다. 소설의 인물의 대다수는 다만 배경에 있으면서 주요 인물의 움직임을 돕고 있는 것이다. 《전쟁과 평화》를 다 읽을 무렵에는 누가 중요한 인물인지를 알며 잊지 않게 된다. 피에르, 안드레이, 나타샤, 마리, 니콜라이 등의 이름은 다 읽고 난 훨씬 뒤까지도 언제나 기억에 떠오를 것이다.

또, 사건이 아무리 뒤얽혀 있더라도 중요한 것은 마침내 알게 된다. 여기에서 저자의 조력도 크다. 저자는 플롯의 전개에 빠져서는 안 될 사건을 독자가 놓치는 일이 없도록 여러 가지로 궁리를 짜놓는다. 중요한 것은, 가령 이야기의 발단에서 모든 것이 분명하지 않더라도 독자는 걱정할 필요가 없다는 것이다. 실제로 처음부터 분명해서는 안 된다. 소설은 인생과 같은 것이다. 우리는 실제의 인생에서 일어나는 사건을 모두 명료하게 이해할 수 있다고 생각하고 있지는 않다. 다만 과거로서 되돌아보았을 때 비로소 이해할 수 있다. 마찬가지로, 독자도 소설을 다 읽고 나서 되돌아보았을 때 비로소 사건의 관련과 행동의 질서를 이해하는 것이다.

— J. 애들러, 閔丙德 역, 『독서의 기술』, 범우사, 1999, 180~181쪽

❷ 작품의 줄거리 : 작품에 등장하는 모든 인물의 관계를 8절지 도화지 위에 마인드맵으로 나타내고 발표하는 활동을 조별로 수행해 보시오. 이야기는 인물과 인물의 만남을 통해 사람과 사람의 사회적 관계와 한 개인의 운명을 들려준다. 혹은 관계와

운명에 대한 인생의 파노라마를 들려준다. 이야기 내 등장인물의 관계도를 나타내고 이를 표현하는 것은 사람과 사람의 관계, 한 개인의 운명, 그리고 인생의 파노라마를 자기화하여 자기의 언어로 나타내는 것이 된다. 작품 내용을 이렇게 자기의 언어로 표현할 수 있을 때 분명 진전된 독서가 이루어졌다고 할 수 있다. 왜냐하면 작품의 내용이 자기의 언어로 표현된다는 것은 작품의 내용이 자기화 되었을 때 가능하기 때문이다.

▶마인드맵의 정의

마인드맵은 방사사고를 표현한 것이다. 그러므로 인간 마음의 자연적 기능이다. 또한 그것은 잠겨 있는 두뇌의 잠재력으로 들어갈 수 있는 만능열쇠를 제공하는 강력한 그래픽 기술이다. 마인드맵은 실생활의 모든 면에 적용할 수 있고, 학습을 향상시키고 사고를 명료하게 하여 인간 활동의 질을 높여줄 것이다. 마인드맵은 다음과 같은 4가지 중요한 특징을 지니고 있다.

a) 주의를 집중할 주제는 중심이미지에 구체화된다.
b) 주제에 대한 주요 테마는 중심이미지에서 나뭇가지처럼 방사상으로 뻗어나간다.
c) 연상결합으로 연결된 가지 위에 키이미지나 키워드를 올린다. 이때 덜 중요한 주제는 상위 가지에 하위 가지로 연결하여 표현한다. 즉, 중요도에 따라 상위 가지와 하위 가지로 구분하여 연결한다.
d) 가지는 마디가 서로 연결되어 있는 구조를 취한다.

– 토니 부잔 · 배리 부잔, 권봉중 옮김,
『토니 부잔의 마인드맵 북』, 비즈니스맵, 2010, 74~75쪽

❸ 작품의 의미(1) : 불안의 시대를 사는 현대인은 안정을 얻기 위해 진정한 자아를 포기하거나 자유로부터 도피하려한다. 그리고는 '타인을 절대 지배하는 자', '절대 권력에 완전히 순응하는 자', '지하생활자로 은둔하는 자' 등의 거짓 가면을 쓴다.

그 결과 현대인은 불안으로부터 자아가 상처 받는 것은 피할 수 있게 되었으나 자기완성 혹은 자아실현이라는 삶의 목표를 잃어버리게 되었다. 이러한 사실을 염두에 두고《멋진 신세계》작품의 등장인물 유형을 나누면 아래 표와 같다. 아래 표에 해당하는 인물의 이름을 써보시오.

인물 유형		등장인물 이름	비고
거짓 가면	절대 지배자		A유형
	권력 순응자		A′유형
진정한 자아	자아실현 추구자		B유형

❹ 작품의 의미(2) : 각 인물 유형의 관계를 중심으로 갈등의 원인, 결과, 그리고 의미에 대해서 생각해 보자.

	갈등(공생)의 원인	갈등(공생)의 결과	유토피아의 관점에서 본 갈등(공생)의 의미
A－A′의 관계			
A－B의 관계			
A′－B의 관계			

❺ 작품의 의의 : '기계 문명' 과 관련하여 작가 헉슬리가 우리에게 어떤 메세지를 던지고 있는지 350자로 말해보시오.(50±)

| 토론과 글쓰기 |

현대 사회는 과학 기술 문명(기계 문명)에 기초하고 있다. 그런데 과학 기술의 발전이 인간에게 행복을 보장해 주는지에 대해서는 입장에 따라 견해가 다르다. 과학 기술에 대해 긍정적으로 생각하느냐 부정적으로 생각하느냐에 따라 차이가 나기 때문이다. 토론의 진행을 위해 전자를 '과학 기술 낙관론의 입장' 이라 하고 후자를 '과학 기술 비판론의 입장' 이라 명명한다.

- 토론주제 : "과학 기술은 인류를 행복으로 이끈다."
- 토론방법 : 교차조사 토론 형식 Cross Examination Debate Association

  A. 찬성 측 : '과학 기술 낙관론의 입장' (2명이 한 팀 구성)

  B. 반대 측 : '과학 기술 비판론의 입장' (2명이 한 팀 구성)

다음 항목의 순서에 따라 『멋진 신세계』에 대한 독서 감상문을 1500자로 써 보시오.(±200자)

1. 작품/작자/전체적 인상

2. 작품의 줄거리

3. 작중 인물의 감상

4. 작품에 묘사된 인생 · 사회에의 감상

5. 주제에 대한 감상

6. 감상문을 쓰고 난 뒤의 느낌

— 서론 : 1과 2가 한 단락이 되게 함

— 본론 : 3과 4, 그리고 5가 두 단락이 되게 함

— 결론 : 6이 한 단락이 되게 함

《 함께 읽기 좋은 자료 》

죠지 오웰, 『1984년』

예브게니 이바노비치 자마찐, 『우리들』

에리히 프롬, 『자유로부터의 도피』

II 『나의 생애와 사상』을 읽고 쓰다

| 학습 목표 |

- 『나의 생애와 사상』을 읽고, 알베르트 슈바이처의 삶과 정신을 이해한다.
- 토론을 통하여 인간의 삶에서 봉사와 희생이 갖는 의미를 정립한다.
- 성찰적 글쓰기를 통해 자신의 삶에 대한 반성과 자기표현의 기회를 가져본다.

| 해제와 저자 소개 |

●해제

슈바이처는 『나의 생애와 사상』을 통해 자신의 내적 발전 과정을 소상하고 꾸밈없이 우리에게 보여주고 있다. 그의 학문적 견해, 독특한 개성 등은 우리에게 무한한 존경심을 불러일으킨다. 그는 예술과 학문적 분야에서 다양한 업적과 명성을 쌓아 올렸음에도 불구하고 그 업적과 명성을 뒤로한 채 아프리카에서 의료 봉사활동을 시작하고자 새로이 의학을 공부했다. 그것은 아마도 그가 내면적으로나 실천적으로 기독교적인 사랑과 우애의 가치를 중시했기 때문일 것이다. 그랬기에 그는 어떤 특별한 단체나 이데올로기에 자신을 함몰시키지 않고 사랑과 우애의 가치를 발현하고 확장하는 일, 곧 세계 평화에 이바지하는 자신의 길을 지속적으로 추구했다. 우리는 슈바이처 자신의 간결하고 겸손한 자기 평가서인 『나의 생애와 사상』을 통해 성실하고 진실 되게 인류에 봉사한 한 명의 의인을 만나 볼 수 있을 것이다.

●저자 소개

1875년 루터교회 성직자 루트비히 슈바이처 목사의 둘째 아이로 태어났으며, 몸이 약한 아들의 건강을 걱정한 부모의 뜻에 따라 농촌 귄스바흐에서 자랐다. 유년시절은 슈바이처의 기독교 신앙과 정신적 성숙에 영향을 주었다. 루터교회 목사인 아버지는 아들이 성서를 읽고 궁금해 하는 내용을 알기 쉽게 설명해 주었으며, 교우들의 대부분이 가난한 농부들이었던 주위 환경은 슈바이처가 가난한 사람들에 대해 관심을 갖도록 했다. 뿐만 아니라 슈바이처의 아버지는 성찬예배 때 아프리카 사람들의 비참한 삶에 대해서 자주 설교했다. 이러한 성장 환경은 슈바이처를 역사적 예수 연구 1세대에 참여한 신학자이자, 아프리카 의료봉사자가 되는 데 중요한 밑거름이 되었다. 그는 30세 때 아프리카 전도를 결심했으며, 의학공부를 마친 후인 1913년 교수직을 그만두고 아내와 함께 아프리카로 떠났다. 랑바레네의 원시림 속에 병원을 차리고 흑인들을 치료하면서 기독교 전파에 힘썼으며, 1952년 노벨 평화상을 받았다. 불우한 아프리카 흑인들에게 복음을 전하는 동시에 의료의 혜택을 주는 사랑의 사도로 활동하던 그는 1965년 원시림 속에서 생애를 마쳤다.

| 읽고 생각하기 |

미리 생각하기

❶ 종교적 신념과 실천적 봉사의 관련성에 대해 생각한다.

—

—

—

—

—

❷ 슈바이처가 직면했던 난관에 대해 정리한다.

—

—

—

—

—

❸ 슈바이처가 대다수의 일반인과 다른 점은 무엇인가?

—

—

—

—

—

내용 정리하기

❶ 『나의 생애와 사상』에는 슈바이처의 주체적인 삶의 태도가 잘 나타나 있다. 슈바이처가 자신의 삶을 오롯이 살기 위해 내린 중요한 결정을 몇 개 선정한 뒤 이를 중심으로 그의 생애를 정리한다.

❷ 슈바이처의 생애를 대변할 수 있는 중요한 사건들을 열거해 보고, 이를 통해 그의 삶이 갖는 위대함에 대해 기술한다.

내용 이해하기

[제시문 1]

몇 개월 후, 서른 번째 생일을 맞이했는데 나는 탑을 세우기에 앞서 "이 일에 드는 비용을 감당할 수 있는지 없는지" 헤아려본다는 비유 속에 나오는 사람처럼 그 날을 보냈다. 결국 나는 순수한 인류 봉사의 계획을 앞으로 적도 아프리카에서 실현하기로 결심했다.

나는 이 계획을 친한 친구 한 사람에게만 알렸다. 그러나 파리에서 보낸 편지로 이 계획이 알려지자 나는 친척 및 친구들과 격렬한 투쟁을 하지 않으면 안 되었다. 그들은 그 계획 자체보다 사전에 자기들과 의논하지 않았다고 비난을 했다. 이러한 부차적인 문제를 가지고 그들은 몇 주일 동안이나 나를 못하게 굴었다. 신학과 친구들이 특히 심했는데 그건 정말 어울리지 않는 일이었다. 그들은 모두 「갈라디아서」에 있는 사도 바울의 말씀에 따라, 그가 예수를 위해 일하려 했을 때 먼저 혈육과 의논하지 아니한 사실에 대해 아름다운, 정말 아름다운 설교를 해온 사람들이 아니던가!

친척과 친구들이 합세하여 어리석은 계획이라고 비난했다. 그들은 나를 보고 타고난 재능은 썩히고 타고나지도 않은 재능을 활용해보려는 사람이라고 말했다. 야만인들 사이에서의 활동은 그로 인하여 학문과 예술 분야에 있어서의 재능을 썩히는 일이 없는 그런 사람들에게 맡겨야 한다는 것이었다. 나를 자식처럼 사랑해주던 위도르는 총을 가지고 방어선으로 뛰어들려는 장군과 같은 사람이라고 나를 꾸짖었다. 현대 정신으로 충만해 있는 어떤 부인은 내가 계획하고 있는 활동보다도 원주민들이 의료 지원을 필요로 한다는 사정에 관해 강연을 하면 더 많은 일을 할 수 있을 것이라고 일러주었다. "태초에 행동이 있었다."는 『파우스트』에서의 괴테의 말은 현대에 와서는 통하지 않으며, 현대에 와서는 선전이 사건의 어머니라는 것이었다.

당시 나는 소위 기독교도라는 사람들과 진저리가 날 정도로 토론을 거듭했는데, 예수가 가르친 사랑에 봉사하고자 노력하다 보면 새로운 길을 택할 수도 있다는 생각을 그들이 전혀 이해하지 못하는 걸 보고 이상한 느낌이 들었다. 그런데도 그들은 「신약성서」에서 그런 경우를 읽고 거기서는 당연하다고 생각하지 않는가! 예수의 말씀에 친숙한 그들이고 보면 이러한 경우를 당연히 나보다도 더 잘 이해할 것이 아닌가.

— 알베르트 슈바이처, 천병희 옮김, 『나의 생애와 사상』, 문예출판사, 115~116쪽

❶ 위의 제시문을 통해 볼 때 슈바이처가 원시림의 의사가 되기로 결심했을 때 직면한

어려움은 무엇이었는지 정리해 보자.

❷ 지금까지 살아오면서 선택의 문제에서 직면했던 어려움에 대해 서술해 보자.

[제시문 2]

처음에는 통역과 조수 노릇을 할 수 있는 적당한 원주민을 구하지 못해 일에 지장이 많았다. 처음에 찾아낸 적임자는 전에 요리사였던 요제프 아초아와니라는 사나이였는데, 그는 그 전 일자리에 있을 때만큼 봉급을 받지 못했지만 같이 일해주었다. 그는 원주민들과 접촉하는 방법에 관해 여러 가지 귀중한 조언을 해주었다. 그런데 그에게는 가장 귀중한 조언으로 생각되었을지 몰라도 나로서는 도저히 받아들일 수 없는 한 가지 조언이 있었는데, 그것은 살 가망이 없는 환자는 돌려보내라는 조언이었다. 그는 몇 번이고 무당 의사들(주술사)의 예를 들며 그들은 자기 치료에 대한 명성이 떨어질까봐 그런 경우에는 손을 대지 않는다는 이야기를 해주었다.

물론 그의 말에 일리가 없는 것은 아니었다. 토인들 사이에서는 도저히 살 가망이 없는 경우 환자나 가족들에게 희망을 주어서는 안 된다. 그들은 환자가 아무런 사전 통고 없이 죽게 되는 경우 의사가 병이 이렇게 악화될 줄 몰랐던 걸 보면 오진한 것이 틀림없다는 결론을 내린다. 그래서 원주민 환자들에게는 사정없이 사실을 말해주지 않으면 안 된다. 그들은 사실을 알고 싶어 하고 또 곧잘 견뎌낸다. 죽음은 그들에게는 자연스런 것이다. 그들은 죽음을 두려워하지 않고 태연히 기다린다. 만일 환자가 생각지도 않았는데 살아나게 되면 의사의 명성은 그만큼 높아진다. 그렇게 되면 그 의사는 죽을 병도 고칠 수 있는 걸로 알려지는 것이다.

— 알베르트 슈바이처, 천병희 옮김, 『나의 생애와 사상』, 문예출판사, 180쪽

❶ 위의 제시문에 나타나듯 슈바이처는 원주민과 접촉하면서 그들의 이질적인 문화와 관습을 경험하게 되는데 그는 이러한 원주민의 삶의 방식에 대해 어떤 자세를 보였는지 기술하시오.

---

❷ 내가 지금까지 편견을 가지고 다른 문화를 대한 것에 대해 기술하시오.

[제시문3]

진실로 윤리적인 인간에게는 모든 생명은 신성하다. 인간의 입장에서 볼 때 저열하게 보이는 생명도 그에게는 신성하다. 그는 불가피한 경우, 예컨대 두 가지 생명 가운데 한 생명을 살리기 위하여 다른 생명을 희생하지 않을 수 없는 경우를 제외하고는 생명 사이에 차이를 두지 않는다. 이러한 경우에도 그는 자기가 주관적으로, 임으로 행동하고 있으며, 희생된 생명에 대해 책임을 져야 한다는 것을 의식하고 있다.

나는 새로운 수면병 치료제가 생긴 것에 감사한다. 전에는 괴로워하는 환자를 지켜보기만 했지만 이제는 이 약으로 생명을 구할 수 있게 되었다. 그러나 현미경으로 수면병 균을 볼 때마다 나는 다른 생명을 구하기 위하여 이 생명을 죽여야만 한다는 데 대해 반성해보지 않을 수 없었다.

— 알베르트 슈바이처, 천병희 옮김, 『나의 생애와 사상』, 문예출판사, 287~288쪽

❶ '생에 대한 외경심의 윤리' 를 통해 볼 때 생명에 대한 슈바이처의 자세는 어떠한가?

❷ 생에 대해 외경심을 가진 경험을 기술하시오.

●종교와 봉사

최근 언론 매체를 통해 널리 소개된 고 이태석 신부는 여러 면에서 슈바이처와 닮아 있다. 종교적 신념에 기반한 봉사 활동, 봉사의 주요 수단이 되는 의료 활동 그리고 가난과 분쟁으로 얼룩진 아프리카를 봉사 지역으로 선택했다는 데서 그의 삶을 기록한 『친구가 되어 주실래요?』는 현대판 『나의 생애와 사상』이라고 할 수 있다. 1962년에 태어나 1987년 의과대학을 졸업하고, 2001년 사제 서품을 받은 그는 섭씨 45도를 넘나드는 남부 수단의 톤즈에 도착해서 지천으로 깔린 환자들을 위해 병원을 짓고, 거리를 헤매는 젊은이들을 위해 학교를 지었으며, 전쟁으로 인한 아이들의 상처를 어루만져 주고자 음악을 가르쳤다. 2010년 1월 선종하여 지금은 고인이 된 이태석 신부가 지난 8년 간 아프리카 수단에서 실천했던 봉사와 사랑은 여전히 그곳 톤즈 사람들의 가슴 속에 남아 있으며, 그가 남긴 글은 슈바이쩌의 글이 전하지 못한 생동감과 현장감을 지니고 있어 읽는 이로 하여금 어떤 삶을 살아야 할 것인가에 대해 생각하게 만드는 힘을 갖고 있다.

| 토론하기와 성찰적 글쓰기 |

토론 과제

- '봉사의 궁극적 실체는 자기만족이다.' 에 대한 찬성과 반대.
- 분쟁 지역 선교 · 봉사 활동 참가에 대한 찬성과 반대.
- '사회적 약자에 대한 봉사는 인간에 대한 예의이다.' 에 대한 찬성과 반대.

쓰기 과제

토론 내용을 바탕으로 자신이 생각하는 봉사의 의미, 성격 등에 대해서 1200자 내외로 서술하시오.

《 함께 읽기 좋은 자료 》

마하트마 간디, 『간디 자서전』

이순신, 『난중일기』

체 게바라, 『체 게바라 자서전』

아돌프 히틀러, 『나의 투쟁』

이태석, 『친구가 되어 주실래요?』, 생활성서사, 2009.

III 『엔트로피』를 읽고 쓰다

| 학습 목표 |

- 『엔트로피』를 읽고 지속 가능한 인류 발전을 위한 세계관이 무엇인지 생각해 보고, 현대 사회가 안고 있는 어려움을 극복하고 행복한 미래를 설계할 수 있는 방안이 무엇인지 생각해 본다.
- 책에 대한 이해를 바탕으로 다양한 쟁점들에 대한 발표와 토론을 수행한다.
- 글쓰기의 기초(구상, 개요)를 익힌다.

| 해제와 저자 소개 |

●해제

우리가 살고 있는 세상은 점점 더 복잡해지고 어수선해지며, 그 변화를 다시 되돌리기는 너무도 힘들게 느껴진다. 이러한 현상을 설명하기 위해 '엔트로피 법칙' 이 자주 인용된다. 엔트로피 법칙은 자연현상에는 일정한 방향성이 있다는 경험적 사실에서 출발하였으며, "우주의 엔트로피는 항상 증가한다" 는 것이다.

흔히 '무질서도' 로 해석되는 엔트로피는 사람들의 지적 호기심을 자극하는 묘한 매력이 있는 것 같다. 클로드 섀넌은 '정보 엔트로피' 의 개념을 만들어 냈으며, 그 외에도 생물학, 경제학, 사회학, 정치학, 그리고 예술에 이르기까지 엔트로피의 개념과 법칙이 다양한 모습으로 인용되고 있다. 하지만 엔트로피가 원래의 엄격한 과학적 정의에서 벗어나 좀 더 폭넓게 적용될 때, 새로운 관점을 제공하는 유용함과 함께 부적절한 해석을 통한 개념의 혼란과 부작용의 위험도 커지는 것을 경계해야 할 것이다.

'엔트로피' 는 사회비평가인 제러미 리프킨이 엔트로피 법칙의 개념을 원용하여 현대 물질문명을 비판한 저서이다. 리프킨은 엔트로피 법칙을 유용한 에너지가 감소하고 '사용 불가능한 에너지' 가 증가하는 것으로 이해한다. 우리가 변화를 위하여 에너지와 물질을 계속 사용하게 되면, 궁극적으로는 에너지를 더 이상 사용할 수 없게 되는 '열 종말' 과 사용할 물질이 더 이상 존재하지 않는 '물질 혼돈' 에 이르게 될 것이라고 천명한다.

기계론적인 세계관과 그 결과로 나타나는 물질만능주의와 과학만능주의는 더 이상 설 땅이 없다고 역설한다. 현재 우리는 산업 시대를 통하여 고에너지 사회를 지속해 온 결과로 화석연료의 고갈과 환경오염으로 인한 고엔트로피의 거대한 분수령에 이르게 되었다는 것이 저자의 결론이다. 이제 막다른 기로에 서서 인류의 생존을 위하여 엔트로피에 기초한 새로운 세계관을 받아들일 수밖에 없음을 이야기하고 있다.

리프킨은 다양한 분석과 논리전개의 근거로 엔트로피 법칙을 내세우고 있으나, 때로는 지나치게 자의적인 확대 해석으로 흐른 점이 아쉽다고 하겠다. 엔트로피 법칙이 제시하는 자연변화의 궁극적인 종착점에 대해서도 논란의 여지는 있다. 모든 유용한 에너지와 물질이 고갈된 무질서한 종말에 이르게 될 것인가, 아니면 일리야 프리고진 등의 주장처럼 혼돈으로부터 새로운 질서가 저절로 만들어질 수 있는 것인가 하는 것은 아직도 해결되지 않은 문제이다.

연일 급등하는 원유가를 걱정하며 급속한 자원의 고갈, 폭발적인 인구의 증가와 식량의 부족, 환경오염과 생태계 파괴 등 우리를 둘러싼 문제를 다시금 생각하게 된다. 산업화 사회에서 정보화 사회로 이행되는 변화의 시대에 무언가 혼란스럽고 방향을 잡는 데 어려움을 느낀다면, 리프킨의 경고와 그 의미를 나름대로 음미해 보는 것도 도움이 될 것이다.

'엔트로피' 는 우리에게 많은 질문을 던지며 생각해보아야 할 여러 가지 화두를 제시하고 있다. 지속가능한 인류발전을 위한 세계관은 무엇인가? 많은 사람이 '인간성의 과학', 그리고 '생태주의적' 또는 '유기론적' 패러다임을 강조한다. 저자가 주장하는 엔트로피 사회도 결국 같은 맥락에서 이해될 수 있을 것이다. (신석민, 서울대 화학부 교수)

●저자 소개

제레미 리프킨Jeremy Rifkin(1943년 1월 26일~)은 워싱턴 경제동향 연구재단(Foundation on Economic Trends (FOET))의 설립자이자 이사장으로서 미국 및 국제적 공공 정책 수립에 영향을 미쳤다. 콜로라도 주 덴버에서 태어났다.

그는 자연과학과 인문과학을 넘나들며 자본주의 체제 및 인간의 생활방식, 현대 과학기술의 폐해 등을 날카롭게 비판해온 세계적인 행동주의 철학자이다. 전세계 지도층 인사들과 정부 관료들의 자문역을 맡고 있으며 과학 기술의 변화가 경제, 노동, 사회, 환경에 미치는 영향에 대해 활발히 집필 작업을 해왔다. 한국에서는 책《엔트로피》,《종말》시리즈로 널리 알려져 있다.

| 읽고 생각하기 |

읽기 지침

- 엔트로피의 개념을 기타 영역에 확장하여 적용하는 방식에 유의하여 읽는다.
- 인류의 미래에 대한 희망과 절망 속에서 우리가 취할 수 있는 태도가 무엇인지 생각해 본다.
- 엔트로피가 제시하는 세계관과 기존의 세계관은 어떤 차이가 있는지 생각해 본다.
- 저자가 대안으로 제시하는 저低엔트로피 사회로의 전환이 현실적으로 가능한지에 생각해 보고, 이러한 대안 이외의 방안은 없는지에 유의하여 읽는다.
- 저자가 생각을 풀어나가는 방식에 주목하여 구상과 개요가 어떠한지 유의하여 읽는다.

●지도 작성하기

과제 1. 다음 제시문을 읽고 '엔트로피 법칙'과 관련하여 세계관이 변화되는 과정을 지도로 작성해 보시오.

세계관

오랫동안 인간은 자신의 생활을 구성하는 기준이 되는 틀을 만들어야 할 필요성을 느껴왔다. 일상생활에서 마주치는 '어떻게'와 '왜'를 설명할 질서를 확립해야 할 필요성은 모든 사회에서 발견되는 문화형성의 필수요소였던 것이다. 어떤 사회의 세계관에서든 가장 재미있는 것은 이러한 세계관이 자신의 행동방식이나 현실인식방법에 어떻게 영향을 미치고 있는가를 구성원 대부분이 의식하지 못한다는 사실이다. 즉 세계관이란 것은 아무도 거기에 의문을 제기하지 않을 만큼 어릴 적부터 사람들의 마음속에 철저히 내재되어 있는 것이다.

대부분의 미국인들은 지식과 기술이 축적됨에 따라 세계는 더욱 가치있는 방향으로 전진해간다고 믿는다. 우리는 또한 개인은 독립된 완결체로서 존재하며, 자연에는 질서가 있고 과학적 관찰은 객관적이며, 인간은 항상 사유재산을 추구해왔고, 개인간 경쟁은 항상 있어왔다고 믿는다. 사실, 이 모든 것들은 '인간 본성'의 일부이며 따라서 변할 수 없는 것으로 간주되었다. 그러나 이는 사실과 다르다. 다른 사회, 다른 문명 그리고 역사상 다른 시점에 서 있는 사람들은 이러한 특성이 인간의 본성이라는 주장에 동의하지 않을 수도 있다. 이것이 세계관이 가지는 힘이다. 세계관은 우리의 현실인식과정에 강력한 힘을 발휘하고 있기 때문에 우리는 세상을 바라보는 다른 시각도 있음을 전혀 상상하지 못한다.

현대의 세계관이 형성된 것은 약 400년 전의 일이다. 물론 세월이 지나면서 수없이 수정되고 개선되었지만 초기의 골격은 아직도 유지되고 있다. 그러니까 우리는 아직도 17세기 뉴턴의 기계론적 우주관의 영향 아래 살고 있는 것이다. 사실 뉴턴 역학의 복잡한 여러 측면을 제대로 설명할 수 있는 사람은 백에 하나도 안될 것이다. 그러나 뉴턴 역학의 그림자는 우리의 행동 하나하나에 영향을 미치고 있다.

엔트로피 법칙! 이제 새로운 세계관이 떠오르고 있다. 이 세계관은 역사를 구성하는 틀로서의 기계론을 결국 대치하게 될 것이다. 아인슈타인은 엔트로피를 "모든 과학에 있어 제1법칙"이라고 주장했다. 아서 에딩턴Arthur Edington 경은 이 법칙이 "전우주를 통틀어 최상의 형이상학적 법칙"이라고 말했다. 엔트로피 법칙은 열역학 제2법칙이다. 제1법칙은 우주 안의 모든 물질과 에너지는 불변하며, 따라서 창조될 수도 없다고 가르친다. 단지 그 형태만 바뀔 뿐이다. 제2법칙(엔트로피 법칙)은 물질과 에너지는 한 방향으로만 변한다고 규정한다. 즉 유용한 상태에서 무용한 상태로, 획득가능한 상태에서 획득불가능한 상태로, 질서있는 상태에서 무질서한 상태로만 변한다는 것이다.

본질적으로 제2법칙이 의미하는 바는 이렇다. 우주 안의 모든 것은 일정한 구조와 가치로 시작해서 무질서한 혼돈과 낭비의 상태로 나아가며, 이 방향을 거꾸로 되돌리는 것은 불가능하다. 엔트로피란 우주 내 어떤 시스템에 존재하는 유용한 에너지가 무용한 형태로 바뀌는 정도를 재는 척도이다. 엔트로피 법칙에 따르면, 지구상이건 우주건 어디서든 질서를 창조하기 위해서는 더 큰 무질서를 만들어내야만 한다.

독자 여러분은 이 사실들을 일단 받아들여야 한다. 적어도 우리가 현대의 세계관을 완전히 해부하고 엔트로피 패러다임의 숨겨진 의미를 완전히 이해하기 전까지는 말이다. 먼저 엔트로피 법칙은 역사가 진보의 과정이라는 가설뿐만 아니라 과학과 기술이 질서있는 세계를 창조할 것이라는 가설을 파괴한다. 로마 카톨릭 교회의 중세 기독교 세계관이 매우 설득력있는 뉴턴의 우주관으로 대치되었듯이 이제 엔트로피 법칙이 당시의 뉴턴 역학만큼이나 강력한 설득력으로 오늘날의 세계관을 뛰어넘는다.

엔트로피 법칙은 특별한 힘을 가지고 있다. 그 힘은 워낙 절대적이어서, 이 법칙을 충분히 이해하기만 하면 인생관이 바뀔 것이다. 이렇게 거의 신비스러울 정도의 매력이 있기 때문에 엔트로피 법칙은 받아들이기조차 두려운 것이다. 그러나 일단 그 법칙을 알게 되면 그 유혹을 뿌리칠 수 있는 사람은 거의 없다. 이 법칙의 마력은 모든 것을 포괄한다는 특징에서 비롯된다. 엔트로피 법칙은 현대 세계를 지배하는 진리를 파괴해버린다. 그 진리들은 한때 우리에게 안전과 질서의 환상을 심어주었다. 그러나 이제 그 진리들은 기괴한 거짓말로 전락했고 우리의 존재를 위협하고 있다. 엔트로피 법칙이야말로 자유를 향한 탈출구이다. 엔트로피 법칙은 너무도 오랫동안 세상을 지배해온 무수한 거짓의 가면을 벗기고 폐기한다. 그것이 엔트로피 법칙이 해야 할 임무이며, 이 과정에서 우리는 해방감이 가져다주는 안도감을 만끽할 수 있다. 동시에 큰 걱정에 휩싸인다. 과연 새로운 엔트로피 패러다임이 어떤 질서를 창출할지를 모르기 때문이다.

— 제레미 리프킨 지음, 이창희 옮김, 『엔트로피』, 세종연구원, 19~22쪽

과제 2. 『엔트로피』를 읽고 다음 표를 작성해 보시오.

고 엔트로피 사회	저 엔트로피 사회

| 토론과 글쓰기 |

과제 1. 『엔트로피』에 나타난 '태양 에너지 시대에 대한 기대와 회의'가 무엇인지 설명하고, 이에 대한 자신의 견해를 정리하여 토론해 보시오. 토론한 결과를 바탕으로 한 편의 글을 구상하고 개요를 작성해 보시오.

과제 2. 아래 제시문에서 밑줄 친 "낙관주의자, 실용주의자, 향락주의자"의 대응 방식은 공통점과 차이점이 무엇인지 파악해 보고, 저자가 강조하는 인간의 자발적

인 절제와 검박이 파멸을 막을 수 있는 유일한 대안인지에 대한 자신의 생각을 정리하여 토론해 보시오. 토론한 결과를 바탕으로 한 편의 글을 구상하고 개요를 작성해 보시오.

엔트로피 위기

엔트로피 법칙을 벗어날 길은 없다. 우주를 지배하는 이 물리법칙은 우리 존재의 모든 측면으로 파고든다. 모든 것은 에너지이고 에너지는 유용한 상태에서 무용한 상태를 향해 한 방향으로만 움직이기 때문에 엔트로피 법칙은 모든 인간행위를 규정하는 틀이 된다. 앞에서도 본 것처럼 엔트로피적 세계관은 환경, 문화 그리고 생물학적 생존 그 자체에 관해 우리가 가장 소중히 여기고 당연한 것으로 받아들이는 가설에 도전장을 던진다. 거대도시, 기계화 영농, 대량생산 및 소비, 무기, 교육, 의료기술 등 현대문화가 만들어낸 모든 함정이 근본적으로 새로운 빛 속에 뚜렷이 드러난다. 엔트로피 법칙은 경제의 기본 방향을 바꾸어놓는다. 이것은 또한 시간과 문화의 개념을 바꿔놓으며 기술의 신화를 깨뜨려버린다.

열역학 제2법칙이 내포하는 엄청난 사회·경제적 의미를 이해하기 시작하면 기존의 세계관은 세상이 실제로 움직이는 것과는 전혀 관련이 없음을 알게 된다. 일, 오락, 소비, 생각 등의 일상생활은 그 기반을 잃게 된다. 우리는 이상한 곳에서 있는 외래인일 뿐이다. 분명하고 굳건한 진실이었던 것이 『이상한 나라의 앨리스』에 나오는 거울 속 세계만큼이나 비현실적인 것이 되어버렸다.

그러나 세계와 우리의 삶에 제시된 새로운 방향에 대해 우리는 저항한다. 엔트로피적 세계관에서 흘러나오는 지혜에 매혹되면서도 우리는 그 심오한 의미를 거의 짐작조차 할 수 없는 이 새로운 세계관에 굴복하지 않으려고 발버둥친다. 이것은 당연하다. 왜냐하면 우리의 존재를 지배하는 안전하고도 친숙한 신화를 포기할 것을 요구받고 있기 때문이다. 물론 많은 사람들에게 있어 기존의 신화는 이미 매력을 잃었다. 수백만 명의 미국인들은 자발적으로, 또는 필요에 쫓겨 저엔트로피 철학과 생활방식을 부분적으로 받아들이고 있다. '어떤 대가를 치르더라도 물질적 진보를 이룩해야 한다' 거나 '더 큰 것이 더 좋은 것이다' 라는 식의 고엔트로피 개념은 이제 옛날처럼 수많은 현대 산업국가의 시민들을 자기 편으로 끌어들이지 못한다. 뉴턴적 세계관으로부터 '버림받은 자식들' 은 당연히 엔트로피 세계관이 가져오는 해방을 환영할 것이다.

동시에 많은 사람들은 새로운 시대를 거부하며 무너져가는 과거에 매달려 몸부림칠 것이다. 생전 처음 겪어보는 새로운 철학적 틀로 인해 이들은 여기서 빠져나가게 해줄 어떤 수단을 찾아 헤맬 것이다. 탈출구는 항상 있고 어떤 힘도 인간이 자연을 조작하는 능력을 능가하지 못한다는 생각에 젖어 있기 때문이다. 한계란 없으며 겁먹고 어리석은 자들만이 한계에 굴복하는 것이라고 우리는 배워왔다. 그러나 무슨 짓을 해도 탈출구는 없다.

어떤 면에서 우리는 중력을 믿지 않는 사람과도 비슷하다. 중력이 존재하지 않는다는 것을 증명하기 위해, 아니면 중력을 극복할 능력이 있다는 것을 증명하기 위해 이 사람은 마천루의 꼭대기에서 뛰어내린다. 중력은 이 사람의 생각에 대해서는 전혀 관심이 없다. 따라서 이 사람을 무자비하게 땅바닥으로 끌어내려서 정신이 번쩍 나게 해준다. 지푸라기라도 잡으려고 허우적대면서 그는 40층 정도를 지나갈 때 "아직은 괜찮아" 라고 외친다.

중력을 부정하는 삶처럼 엔트로피 법칙의 결말을 부인하는 우리도 최후의 따끔한 맛을 보고 파멸할 것이다. 그리고 말할 것도 없이 파멸을 향해가면서 우리 역시 "아직은 괜찮아" 라고 외칠 것이다. 고엔트로피 문화로 인해 우리 주변의 세계관을 벗어버리지 못하는 사람은 대략 세 가지 유형의 반응을 보인다.

첫째, '낙관주의자' 들이 있다. 몇 발자국만 더 가서 모퉁이를 돌아서면 갑자기 어떤 기술적인 해결책이 나타나 우리의 생활방식을 계속 유지하게 해줄 것이라는 희망에 매달리는 사람들이다. 이들의 희망은 현대사회의 가치와 진보가 주는 이익에 뿌리를 두고 있으며 "길은 항상 있다" 라는 표어 아래 뭉쳐 있다. 이들은 "진보를 막을 수는 없다", "세계는 미국의 생활수준을 부러워한다" 등의 슬로건을 외칠 것이다. 이들은 이 낡아빠진 생각들을 "물리적 부가 많을수록 더 잘사는 사회이다" 라는 가설과 연결하여 지구의 한계를 거부하기 위해 무슨 짓이든 할 것이다.

낙관주의자들은 재생가능한 에너지원을 착취하는 새로운 방법을 찾는 데 노력을 기울일 것이다. 재생불가능한 에너지원에서 재생가능한 에너지원으로 에너지 기반이 옮겨간다는 데는 의문의 여지가 없지만 어떤 에너지 변환자와 에너지 흐름방식이 등장할지는 아직 알 수 없다. 기술적 낙관주의자들은 지구 생태계의 자연스런 리듬 및 과정과 더욱 조화를 이루는 저엔트로피 흐름으로 돌아가야 한다는 생각을 거부한다. 오히려 이들은 유전공학에 희망을 건다. 이들은 유전공학 덕분에 생물학적 진화의 속도가 빨라지고 따라서 더 높은 물질과 에너지의 흐름이 보장될 것이라고 주장한다. 그러니까 기계화 영농에 필요한 화학비료가 없어지면 유전공학을 활용하여 공중질소를 직접 고정할 능력이 잇는 식물을 창조하게 되고, 석유가 없어지면 유전공학으로 미생물을 대량생산하여 고갈된 재생불가능한 자원을 대체하면 되는 것이다.

— 중략 —

낙관주의자들이 극찬해 마지않던 고에너지 문화 속에서 엔트로피가 여러 가지 형태로 급증함에 따라 다가오는 혼란을 막기 위해 엄격한 질서를 유지할 필요가 생길 것이다. 기존의 세계관을 철저하게 신봉하는 낙관주의자들은 더욱 억압적이고 비인간적이 되어가는 행정관행과 기술을 계속 용납할 수밖에 없다. 예를 들어 수백만 명이 몰려 사는 고엔트로피 대도시는 더 이상 유지될 수 없다는 사실을 인정하지 못하는 이들은 사회질서를 유지하기 위해 경찰국가식 압제가 가해지는 것도 지지할 것이다. 이미 감시용 TV 카메라가 거리에 등장했고 인공위성이 외계로부터 우리를 훔쳐보고 있으며, 범죄자들에게는 전기충격을 주어 정신을 무력화시켜 버린다. 마찬가지로 세계 최대의 에너지 소비국이라는 미국의 지위를 유지하기 위해 낙관의자들은 무너져 내리는 제국을 지탱할 거액의 국방비 지출과 무기개발을 부추길 것이다.

이 모든 것이 실패로 돌아갈 것임은 뻔하다. 고에너지 기술로 질서를 강제하려는 시도는 어떤 것이든 결국 혼돈만을 가속시킬 뿐이다. 새로운 재생가능 에너지를 만들고, 질병을 고치고, 지능을 높이기 위해 유전자를 조작하겠지만 그 과정에서 수십억 년간 축적되어온 진화의 지혜는 돌이킬 수 없이 파괴될 것이다. 심해지는 사회적 무질서(예를 들어 범죄)를 해결하기 위해 고에너지 감시기구나 무기체계를 도입하려는 사회의 다른 부분에서 소중한 에너지를 끌어 써야 하고 그것은 결국 새로운 억압과 반사회적 행위를 낳을 뿐이다. 낙관주의자들은 질서를 유지하려는 과대망상적 싸움에서 결코 이기지 못한다. 이들은 스스로를 파멸시키고 나아가 온 인류를 파멸로 끌어들일 것이다.

엔트로피 법칙에 대한 두 번째 유형의 반응은 "실용주의"라고 부를 만하다. 이들은 낙관주의자들보다는 기계론적 세계관에 덜 매달리고 그 계획도 낙관주의자들처럼 응대하지는 않다. 실용주의자들은 기존의 구조를 약간 수정하여 엔트로피적 세계관의 의미를 일부나마 반영하려고 할 것이다. 그러나 실용주의자들은 본질적으로 세계관의 시야가 한정되어 있다. 이들은 엔트로피 패러다임의 일부는 이해할지 몰라도 전체 그림은 놓칠 것이다. 그리고 이들은 기존 시스템에 있는 결함들을 기꺼이 시인하겠지만 세상은 원래 그런 것이라고 곧 덧붙여 말할 것이다. 뉴욕은 하루아침에 사라지지 않을 것이고, 기계화 영농과 식품가공을 하지 않으면 도시를 지탱할 수 없다. 미국인들은 자동차와의 애정행각을 결코 그만두지 않을 것이다. 실용주의자들은 스스로 현실적이 되기를 바랄 것이다.

물론 실용주의자로서 이들은 개선의 여지가 많다는 것도 부인하지 않는다. "적은 것에서 더 많은 것을 얻자"가 그들의 모토이다. 기존의 고에너지 구조를 약간 수정하는 것이 이들의 필생의 과업이다. 도시계획입안자들은 에너지를 적게 소비하는 수송수단, 단열이 잘된 건물, 에너지 소비억제를 권장하는 지역사회 자문위원회 등을 만들어내느라 부산을 떨 것이다. 자동차 회사들은 같은 양의 휘발유로 좀 더 멀리 갈 수 있는 자동차, 액체연료나 전기로 가는 자동차를 선보일 것이다. 정치가들은 "기대수준을 낮추자" 또는 "전세계적 현실주의" 등을 내세우며 떠들어댈 것이다. 그러나 이들은 사회 전체적 구조는 전혀 바꾸지 않을 것이다.

기존의 가장 강력한 권력 구조도 영성하게나마 엔트로피적 사고에 조직의 원리를 맞추는 일에 골몰하고 있다. 예를 들어 1979년 8월에 연방에너지부는 열역학 제2법칙에 대한 3일간의 학술회의를 후원했다. 이 회의에서 발표된 논문 중에는 "촉매변환에서의 에너지 효율에 관한 열역학적 분석", "열역학 제2법칙에 따른 화학반응 과정에서의 생성물 감소", "열역학 제2법칙에 입각한 연소과정의 분류"처럼 거창한 제목이 달려 있는 것들도 있었다.

실용주의자들은 "엔트로피가 계속 증가하는 상황에서, 어느 정도의 증가속도가 적합한가?" 라는 주제를 놓고 열띤 토론을 벌일 것이다. 이들은 계량화하려고 하는 것이며, 기존의 시스템을 가장 좁은 의미에서 최고로 '효율화' 하려는 것이다. 그러므로 이들의 마음속에서 세계관은 비용 대 수익을 측정하는 수단으로 전락할 것이다. 엔트로피 법칙의 현실을 이해하지 못하는 실용주의자들은 핵심을 완전히 놓칠 것이다. "어느 정도까지만 죄를 지으면 천당에 갈 수 있는가?" 라고 묻는 기독교도처럼, 실용주의자들은 엔트로피라는 개념의 일부분을 활용하는 데는 뛰어나지만 엔트로피 법칙의 가장 중요한 부분은 결코 파악하지 못한다.

그렇다고 해서 열역학적 시스템 분석의 가치를 완전히 부인하려는 것은 아니다. 그러나 이러한 분석이 실제로 어떤 의미를 갖는 지점에 도달하기 전에 먼저 엔트로피 법칙이 말하고자 하는 바를 알 필요가 있다. 엔트로피 법칙은 가능한 한 오래도록 모든 생명의 활동을 유지해야 한다고 가르친다. 엔트로피 경제는 필요에 의한 것이지 사치품이 아니다. 이것을 이해하고 나면 열역학의 개념을 선택적으로 활용하여 저엔트로피 사회를 만드는 데 도움을 줄 수 있는 기반을 마련할 수 있다.

예를 들어 열역학적 실용주의자(기존의 시스템을 약간 수정하고, 적은 것에서 더 많은 것을 얻자고 주장하는)가 문제를 해결하는 방법과 엔트로피 법칙의 중요성을 100% 이해한 사람이 같은 문제에 접근하는 방법을 비교해보라. 자동차를 보면서 실용주의자는 이런 의문을 가질 것이다. "어떻게 하면 제2법칙을 이용해 엔진을 다시 설계해서 더 많은 일을 하게 할 것인가?", "열역학적으로 가장 좋은 차체의 모습은 어떤 것 인가?" 엔트로피적 세계관을 완전히 이해한 사람은 근본적으로 다른 의문을 가질 것이다. "자동차는 인간의 생존을 위해 정말로 필요한가?", "자동차는 우리의 복지, 건강, 문화를 증진시켜주는가?". "오늘날 자동차가 존재한다는 사실 때문에 우리의 후손들이 삶을 유지하는데 필요한 능력을 박탈당하지 않을까?"

후자는 세부적인 고려전에 종합적인 의문을 먼저 품는다. 당초에 어떤 일을 할 필요가 없다고 판단되면 그 일을 잘하든 못하든 상관없다는 것을 그는 알고 있는 것이다. 자동차가 존재할 가치가 없는 것이라면 휘발유 1리터로 몇 킬로미터를 가든 무슨 상관이란 말인가?

실용주의자가 또 한 가지 이해하지 못하는 것은 엔트로피 법칙이 물리적 세계를 지배하는 궁극적인 과학의 법칙이지 낡은 시스템을 수리하는 데 쓸 수 있는 도구는 아니라는 사실이다. 또한 실용주의자는 엔트로피 법칙이 일상생활의 가장 친숙한 개념마저 완전히 바꿔놓는다는 사실도 이해하지 못한다. 예를 들어 열역학 제2법칙은 시간이 엔트로피의 함수라는 사실을 보여준다. 세계가 엔트로피 극대점에 달해서 일을 할 수 있는 유용한 에너지가 하나도 남지 않게 되면 시간도 정지할 것이다. 왜냐하면 어떤 일도 일어나지 않을 것이기 때문이다. 엔트로피적 의미에서 시간을 '절약' 할 수 있는 유일한 방법은 사회 내 에너지 흐름을 자연적으로 발생하는 에너지 흐름과 최대한 비슷한 수준으로 유지하는 것이다. 그렇게 되면 시간과 생명의 종말이 좀 더 늦게 찾아올 것이다.

그러나 실용주의자는 기존의 에너지 흐름을 효율화시켜서 시간을 '절약' 하려 할 것이다. 이렇게 되면 엔트로피 과정이 더욱 빨라질 뿐이며, 그와 함께 앞으로 우리 후손들이 누릴 수 있는 시간이 줄어든다. 마찬가지로 실용주의자들은 '경제성장' 이라는 현상을 제대로 이해하지 못할 것이다. 실용주의자들은 성장이라는 것이 사실상 지구의 자원을 고갈시키는 것이고, 유용한 에너지를 무용한 에너지로 바꿔놓는 과정일 뿐이라는 사실을 이해하지 못한 채 '올바른' 성장의 방법은 어떤 것인가를 정의하는데 골몰할 것이다. 경제가 성장할수록 그 경제는 스스로 파놓은 함정으로 빠져든다는 사실을 엔트로피 법칙은 증명하고 있다.

세 번째 유형은 "향락주의자"라고 불러야 할 것이다. "신나게 놀아보자"가 이들의 모토이다. 또 하나의 모토는 "후손들이 나한테 해준 게 뭔데?"이다. 이들은 전체적으로 상황이 나빠지고 있다는 사실에는 동의 할 것이다. 이들은 대기오염, 식품오염, 자연의 파괴 등에 대해 불평을 늘어놓을 것이다. 그러나 로마제국 말기처럼 이들은 할 수 있는 일이 아무것도 없다고 주장할 것이다. 그리고 인간은 본질적으로 욕심 많고 파괴적이라고 할 것이다. 누군가가 시스템을 바꾸려고 하면 그때마다 이들은 나빠지지나 않으면 다행이라고 한다. 이제 파국이 다가오는데 하찮은 인간이 먹고, 마시고, 즐기는 것 외에 할 수 있는 일이 무엇이란 말인가?

낙관주의자, 실용주의자, 향락주의자들은 모두 한 가지 공통점이 있다. 이들은 모두 오늘날의 상황이 나쁘기는 하지만 우리 세대는 앞선 어떤 세대보다도 현실을 잘 이해하고 이를 장악하고 있다고 믿는 것이다. 이들은 현대 이전의 인간을 가축보다 별로 낫다고 생각하지 않는다. 우리 조상들은 소립자, 컴퓨터, 음향기기 같은 것을 몰랐기 때문에 우리보다 덜 인간적이었다는 것이다. 뉴턴적 패러다임을 완강하게 지지하는 이들은 우리의 지식이 500년 전 또는 5,000년 전에 살았던 사람들의 지식과 다를 뿐이라는 사실을 이해하지 못한다. 환원주의적 시각에서 보면 우리는 점점 더 많은 것을 아는 것처럼 보인다. 그러나 동시에 우리는 우리 주변에서 어떤 일이 일어나고 있는지를 더욱 더 이해하지 못한다. 자연으로부터 완전히 괴리되고 도시화된 우리의 지성은 환경과 인간 사이의 진정한 관계를 통찰할 능력이 없다. 고에너지 문화로 인해 인간의 마음은 완전히 조각나 버려서 삶의 원천과 더 이상 조화를 이루지 못한다. 자연과 유리되어 있기 때문에 우리는 깨달음(역사를 통해 많은 사람들이 이 단어를 이해한 것과 같은 의미로)을 얻을 기회가 없다. 우리 조상들은 우리 주변에서 일어나는 현상들을 과학적으로 이해하고 설명하지 못한 것이 사실이다. 그러나 이들은 인생에서 정말로 중요한 것이 무엇인지를 직관을 통해 우리보다 잘 알고 있었다.

우리 조상들은 적어도 자급자족했다. 이들은 자신의 필요를 충족할 줄 알았다. 그러나 우리는 스스로 만들어낸 고에너지 환경에 완전히 예속되어 있다. 우리는 식량을 생산하지 못하고, 오락도 남의 힘을 빌려야 하며, 옷도 만들지 못한다. 우리는 모든 것을 어른이 챙겨줘야 하는 불쌍한 어린애와도 같아. 농부이자 작가인 웬델 베리Wendell Berry는 현대사회의 딜레마를 아주 잘 묘사하고 있다.

미국인은 아마 인류역사상 가장 불행한 사람일 것이다. 그들은 돈을 버는 것 외에 자신을 위해 아무것도 할 수 없다. 그리고 그가 번 돈은 풍선처럼 부풀어 올라 다른 사람의 힘에 의해 그리고 역사적 상황에 따라 흘러가버린다. 아침부터 밤까지 그는 이것을 내가 만들었다는 자부심을 느낄 만한 물건을 만져보지도 못한다. 그 많은 여가와 오락에도 불구하고 그는 항상 기분이 나쁘고, 안색도 좋지 않으며, 지나치게 뚱뚱하고 건강도 나쁘다. 그가 숨 쉬는 공기, 마시는 물, 먹는 음식에는 모두 독이 들어 있다. 그가 숨이 막혀 죽을 가능성은 상당히 높다. 미국인은 자신의 애정생활이 다른 사람의 애정생활만큼 만족스럽지 못하다고 생각한다. 그리고 차라리 더 일찍 태어나거나 더 늦게 태어났으면 좋았을 것이라고 생각한다. 그는 자기 아이들이 왜 그런 짓을 하는지 알지 못한다. 아이들의 말도 알아듣지 못한다. 그는 아무데도 관심이 없고 자기가 왜 그런지도 모른다. 그는 아내가 원하는 것이 무엇인지, 그리고 자기가 원하는 것이 무엇인지조차도 모른다. 잡지에 나오는 광고나 사진을 보면 그저 자신을 매력 없는 사람으로 보인다. 그는 자신의 재산을 빼앗길까봐 두려워한다. 그는 실직을 하거나, 경제가 나빠지거나, 전력회사가 도산을 하거나, 경찰이 파업을 하거나, 아내가 자신을 버리거나, 아이들이 달아나거나 몹쓸 병에 걸리면 어떻게 해야 할지도 모른다. 이런 걱정 때문에 그는 전문가와 상의한다. 그 전문가는 자기의 걱정 때문에 또 다른 전문가를 찾아간다.

베리는 이렇게 결론을 내린다. "자신의 의지와 기술로 세상을 살아간다는 측면에서 볼 때 가장 어리석은 농부나 미개인들도 전문가 사회의 가장 총명한 근로자나 기술자 또는 지성인보다 더 유능하다."

— 제레미 리프킨 지음, 이창희 옮김, 『엔트로피』, 세종연구원, 310~324쪽

◖ 함께 읽기 좋은 자료 ◗

리처드 도킨스 지음, 『악마의 사도』
스티븐 호킹, 『위대한 설계』
일리야 프리고진, 『확실성의 종말』
제레미 리프킨, 『공감의 시대』

IV 한글맞춤법

| 한글 맞춤법 |

제1장 총 칙

제 1 항 한글 맞춤법은 표준어를 소리대로 적되, 어법에 맞도록 함을 원칙으로 한다.

제 2 항 문장의 각 단어는 띄어 씀을 원칙으로 한다.

제 3 항 외래어는 '외래어 표기법'에 따라 적는다.

제2장 자 모

제 4 항 한글 자모의 수는 스물넉 자로 하고, 그 순서와 이름은 다음과 같이 정한다.

ㄱ(기역)	ㄴ(니은)	ㄷ(디귿)	ㄹ(리을)	ㅁ(미음)
ㅂ(비읍)	ㅅ(시옷)	ㅇ(이응)	ㅈ(지읒)	ㅊ(치읓)
ㅋ(키읔)	ㅌ(티읕)	ㅍ(피읖)	ㅎ(히읗)	
ㅏ(아)	ㅑ(야)	ㅓ(어)	ㅕ(여)	ㅗ(오)
ㅛ(요)	ㅜ(우)	ㅠ(유)	ㅡ(으)	ㅣ(이)

[붙임 1] 위의 자모로써 적을 수 없는 소리는 두 개 이상의 자모를 어울러서 적되, 그 순서와 이름은 다음과 같이 정한다.

ㄲ(쌍기역)	ㄸ(쌍디귿)	ㅃ(쌍비읍)	ㅆ(쌍시옷)	ㅉ(쌍지읒)

ㅐ(애) ㅒ(얘) ㅔ(에) ㅖ(예) ㅘ(와)
ㅙ(왜) ㅚ(외) ㅝ(워) ㅞ(웨) ㅟ(위)
ㅢ(의)

[붙임 2] 사전에 올릴 적의 자모 순서는 다음과 같이 정한다.

자음 ㄱ ㄲ ㄴ ㄷ ㄸ ㄹ ㅁ ㅂ ㅃ ㅅ ㅆ ㅇ ㅈ ㅉ ㅊ ㅋ ㅌ ㅍ ㅎ

모음 ㅏ ㅐ ㅑ ㅒ ㅓ ㅔ ㅕ ㅖ ㅗ ㅘ ㅙ ㅚ ㅛ ㅜ ㅝ ㅞ ㅟ ㅠ ㅡ ㅢ ㅣ

제 3 장 소리에 관한 것

제1절 된소리

제 5 항 한 단어 안에서 뚜렷한 까닭 없이 나는 된소리는 다음 음절의 첫소리를 된소리로 적는다.

1. 두 모음 사이에서 나는 된소리

소쩍새 어깨 오빠 으뜸 아끼다 기쁘다 깨끗하다
어떠하다 해쓱하다 가끔 거꾸로 부썩 어찌 이따금

2. ‘ㄴ, ㄹ, ㅁ, ㅇ’ 받침 뒤에서 나는 된소리

산뜻하다 잔뜩 살짝 훨씬 담뿍 움찔 몽땅 엉뚱하다.

다만, ‘ㄱ, ㅂ’ 받침 뒤에서 나는 된소리는, 같은 음절이나 비슷한 음절이 겹쳐 나는 경우가 아니면 된소리로 적지 아니한다.

국수 깍두기 딱지 색시 싹둑(~싹둑) 법석 갑자기 몹시

제2절 구개음화

제 6 항 ‘ㄷ, ㅌ’ 받침 뒤에 종속적 관계를 가진 ‘-이(-)’나 ‘-히-’가 올 적에는 그 ‘ㄷ, ㅌ’이 ‘ㅈ, ㅊ’으로 소리나더라도 ‘ㄷ, ㅌ’으로 적는다.(ㄱ을 취하고, ㄴ을 버림)

ㄱ	ㄴ	ㄱ	ㄴ
맏이	마지	핥이다	할치다
해돋이	해도지	걷히다	거치다
굳이	구지	닫히다	다치다
끝이	끄치	묻히다	무치다
같이	가치		

제3절 'ㄷ' 소리 받침

제 7 항 'ㄷ' 소리로 나는 받침 중에서 'ㄷ' 으로 적을 근거가 없는 것은 'ㅅ' 으로 적는다.

덧저고리 돗자리 엇셈 웃어른 핫옷 무릇 사뭇
얼핏 자칫하면 뭇[衆] 옛 첫 헛

제4절 모음

제 8 항 '계, 례, 몌, 폐, 혜' 의 'ㅖ' 는 'ㅔ' 로 소리나는 경우가 있더라도 'ㅖ' 로 적는다. (ㄱ을 취하고, ㄴ을 버림)

ㄱ	ㄴ	ㄱ	ㄴ
계수(桂樹)	게수	혜택(惠澤)	헤택
사례(謝禮)	사레	계집	게집
연몌(連袂)	연메	핑계	핑게
폐품(廢品)	페품	계시다	게시다

다만, 다음 말은 본음대로 적는다.

게송(偈頌) 게시판(揭示板) 휴게실(休憩室)

제 9 항 '의' 나 자음을 첫소리로 가지고 있는 음절의 'ㅢ' 는 'ㅣ' 로 소리나는 경우가 있더라도 'ㅢ' 로 적는다.(ㄱ을 취하고, ㄴ을 버림.)

ㄱ	ㄴ	ㄱ	ㄴ
의의(意義)	의이	닁큼	닝큼
본의(本意)	본이	띄어쓰기	띠어쓰기
무늬[紋]	무니	씌어	씨어
보늬	보니	틔어	티어
오늬	오니	희망(希望)	히망
하늬바람	하니바람	희다	히다
늴리리	닐리리	유희(遊戲)	유히

제5절 두음 법칙

제10항 한자음 '녀, 뇨, 뉴, 니' 가 단어의 첫머리에 올 적에는 두음 법칙에 따라 '여, 요, 유, 이' 로 적는다.(ㄱ을 취하고, ㄴ을 버림)

ㄱ	ㄴ	ㄱ	ㄴ
여자(女子)	녀자	유대(紐帶)	뉴대

연세(年歲)	년세	이토(泥土)	니토
요소(尿素)	뇨소	익명(匿名)	닉명

다만, 다음과 같은 의존 명사에서는 '냐, 녀' 음을 인정한다.

냥(兩)　　냥쭝(兩一)　　년(年)(몇 년)

[붙임 1] 단어의 첫머리 이외의 경우에는 본음대로 적는다.

남녀(男女)　　당뇨(糖尿)　　결뉴(結紐)　　은닉(隱匿)

[붙임 2] 접두사처럼 쓰이는 한자가 붙어서 된 말이나 합성어에서, 뒷말의 첫소리가 'ㄴ' 소리로 나더라도 두음 법칙에 따라 적는다.

신여성(新女性)　　공염불(空念佛)　　남존여비(男尊女卑)

[붙임 3] 둘 이상의 단어로 이루어진 고유 명사를 붙여 쓰는 경우에도 붙임 2에 준하여 적는다.

한국여자대학　　대한요소비료회사

제11항 한자음 '랴, 려, 례, 료, 류, 리' 가 단어의 첫머리에 올 적에는 두음 법칙에 따라 '야, 여, 예, 요, 유, 이' 로 적는다.(ㄱ을 취하고, ㄴ을 버림.)

ㄱ	ㄴ	ㄱ	ㄴ
양심(良心)	량심	용궁(龍宮)	룡궁
역사(歷史)	력사	유행(流行)	류행
예의(禮儀)	례의	이발(理髮)	리발

다만, 다음과 같은 의존 명사는 본음대로 적는다.

리(里) : 몇 리냐?

리(理) : 그럴 리가 없다.

[붙임 1] 단어의 첫머리 이외의 경우에는 본음대로 적는다.

개량(改良)　　선량(善良)　　수력(水力)　　협력(協力)
사례(謝禮)　　혼례(婚禮)　　와룡(臥龍)　　쌍룡(雙龍)
하류(下流)　　급류(急流)　　도리(道理)　　진리(眞理)

다만, 모음이나 'ㄴ' 받침 뒤에 이어지는 '렬, 률' 은 '열, 율' 로 적는다.(ㄱ을 취하고, ㄴ을 버림.)

ㄱ	ㄴ	ㄱ	ㄴ
나열(羅列)	나렬	분열(分裂)	분렬
치열(齒列)	치렬	선열(先烈)	선렬
비열(卑劣)	비렬	진열(陳列)	진렬
규율(規律)	규률	선율(旋律)	선률
비율(比率)	비률	전율(戰慄)	전률
실패율(失敗率)	실패률	백분율(百分率)	백분률

[붙임 2] 외자로 된 이름을 성에 붙여 쓸 경우에도 본음대로 적을 수 있다.

신립(申砬)　　최린(崔麟)　　채륜(蔡倫)　　하륜(河崙)

[붙임 3] 준말에서 본음으로 소리나는 것은 본음대로 적는다.

국련(국제연합) 대한교련(대한교육연합회)

[붙임 4] 접두사처럼 쓰이는 한자가 붙어서 된 말이나 합성어에서 뒷말의 첫 소리가 'ㄴ' 또는 'ㄹ' 소리로 나더라도 두음 법칙에 따라 적는다.

역이용(逆利用) 연이율(年利率) 열역학(熱力學) 해외여행(海外旅行)

[붙임 5] 둘 이상의 단어로 이루어진 고유 명사를 붙여 쓰는 경우나 십진법에 따라 쓰는 수(數)도 붙임 4에 준하여 적는다.

서울여관 신흥이발관 육천육백육십육(六千六百六十六)

제12항 한자음 '라, 래, 로, 뢰, 루, 르' 가 단어의 첫머리에 올 적에는 두음 법칙에 따라 '나, 내, 노, 뇌, 누, 느' 로 적는다.(ㄱ을 취하고, ㄴ을 버림.)

ㄱ	ㄴ	ㄱ	ㄴ
낙원(樂園)	락원	뇌성(雷聲)	뢰성
내일(來日)	래일	누각(樓閣)	루각
노인(老人)	로인	능묘(陵墓)	릉묘

[붙임 1] 단어의 첫머리 이외의 경우에는 본음대로 적는다.

쾌락(快樂) 극락(極樂) 거래(去來) 왕래(往來)
부로(父老) 연로(年老) 지뢰(地雷) 낙뢰(落雷)
고루(高樓) 광한루(廣寒樓) 동구릉(東九陵) 가정란(家庭欄)

[붙임 2] 접두사처럼 쓰이는 한자가 붙어서 된 단어는 뒷말을 두음 법칙에 따라 적는다.

내내월(來來月) 상노인(上老人) 중노동(重勞動) 비논리적(非論理的)

제6절 겹쳐 나는 소리

제13항 한 단어 안에서 같은 음절이나 비슷한 음절이 겹쳐 나는 부분은 같은 글자로 적는다. (ㄱ을 취하고, ㄴ을 버림.)

ㄱ	ㄴ	ㄱ	ㄴ
딱딱	딱닥	꼿꼿하다	꼿곳하다
쌕쌕	쌕색	놀놀하다	놀롤하다
씩씩	씩식	눅눅하다	눙눅하다
똑딱똑딱	똑닥똑닥	밋밋하다	민밋하다
쓱싹쓱싹	쓱삭쓱삭	싹싹하다	싹삭하다
연연불망	연련불망	쌉쌀하다	쌉살하다
유유상종	유류상종	씁쓸하다	씁슬하다
누누이	누루이	짭짤하다	짭잘하다

제 4 장 형태에 관한 것

제1절 체언과 조사

제14항 체언은 조사와 구별하여 적는다.

떡이	떡을	떡에	떡도	떡만
손이	손을	손에	손도	손만
팔이	팔을	팔에	팔도	팔만
밤이	밤을	밤에	밤도	밤만
집이	집을	집에	집도	집만
옷이	옷을	옷에	옷도	옷만
콩이	콩을	콩에	콩도	콩만
낮이	낮을	낮에	낮도	낮만
꽃이	꽃을	꽃에	꽃도	꽃만
밭이	밭을	밭에	밭도	밭만
앞이	앞을	앞에	앞도	앞만
밖이	밖을	밖에	밖도	밖만
넋이	넋을	넋에	넋도	넋만
흙이	흙을	흙에	흙도	흙만
삶이	삶을	삶에	삶도	삶만
여덟이	여덟을	여덟에	여덟도	여덟만
곬이	곬을	곬에	곬도	곬만
값이	값을	값에	값도	값만

제2절 어간과 어미

제15항 용언의 어간과 어미는 구별하여 적는다.

먹다	먹고	먹어	먹으니
신다	신고	신어	신으니
믿다	믿고	믿어	믿으니
울다	울고	울어	(우니)
넘다	넘고	넘어	넘으니
입다	입고	입어	입으니
웃다	웃고	웃어	웃으니

찾다	찾고	찾아	찾으니
좇다	좇고	좇아	좇으니
같다	같고	같아	같으니
높다	높고	높아	높으니
좋다	좋고	좋아	좋으니
깎다	깎고	깎아	깎으니
앉다	앉고	앉아	앉으니
많다	많고	많아	많으니
늙다	늙고	늙어	늙으니
젊다	젊고	젊어	젊으니
넓다	넓고	넓어	넓으니
훑다	훑고	훑어	훑으니
읊다	읊고	읊어	읊으니
옳다	옳고	옳아	옳으니
없다	없고	없어	없으니
있다	있고	있어	있으니

[붙임 1] 두 개의 용언이 어울려 한 개의 용언이 될 적에, 앞말의 본뜻이 유지되고 있는 것은 그 원형을 밝히어 적고, 그 본뜻에서 멀어진 것은 밝히어 적지 아니한다.

(1) 앞말의 본뜻이 유지되고 있는 것

넘어지다 늘어나다 늘어지다 돌아가다 되짚어가다
들어가다 떨어지다 벌어지다 엎어지다 접어들다
틀어지다 흩어지다

(2) 본뜻에서 멀어진 것

드러나다 사라지다 쓰러지다

[붙임 2] 종결형에서 사용되는 어미 '-오'는 '요'로 소리나는 경우가 있더라도 그 원형을 밝혀 '오'로 적는다.(ㄱ을 취하고, ㄴ을 버림.)

ㄱ	ㄴ
이것은 책이오.	이것은 책이요.
이리로 오시오.	이리로 오시요.
이것은 책이 아니오.	이것은 책이 아니요.

[붙임 3] 연결형에서 사용되는 '이요'는 '이요'로 적는다.(ㄱ을 취하고, ㄴ을 버림.)

ㄱ	ㄴ
이것은 책이요, 저것은 붓이요, 또 저것은 먹이다.	이것은 책이오, 저것은 붓이오, 또 저것은 먹이다.

제16항 어간의 끝음절 모음이 'ㅏ, ㅗ' 일 적에는 어미를 '-아' 로 적고, 그 밖의 모음일 적에는 '-어' 로 적는다.

1. '-아' 로 적는 경우

나아	나아도	나아서
막아	막아도	막아서
얇아	얇아도	얇아서
돌아	돌아도	돌아서
보아	보아도	보아서

2. '-어' 로 적는 경우

개어	개어도	개어서
겪어	겪어도	겪어서
되어	되어도	되어서
베어	베어도	베어서
쉬어	쉬어도	쉬어서
저어	저어도	저어서
주어	주어도	주어서
피어	피어도	피어서
희어	희어도	희어서

제17항 어미 뒤에 덧붙는 조사 '-요' 는 '-요' 로 적는다.

읽어	읽어요
참으리	참으리요
좋지	좋지요

제18항 다음과 같은 용언들은 어미가 바뀔 경우, 그 어간이나 어미가 원칙에 벗어나면 벗어나는 대로 적는다.

1. 어간의 끝 'ㄹ' 이 줄어질 적

갈다 :	가니	간	갑니다	가시다	가오
놀다 :	노니	논	놉니다	노시다	노오
불다 :	부니	분	붑니다	부시다	부오
둥글다 :	둥그니	둥근	둥급니다	둥그시다	둥그오
어질다 :	어지니	어진	어집니다	어지시다	어지오

[붙임] 다음과 같은 말에서도 'ㄹ' 이 준 대로 적는다.

마지못하다	마지않다	(하)다마다	(하)자마자
(하)지 마라	(하)지 마(아)		

2. 어간의 끝 'ㅅ' 이 줄어질 적

긋다 :	그어	그으니	그었다
낫다 :	나아	나으니	나았다
잇다 :	이어	이으니	이었다
짓다 :	지어	지으니	지었다

3. 어간의 끝 'ㅎ' 이 줄어질 적

그렇다 :	그러니	그럴	그러면	그러오
까맣다 :	까마니	까말	까마면	까마오
동그랗다 :	동그라니	동그랄	동그라면	동그라오
퍼렇다 :	퍼러니	퍼럴	퍼러면	퍼러오
하얗다 :	하야니	하얄	하야면	하야오

4. 어간의 끝 'ㅜ, ㅡ' 가 줄어질 적

푸다 :	퍼	펐다	뜨다 :	떠	떴다
끄다 :	꺼	껐다	크다 :	커	컸다
담그다 :	담가	담갔다	고프다 :	고파	고팠다
따르다 :	따라	따랐다	바쁘다 :	바빠	바빴다

5. 어간의 끝 'ㄷ' 이 'ㄹ' 로 바뀔 적

걷다[步] :	걸어	걸으니	걸었다
듣다[聽] :	들어	들으니	들었다
묻다[問] :	물어	물으니	물었다
싣다[載] :	실어	실으니	실었다

6. 어간의 끝 'ㅂ' 이 'ㅜ' 로 바뀔 적

깁다 :	기워	기우니	기웠다
굽다[炙] :	구워	구우니	구웠다
가깝다 :	가까워	가까우니	가까웠다
괴롭다 :	괴로워	괴로우니	괴로웠다
맵다 :	매워	매우니	매웠다
무겁다 :	무거워	무거우니	무거웠다
밉다 :	미워	미우니	미웠다
쉽다 :	쉬워	쉬우니	쉬웠다

다만, '돕-, 곱-' 과 같은 단음절 어간에 어미 '-아' 가 결합되어 '와' 로 소리나는 것은 '-와' 로 적는다.

돕다[助] :	도와	도와서	도와도	도왔다
곱다[麗] :	고와	고와서	고와도	고왔다

7. '하다' 의 활용에서 어미 '-아' 가 '-여' 로 바뀔 적

하다 : 하여 하여서 하여도 하여라 하였다

8. 어간의 끝 음절 '르' 뒤에 오는 어미 '-어' 가 '-러' 로 바뀔 적

이르다[至] : 이르러 이르렀다 누르다 : 누르러 누르렀다

노르다 : 노르러 노르렀다 푸르다 : 푸르러 푸르렀다

9. 어간의 끝 음절 '르' 의 '一' 가 줄고, 그 뒤에 오는 어미 '-아/-어' 가 '-라/-러' 로 바뀔 적

가르다 : 갈라 갈랐다 부르다 : 불러 불렀다

거르다 : 걸러 걸렀다 오르다 : 올라 올랐다

구르다 : 굴러 굴렀다 이르다 : 일러 일렀다

벼르다 : 별러 별렀다 지르다 : 질러 질렀다

제3절 접미사가 붙어서 된 말

제19항 어간에 '-이' 나 '-음/ㅁ' 이 붙어서 명사로 된 것과 '-이' 나 '-히' 가 붙어서 부사로 된 것은 그 어간의 원형을 밝히어 적는다.

1. '-이' 가 붙어서 명사로 된 것

길이 깊이 높이 다듬이 땀받이 달맞이

먹이 미닫이 벌이 벼훑이 살림살이 쇠붙이

2. '-음/-ㅁ' 이 붙어서 명사로 된 것

걸음 묶음 믿음 얼음 엮음 울음

웃음 졸음 앎 만듦

3. '-이' 가 붙어서 부사로 된 것

같이 굳이 길이 높이 많이 실없이

좋이 짓궂이

4. '-히' 가 붙어서 부사로 된 것

밝히 익히 작히

다만, 어간에 '-이' 나 '-음' 이 붙어서 명사로 바뀐 것이라도 그 어간의 뜻과 멀어진 것은 원형을 밝히어 적지 아니한다.

굽도리 다리[髢] 목거리(목병) 무녀리

코끼리 거름(비료) 고름[膿] 노름(도박)

[붙임] 어간에 '-이' 나 '-음' 이외의 모음으로 시작된 접미사가 붙어서 다른 품사로 바뀐 것은 그 어간의 원형을 밝히어 적지 아니한다.

(1) 명사로 바뀐 것

귀머거리 까마귀 너머 뜨더귀 마감 마개

마중 무덤 비렁뱅이 쓰레기 올가미 주검

(2) 부사로 바뀐 것

거뭇거뭇 너무 도로 뜨덤뜨덤 바투

불긋불긋 비로소 오긋오긋 자주 차마

(3) 조사로 바뀌어 뜻이 달라진 것

나마 부터 조차

제20항 명사 뒤에 '-이'가 붙어서 된 말은 그 명사의 원형을 밝히어 적는다.

1. 부사로 된 것

곳곳이 낱낱이 몫몫이 샅샅이 앞앞이 집집이

2. 명사로 된 것

곰배팔이 바둑이 삼발이 애꾸눈이 육손이 절뚝발이/절름발이

[붙임] '-이' 이외이 모음으로 시작된 접미사가 붙어서 된 말은 그 명사의 원형을 밝히어 적지 아니한다.

꼬락서니 끄트머리 모가치 바가지 바깥 사타구니

싸라기 이파리 지붕 지푸라기 짜개

제21항 명사나 혹은 용언의 어간 뒤에 자음으로 시작된 접미사가 붙어서 된 말은 그 명사나 어간의 원형을 밝히어 적는다.

1. 명사 뒤에 자음으로 시작된 접미사가 붙어서 된 것

값지다 홑지다 넋두리 빛깔 옆댕이 잎사귀

2. 어간 뒤에 자음으로 시작된 접미사가 붙어서 된 것

낚시 늙정이 덮개 뜯게질 갉작갉작하다

갉작거리다 뜯적거리다 뜯적뜯적하다 굵다랗다 굵직하다

깊숙하다 넓적하다 높다랗다 늙수그레하다 얽죽얽죽하다

다만, 다음과 같은 말은 소리대로 적는다.

(1) 겹받침의 끝소리가 드러나지 아니하는 것

할짝거리다 널따랗다 널찍하다 말끔하다 말쑥하다

말짱하다 실쭉하다 실큼하다 얄따랗다 얄팍하다

짤따랗다 짤막하다 실컷

(2) 어원이 분명하지 아니하거나 본뜻에서 멀어진 것

넙치 올무 골막하다 납작하다

제22항 용언의 어간에 다음과 같은 접미사들이 붙어서 이루어진 말들은 그 어간을 밝히어 적는다.

1. '-기-, -리-, -이-, -히-, -구-, -우-, -추-, -으키-, -이키-, -애-'가 붙는 것

맡기다 옮기다 웃기다 쫓기다 뚫리다 울리다

낚이다 쌓이다 핥이다 굳히다 굽히다 넓히다

앉히다 얽히다 잡히다 돋구다 솟구다 돋우다

갖추다 곧추다 맞추다 일으키다 돌이키다 없애다

다만, '－이－, －히－, －우－' 가 붙어서 된 말이라도 본뜻에서 멀어진 것은 소리대로 적는다.

도리다(칼로~) 드리다(용돈을~) 고치다 바치다(세금을~)
부치다(편지를~) 거두다 미루다 이루다

2. '－치－, －뜨리－/－트리－' 가 붙는 것

놓치다 덮치다 떠받치다 받치다 밭치다 부딪치다
뻗치다 엎치다 부딪뜨리다/부딪트리다 쏟뜨리다/쏟트리다
젖뜨리다/젖트리다 찢뜨리다/찢트리다 흩뜨리다/흩트리다

[붙임] '－업－, －읍－, －브－' 가 붙어서 된 말은 소리대로 적는다.

미덥다 우습다 미쁘다

제23항 '－하다' 나 '－거리다' 가 붙는 어근에 '－이' 가 붙어서 명사가 된 것은 그 원형을 밝히어 적는다.(ㄱ을 취하고, ㄴ을 버림.)

ㄱ	ㄴ	ㄱ	ㄴ
깔쭉이	깔쭈기	살살이	살사리
꿀꿀이	꿀꾸리	쌕쌕이	쌕쌔기
눈깜짝이	눈깜짜기	오뚝이	오뚜기
더펄이	더퍼리	코납작이	코납자기
배불뚝이	배불뚜기	푸석이	푸서기
삐죽이	삐주기	홀쭉이	홀쭈기

[붙임] '－하다' 나 '－거리다' 가 붙을 수 없는 어근에 '－이' 나 또는 다른 모음으로 시작되는 접미사가 붙어서 명사가 된 것은 그 원형을 밝히어 적지 아니한다.

개구리 귀뚜라미 기러기 깍두기 꽹과리 날라리
누더기 동그라미 두드러기 딱따구리 매미 부스러기
뻐꾸기 얼루기 칼싹두기

제24항 '－거리다' 가 붙을 수 있는 시늉말 어근에 '－이다' 가 붙어서 된 용언은 그 어근을 밝히어 적는다.(ㄱ을 취하고, ㄴ을 버림.)

ㄱ	ㄴ	ㄱ	ㄴ
깜짝이다	깜짜기다	속삭이다	속사기다
꾸벅이다	꾸버기다	숙덕이다	숙더기다
끄덕이다	끄더기다	울먹이다	울머기다
뒤척이다	뒤처기다	움직이다	움지기다
들먹이다	들머기다	지껄이다	지꺼리다
망설이다	망서리다	퍼덕이다	퍼더기다
번득이다	번드기다	허덕이다	허더기다

번쩍이다 번쩌기다 헐떡이다 헐떠기다

제25항 '-하다'가 붙는 어근에 '-히'나 '-이'가 붙어서 부사가 되거나, 부사에 '-이'가 붙어서 뜻을 더하는 경우에는, 그 어근이나 부사의 원형을 밝히어 적는다.

1. '-하다'가 붙는 어근에 '-히'나 '-이'가 붙는 경우

급히 꾸준히 도저히 딱히 어렴풋이 깨끗이

[붙임] '-하다'가 붙지 않는 경우에는 소리대로 적는다.

갑자기 반드시(꼭) 슬며시

2. 부사에 '-이'가 붙어서 역시 부사가 되는 경우

곰곰이 더욱이 생긋이 오뚝이 일찍이 해죽이

제26항 '-하다'나 '-없다'가 붙어서 된 용언은 그 '-하다'나 '-없다'를 밝히어 적는다.

1. '-하다'가 붙어서 용언이 된 것

딱하다 숱하다 착하다 텁텁하다 푹하다

2. '-없다'가 붙어서 용언이 된 것

부질없다 상없다 시름없다 열없다 하염없다

제4절 합성어 및 접두사가 붙는 말

제27항 둘 이상의 단어가 어울리거나 접두사가 붙어서 이루어진 말은 각각 그 원형을 밝히어 적는다.

국말이 꺾꽂이 꽃잎 끝장 물난리
밑천 부엌일 싫증 옷안 웃옷
젖몸살 첫아들 칼날 팥알 헛웃음
홀아비 홑몸 흙내
값없다 겉늙다 굶주리다 낮잡다 맞먹다
받내다 벋놓다 빗나가다 빛나다 새파랗다
샛노랗다 시꺼멓다 싯누렇다 엇나가다 엎누르다
엿듣다 옻오르다 짓이기다 헛되다

[붙임 1] 어원은 분명하나 소리만 특이하게 변한 것은 변한 대로 적는다.

할아버지 할아범

[붙임 2] 어원이 분명하지 아니한 것은 원형을 밝히어 적지 아니한다.

골병 골탕 끌탕 며칠 아재비 오라비
업신여기다 부리나케

[붙임 3] '이[齒, 虱]'가 합성어나 이에 준하는 말에서 '니' 또는 '리'로 소리날 때에는 '니'로 적는다.

간니 덧니 사랑니 송곳니 앞니 어금니
윗니 젓니 톱니 틀니 가랑니 머릿니

제28항　끝소리가 'ㄹ'인 말과 딴 말이 어울릴 적에 'ㄹ' 소리가 나지 아니하는 것은 아니 나는 대로 적는다.

다달이(달–달–이)	따님(딸–님)	마되(말–되)
마소(말–소)	무자위(물–자위)	바느질(바늘–질)
부나비(불–나비)	부삽(불–삽)	부손(불–손)
소나무(솔–나무)	싸전(쌀–전)	여닫이(열–닫이)
우짖다(울–짖다)	화살(활–살)	

제29항　끝소리가 'ㄹ'인 말과 딴 말이 어울릴 적에 'ㄹ' 소리가 'ㄷ' 소리로 나는 것은 'ㄷ'으로 적는다.

반짇고리(바느질~)	사흗날(사흘~)	삼짇날(삼질~)	섣달(설~)
숟가락(술~)	이튿날(이틀~)	잗주름(잘~)	푿소(풀~)
섣부르다(설~)	잗다듬다(잘~)	잗다랗다(잘~)	

제30항　사이시옷은 다음과 같은 경우에 받치어 적는다.

1. 순 우리말로 된 합성어로서 앞말이 모음으로 끝난 경우

(1) 뒷말의 첫소리가 된소리로 나는 것

고랫재	귓밥	나룻배	나뭇가지	냇가	댓가지
뒷갈망	맷돌	머릿기름	모깃불	못자리	바닷가
뱃길	볏가리	부싯돌	선짓국	쇳조각	아랫집
우렁잇속	잇자국	잿더미	조갯살	찻집	쳇바퀴
킷값	핏대	햇볕	혓바늘		

(2) 뒷말의 첫소리 'ㄴ, ㅁ' 앞에서 'ㄴ' 소리가 덧나는 것

멧나물	아랫니	텃마당	아랫마을	뒷머리
잇몸	깻묵	냇물	빗물	

(3) 뒷말의 첫소리 모음 앞에서 'ㄴㄴ' 소리가 덧나는 것

도리깻열	뒷윷	두렛일	뒷일	뒷입맛
베갯잇	욧잇	깻잎	나뭇잎	댓잎

2. 순 우리말과 한자어로 된 합성어로서 앞말이 모음으로 끝난 경우

(1) 뒷말의 첫소리가 된소리로 나는 것

귓병	머릿방	뱃병	봇둑	사잣밥
샛강	아랫방	자릿세	전셋집	찻잔
찻종	촛국	콧병	탯줄	텃세
핏기	햇수	횟가루	횟배	

(2) 뒷말의 첫소리 'ㄴ, ㅁ' 앞에서 'ㄴ' 소리가 덧나는 것

곗날	제삿날	훗날	툇마루	양칫물

(3) 뒷말의 첫소리 모음 앞에서 'ㄴㄴ' 소리가 덧나는 것

가욋일　　사삿일　　예삿일　　훗일

3. 두 음절로 된 다음 한자어

곳간(庫間)　　셋방(貰房)　　숫자(數字)

찻간(車間)　　툇간(退間)　　횟수(回數)

第31항　두 말이 어울릴 적에 'ㅂ' 소리나 'ㅎ' 소리가 덧나는 것은 소리대로 적는다.

1. 'ㅂ' 소리가 덧나는 것

댑싸리(대ㅂ싸리)　　멥쌀(메ㅂ쌀)　　볍씨(벼ㅂ씨)

입때(이ㅂ때)　　입쌀(이ㅂ쌀)　　접때(저ㅂ때)

좁쌀(조ㅂ쌀)　　햅쌀(해ㅂ쌀)

2. 'ㅎ' 소리가 덧나는 것

머리카락(머리ㅎ가락)　　살코기(살ㅎ고기)　　수캐(수ㅎ개)

수컷(수ㅎ것)　　수탉(수ㅎ닭)　　안팎(안ㅎ밖)

암캐(암ㅎ개)　　암컷(암ㅎ것)　　암탉(암ㅎ닭)

第5절　준말

第32항　단어의 끝 모음이 줄어지고 자음만 남은 것은 그 앞의 음절에 받침으로 적는다.

본말	준말	본말	준말
기러기야	기럭아	온가지	온갖
어제그저께	엊그저께	가지고, 가지지	갖고, 갖지
어제저녁	엊저녁	디디고, 디디지	딛고, 딛지

第33항　체언과 조사가 어울려 줄어지는 경우에는 준 대로 적는다.

본말	준말	본말	준말
그것은	그건	너는	넌
그것이	그게	너를	널
그것으로	그걸로	나는	난
무엇을	뭣을 / 무얼 / 뭘	나를	날
무엇이	뭣이 / 무에		

第34항　모음 'ㅏ, ㅓ' 로 끝난 어간에 '-아/-어, -았-/-었-' 이 어울릴 적에는 준 대로 적는다.

본말	준말	본말	준말
가아	가	가았다	갔다
나아	나	나았다	났다
타아	타	타았다	탔다

서어	서	서었다	섰다
켜어	켜	켜었다	켰다
펴어	펴	펴었다	폈다

[붙임 1] 'ㅐ, ㅔ' 뒤에 '-어, -었-'이 어울려 줄 적에는 준 대로 적는다.

본말	준말	본말	준말
개어	개	개었다	갰다
내어	내	내었다	냈다
베어	베	베었다	벴다
세어	세	세었다	셌다

[붙임 2] '하여'가 한 음절로 줄어서 '해'로 될 적에는 준 대로 적는다.

본말	준말	본말	준말
하여	해	하였다	했다
더하여	더해	더하였다	더했다
흔하여	흔해	흔하였다	흔했다

제35항 모음 'ㅗ, ㅜ'로 끝난 어간에 '-아/-어, -았-/-었-'이 어울려 'ㅘ/ㅝ, ㅘㅆ/ㅝㅆ'으로 될 적에는 준 대로 적는다.

본말	준말	본말	준말
꼬아	꽈	꼬았다	꽜다
보아	봐	보았다	봤다
쏘아	쏴	쏘았다	쐈다
두어	둬	두었다	뒀다
쑤어	쒀	쑤었다	쒔다
주어	줘	주었다	줬다

[붙임 1] '놓아'가 '놔'로 줄 적에는 준 대로 적는다.

[붙임 2] 'ㅚ' 뒤에 '-어, -었-'이 어울려 'ㅙ, ㅙㅆ'으로 될 적에는 준 대로 적는다.

본말	준말	본말	준말
괴어	괘	괴었다	괬다
되어	돼	되었다	됐다
뵈어	봬	뵈었다	뵀다
쇠어	쇄	쇠었다	쇘다
쐬어	쐐	쐬었다	쐤다

제36항 'ㅣ' 뒤에 '어'가 와서 'ㅕ'로 줄 적에는 준 대로 적는다.

본말	준말	본말	준말
가지어	가져	가지었다	가졌다

견디어	견뎌	견디었다	견뎠다
다니어	다녀	다니었다	다녔다
막히어	막혀	막히었다	막혔다
버티어	버텨	버티었다	버텼다
치이어	치여	치이었다	치였다

제37항 'ㅏ, ㅕ, ㅗ, ㅜ, ㅡ'로 끝난 어간에 '-이-'가 와서 각각 'ㅐ, ㅔ, ㅚ, ㅟ, ㅢ'로 줄 적에는 준 대로 적는다.

본말	준말	본말	준말
싸이다	쌔다	누이다	뉘다
펴이다	폐다	뜨이다	띄다
보이다	뵈다	쓰이다	씌다

제38항 'ㅏ, ㅗ, ㅜ, ㅡ' 뒤에 '-이어'가 어울려 줄어질 적에는 준대로 적는다.

본말	준말	본말	준말
싸이어	쌔어 싸여	뜨이어	띄어
보이어	뵈어 보여	쓰이어	씌어 쓰여
쏘이어	쐬어 쏘여	트이어	틔어 트여
누이어	뉘어 누여		

제39항 어미 '-지' 뒤에 '않-'이 어울려 '-잖-'이 될 적과 '-하지' 뒤에 '않-'이 어울려 '-찮-'이 될 적에는 준 대로 적는다.

본말	준말	본말	준말
그렇지 않은	그렇잖은	만만하지 않다	만만찮다
적지 않은	적잖은	변변하지 않다	변변찮다

제40항 어간의 끝 음절 '하'의 'ㅏ'가 줄고, 'ㅎ'이 다음 음절의 첫소리와 어울려 거센소리로 될 적에는 거센소리로 적는다.

본말	준말	본말	준말
간편하게	간편케	다정하다	다정타
연구하도록	연구토록	정결하다	정결타
가하다	가타	흔하다	흔타

[붙임 1] 'ㅎ'이 어간의 끝소리로 굳어진 것은 받침으로 적는다.

않다	않고	않지	않든지
그렇다	그렇고	그렇지	그렇든지
아무렇다	아무렇고	아무렇지	아무렇든지
어떻다	어떻고	어떻지	어떻든지
이렇다	이렇고	이렇지	이렇든지

	저렇다	저렇고	저렇지	저렇든지

[붙임 2] 어간의 끝 음절 '하'가 아주 줄 적에는 준 대로 적는다.

본말	준말	본말	준말
거북하지	거북지	넉넉하지 않다	넉넉지 않다
생각하건대	생각건대	못하지 않다	못지 않다
생각하다 못하여	생각다 못해	섭섭하지 않다	섭섭지 않다
깨끗하지 않다	깨끗지 않다	익숙하지 않다	익숙지 않다

[붙임 3] 다음과 같은 부사는 소리대로 적다.

결단코　결코　기필코　무심코　아무튼　요컨대
정녕코　필연코　하마터면　하여튼　한사코

제 5 장 띄어쓰기

제1절 조사

제41항 조사는 그 앞말에 붙여 쓴다.

꽃이　꽃마저　꽃밖에　꽃에서부터　꽃으로만
꽃이나마　꽃이다　꽃입니다　꽃처럼　어디까지나
거기도　멀리는　웃고만

제2절 의존 명사, 단위를 나타내는 명사 및 열거하는 말 등

제42항 의존 명사는 띄어 쓴다.

아는 것이 힘이다.　나도 할 수 있다.
먹을 만큼 먹어라.　아는 이를 만났다.
네가 뜻한 바를 알겠다.　그가 떠난 지가 오래다.

제43항 단위를 나타내는 명사는 띄어 쓴다.

한 개　차 한 대　금 서 돈
소 한 마리　옷 한 벌　열 살
조기 한 손　연필 한 자루　버선 한 죽
집 한 채　신 두 켤레　북어 한 쾌

다만, 순서를 나타내는 경우나 숫자와 어울리어 쓰이는 경우에는 붙여 쓸 수 있다.

두시 삼십분 오초　제일과　삼학년　육층

1446년 10월 9일 2대대 16동 502호 제1실습실
80원 10개 7미터

제44항 수를 적을 적에는 만(萬) 단위로 띄어 쓴다.

십이억 삼천사백오십육만 칠천팔백구십팔
12억 3456만 7898

제45항 두 말을 이어 주거나 열거할 적에 쓰이는 말들은 띄어 쓴다.

국장 겸 과장	열 내지 스물
청군 대 백군	책상, 걸상 등이 있다.
이사장 및 이사들	사과, 배, 귤 등등
사과, 배 등속	부산, 광주 등등

제46항 단음절로 된 단어가 연이어 나타날 적에는 붙여 쓸 수 있다.

그때 그곳 좀더 큰것 이말 저말 한잎 두잎

제3절 보조 용언

제47항 보조 용언은 띄어 씀을 원칙으로 하되, 경우에 따라 붙여 씀도 허용한다.(ㄱ을 원칙으로 하고, ㄴ을 허용함.)

ㄱ	ㄴ
불이 꺼져 간다.	불이 꺼져간다.
내 힘으로 막아 낸다.	내 힘으로 막아낸다.
어머니를 도와 드린다.	어머니를 도와드린다.
그릇을 깨뜨려 버렸다.	그릇을 깨뜨려버렸다.
비가 올 듯하다.	비가 올듯하다.
그 일은 할 만하다.	그 일은 할만하다.
일이 될 법하다.	일이 될법하다.
비가 올 성싶다.	비가 올성싶다.
잘 아는 척한다.	잘 아는척한다.

다만, 앞말에 조사가 붙거나 앞말이 합성 동사인 경우, 그리고 중간에 조사가 들어갈 적에는 그 뒤에 오는 보조 용언은 띄어 쓴다.

잘도 놀아만 나는구나!	책을 읽어도 보고…….
네가 덤벼들어 보아라.	강물에 떠내려가 버렸다.
그가 올 듯도 하다.	잘난 체를 한다.

제4절 고유 명사 및 전문 용어

제48항 성과 이름, 성과 호 등은 붙여 쓰고, 이에 덧붙는 호칭어, 관직명 등은 띄어 쓴다.

김양수(金良洙) 서화담(徐花潭) 채영신 씨

최치원 선생 박동식 박사 충무공 이순신 장군

다만, 성과 이름, 성과 호를 분명히 구분할 필요가 있을 경우에는 띄어 쓸 수 있다.

남궁억/남궁 억 독고준/독고 준 황보지봉(皇甫芝峰)/황보 지봉

제49항 성명 이외의 고유 명사는 단어별로 띄어 씀을 원칙으로 하되, 단위별로 띄어 쓸 수 있다.(ㄱ을 원칙으로 하고, ㄴ을 허용함.)

ㄱ	ㄴ
대한 중학교	대한중학교
한국 대학교 사범 대학	한국대학교 사범대학

제50항 전문 용어는 단어별로 띄어 씀을 원칙으로 하되, 붙여 쓸 수 있다.(ㄱ을 원칙으로 하고, ㄴ을 허용함.)

ㄱ	ㄴ
만성 골수성 백혈병	만성골수성백혈병
중거리 탄도 유도탄	중거리탄도유도탄

제6장 그 밖의 것

제51항 부사의 음절이 분명히 '이'로만 나는 것은 '-이'로 적고, '히'로만 나거나 '이'나 '히'로 나는 것은 '-히'로 적는다.

1. '이'로만 나는 것

가붓이	깨끗이	나붓이	느긋이	둥긋이
따뜻이	반듯이	버젓이	산뜻이	의젓이
가까이	고이	날카로이	대수로이	번거로이
많이	적이	헛되어	겹겹이	번번이
일일이	집집이	틈틈이		

2. '히'로만 나는 것

극히	급히	딱히	속히	작히
족히	특히	엄격히	정확히	

3. '이, 히'로 나는 것

솔직히	가만히	간편히	나른히	무단히

각별히	소홀히	쓸쓸히	정결히	과감히
꼼꼼히	심히	열심히	급급히	답답히
섭섭히	공평히	능히	당당히	분명히
상당히	조용히	간소히	고요히	도저히

제52항 한자어에서 본음으로도 나고 속음으로도 나는 것은 각각 그 소리에 따라 적는다.

(본음으로 나는 것)	(속음으로 나는 것)
승낙(承諾)	수락(受諾), 쾌락(快諾), 허락(許諾)
만난(萬難)	곤란(困難), 논란(論難)
안녕(安寧)	의령(宜寧), 회령(會寧)
분노(忿怒)	대로(大怒), 희로애락(喜怒哀樂)
오륙십(五六十)	오뉴월, 유월(六月)
목재(木材)	모과(木瓜)
십일(十日)	시방정토(十方淨土), 시왕(十王), 시월(十月)
팔일(八日)	초파일(初八日)

제53항 다음과 같은 어미는 예사소리로 적는다.(ㄱ을 취하고, ㄴ을 버림.)

ㄱ	ㄴ	ㄱ	ㄴ
-(으)ㄹ거나	-(으)ㄹ꺼나	-(으)ㄹ지	-(으)ㄹ찌
-(으)ㄹ걸	-(으)ㄹ껄	-(으)ㄹ지니라	-(으)ㄹ찌니라
-(으)ㄹ게	-(으)ㄹ께	-(으)ㄹ지어다	-(으)ㄹ찌어다
-(으)ㄹ세	-(으)ㄹ쎄	-(으)ㄹ지언정	-(으)ㄹ찌언정
-(으)ㄹ세라	-(으)ㄹ쎄라	-(으)ㄹ진대	-(으)ㄹ찐대
-(으)ㄹ수록	-(으)ㄹ쑤록	-(으)ㄹ진저	-(으)ㄹ찐저
-(으)ㄹ시	-(으)ㄹ씨	-올시다	-올씨다

다만, 의문을 나타내는 다음 어미들은 된소리로 적는다.

-(으)ㄹ까? -(으)ㄹ꼬? -(스)ㅂ니까? -(으)리까? -(으)ㄹ쏘냐?

제54항 다음과 같은 접미사는 된소리로 적는다.(ㄱ을 취하고, ㄴ을 버림.)

ㄱ	ㄴ	ㄱ	ㄴ
심부름꾼	심부름군	귀때기	귓대기
익살꾼	익살군	볼때기	볼대기
일꾼	일군	판자때기	판잣대기
장꾼	장군	뒤꿈치	뒤굼치
장난꾼	장난군	팔꿈치	팔굼치
지게꾼	지겟군	이마빼기	이맛배기
때깔	땟갈	코빼기	콧배기

빛깔	빛갈	객쩍다	객적다
성깔	성갈	겸연쩍다	겸연적다

제55항 두 가지로 구별하여 적던 다음 말들은 한 가지로 적는다.(ㄱ을 취하고, ㄴ을 버림.)

ㄱ	ㄴ
맞추다(입을 맞춘다. 양복을 맞춘다.)	마추다
뻗치다(다리를 뻗친다. 멀리 뻗친다.)	뻐치다

제56항 '-더라, -던'과 '-든지'는 다음과 같이 적는다.

1. 지난 일을 나타내는 어미는 '-더라, -던'으로 적는다.(ㄱ을 취하고, ㄴ을 버림.)

ㄱ	ㄴ
지난 겨울은 몹시 춥더라.	지난 겨울은 몹시 춥드라.
깊던 물이 얕아졌다.	깊든 물이 얕아졌다.
그렇게 좋던가?	그렇게 좋든가?
그 사람 말 잘하던데!	그 사람 말 잘하든데!
얼마나 놀랐던지 몰라.	얼마나 놀랐든지 몰라.

2. 물건이나 일의 내용을 가리지 아니하는 뜻을 나타내는 조사와 어미는 '(-)든지'로 적는다.(ㄱ을 취하고, ㄴ을 버림.)

ㄱ	ㄴ
배든지 사과든지 마음대로 먹어라.	배던지 사과던지 마음대로 먹어라.
가든지 오든지 마음대로 해라.	가던지 오던지 마음대로 해라.

제57항 다음 말들은 각각 구별하여 적는다.

가름	둘로 가름
갈음	새 책상으로 갈음하였다.
거름	풀을 썩인 거름
걸음	빠른 걸음
거치다	영월을 거쳐 왔다.
걷히다	외상값이 잘 걷힌다.
걷잡다	걷잡을 수 없는 상태
겉잡다	겉잡아서 이틀 걸릴 일
그러므로(그러니까)	그는 부지런하다. 그러므로 잘 산다.
그럼으로(써)	그는 열심히 공부한다. 그럼으로(써)

(그렇게 하는 것으로)	은혜에 보답한다.
노름	노름판이 벌어졌다.
놀음(놀이)	즐거운 놀음
느리다	진도가 너무 느리다.
늘이다	고무줄을 늘인다.
늘리다	수출량을 더 늘린다.
다리다	옷을 다린다.
달이다	약을 달인다.
다치다	부주의로 손을 다쳤다.
닫히다	문이 저절로 닫혔다.
닫치다	문을 힘껏 닫쳤다.
마치다	벌써 일을 마쳤다.
맞히다	여러 문제를 더 맞혔다.
목거리	목거리가 덧났다.
목걸이	금 목걸이, 은 목걸이
바치다	나라를 위해 목숨을 바쳤다.
받치다	우산을 받치고 간다. 책받침을 받친다.
받히다	쇠뿔에 받혔다.
밭치다	술을 체에 밭친다.
반드시	약속은 반드시 지켜라.
반듯이	고개를 반듯이 들어라.
부딪치다	차와 차가 마주 부딪쳤다.
부딪히다	마차가 화물차에 부딪혔다.
부치다	힘이 부치는 일이다.
	편지를 부친다.

	논밭을 부친다.
	빈대떡을 부친다.
	식목일에 부치는 글
	회의에 부치는 안건
	인쇄에 부치는 원고
	삼촌 집에 숙식을 부친다.
붙이다	우표를 붙인다.
	책상을 벽에 붙였다.
	흥정을 붙인다.
	불을 붙인다.
	감시원을 붙인다.
	조건을 붙인다.
	취미를 붙인다.
	별명을 붙인다.

시키다	일을 시킨다.
식히다	끓인 물을 식힌다.

아름	세 아름 되는 둘레
알음	전부터 알음이 있는 사이
앎	앎이 힘이다.

안치다	밥을 안친다.
앉히다	윗자리에 앉힌다.

어름	두 물건의 어름에서 일어난 현상
얼음	얼음이 얼었다.

이따가	이따가 오너라.
있다가	돈은 있다가도 없다.

저리다	다친 다리가 저린다.
절이다	김장 배추를 절인다.

조리다	생선을 조린다. 통조림, 병조림
졸이다	마음을 졸인다.
주리다	여러 날을 주렸다.
줄이다	비용을 줄인다.
하노라고	하노라고 한 것이 이 모양이다.
하느라고	공부하느라고 밤을 새웠다.
−느니보다(어미)	나를 찾아 오느니보다 집에 있거라.
−는 이보다(의존 명사)	오는 이가 가는 이보다 많다.
−(으)리만큼(어미)	나를 미워하리만큼 그에게 잘못한 일이 없다.
−(으)ㄹ 이만큼(의존 명사)	찬성할 이도 반대할 이만큼이나 많을 것이다.
−(으)러(목적)	공부하러 간다.
−(으)려(의도)	서울 가려 한다.
−(으)로서(자격)	사람으로서 그럴 수는 없다.
−(으)로써(수단)	닭으로써 꿩을 대신했다.
−(으)므로(어미)	그가 나를 믿으므로 나도 그를 믿는다.
(−ㅁ, −음)으로 (써)(조사)	그는 믿음으로(써) 산 보람을 느꼈다.

| 문장 부호 |

문장 부호의 이름과 그 사용법은 다음과 같이 정한다.

Ⅰ. 마침표[終止符]

1. 온점(.), 고리점(。)

가로쓰기에는 온점, 세로쓰기에는 고리점을 쓴다.

(1) 서술, 명령, 청유 등을 나타내는 문장의 끝에 쓴다.

젊은이는 나라의 기둥이다.

황금 보기를 돌같이 하라.

집으로 돌아가자.

다만, 표제어나 표어에는 쓰지 않는다.

압록강은 흐른다(표제어)

꺼진 불도 다시 보자(표어)

(2) 아라비아 숫자만으로 연월일을 표시할 적에 쓴다.

1919. 3. 1. (1919년 3월 1일)

(3) 표시 문자 다음에 쓴다.

1. 마침표　　　ㄱ. 물음표　　　가. 인명

(4) 준말을 나타내는 데 쓴다.

서. 1987. 3. 5. (서기)

2. 물음표(?)

의심이나 물음을 나타낸다.

(1) 직접 질문할 때에 쓴다.

이제 가면 언제 돌아오니?

이름이 뭐지?

(2) 반어나 수사 의문(修辭疑問)을 나타낼 때 쓴다.

제가 감히 거역할 리가 있습니까?

이게 은혜에 대한 보답이냐?

남북 통일이 되면 얼마나 좋을까?

(3) 특정한 어구 또는 그 내용에 대하여 의심이나 빈정거림, 비웃음 등을 표시할 때, 또는 적절한 말을

쓰기 어려운 경우에 소괄호 안에 쓴다.

그것 참 훌륭한(?) 태도야.

우리 집 고양이가 가출(?)을 했어요.

[붙임 1] 한 문장에서 몇 개의 선택적인 물음이 겹쳤을 때에는 맨 끝의 물음에만 쓰지만, 각각 독립된 물음인 경우에는 물음마다 쓴다.

너는 한국인이냐, 중국인이냐?

너는 언제 왔니? 어디서 왔니? 무엇하러?

[붙임 2] 의문형 어미로 끝나는 문장이라도 의문의 정도가 약할 때에는 물음표 대신 온점(또는 고리점)을 쓸 수도 있다.

이 일을 도대체 어쩐단 말이냐.

아무도 그 일에 찬성하지 않을 거야. 혹 미친 사람이면 모를까.

3. 느낌표(!)

감탄이나 놀람, 부르짖음, 명령 등 강한 느낌을 나타낸다.

(1) 느낌을 힘차게 나타내기 위해 감탄사나 감탄형 종결어미 다음에 쓴다.

앗!

아, 달이 밝구나!

(2) 강한 명령문 또는 청유문에 쓴다.

지금 즉시 대답해!

부디 몸조심하도록!

(3) 감정을 넣어 다른 사람을 부르거나 대답할 적에 쓴다.

춘향아!

예, 도련님!

(4) 물음의 말로써 놀람이나 항의의 뜻을 나타내는 경우에 쓴다.

이게 누구야!

내가 왜 나빠!

[붙임 3] 감탄형 어미로 끝나는 문장이라도 감탄의 정도가 약할 때에는 느낌표 대신 온점(또는 고리점)을 쓸 수도 있다.

개구리가 나온 것을 보니, 봄이 오긴 왔구나.

II. 쉼표[休止符]

1. 반점(,), 모점(、)

가로쓰기에는 반점, 세로쓰기에는 모점을 쓴다.

문장 안에서 짧은 휴지를 나타낸다.

(1) 같은 자격의 어구가 열거될 때에 쓴다.

근면, 검소, 협동은 우리 겨레의 미덕이다.

충청도의 계룡산, 전라도의 내장산, 강원도의 설악산은 모두 국립 공원이다.

다만, 조사로 연결될 적에는 쓰지 않는다.

매화와 난초와 국화와 대나무를 사군자라고 한다.

(2) 짝을 지어 구별할 필요가 있을 때에 쓴다.

닭과 지네, 개와 고양이는 상극이다.

(3) 바로 다음의 말을 꾸미지 않을 때에 쓴다.

슬픈 사연을 간직한, 경주 불국사의 무영탑

성질 급한, 철수의 누이동생이 화를 내었다.

(4) 대등하거나 종속적인 절이 이어질 때에 절 사이에 쓴다.

콩 심으면 콩 나고, 팥 심으면 팥 난다.

흰 눈이 내리니, 경치가 더욱 아름답다.

(5) 부르는 말이나 대답하는 말 뒤에 쓴다.

얘야, 이리 오너라.

예, 지금 가겠습니다.

(6) 제시어 다음에 쓴다.

빵, 빵이 인생의 전부이더냐?

용기, 이것이야말로 무엇과도 바꿀 수 없는 젊은이의 자산이다.

(7) 도치된 문장에 쓴다.

이리 오세요, 어머님.

다시 보자, 한강수야.

(8) 가벼운 감탄을 나타내는 말 뒤에 쓴다.

아, 깜빡 잊었구나.

(9) 문장 첫머리의 접속이나 연결을 나타내는 말 다음에 쓴다.

첫째, 몸이 튼튼해야 된다.

아무튼, 나는 집에 돌아가겠다.

다만, 일반적으로 쓰이는 접속어(그러나, 그러므로, 그리고, 그런데 등) 뒤에는 쓰지 않음을 원칙으로 한다.

그러나 너는 실망할 필요가 없다.

(10) 문장 중간에 끼어든 구절 앞뒤에 쓴다.

나는, 솔직히 말하면, 그 말이 별로 탐탁하지 않소.

철수는 미소를 띠고, 속으로는 화가 치밀었지만, 그들을 맞았다.

(11) 되풀이를 피하기 위하여 한 부분을 줄일 때에 쓴다.

여름에는 바다에서, 가을에는 산에서 휴가를 즐겼다.

(12) 문맥상 끊어 읽어야 할 곳에 쓴다.

갑돌이가 울면서, 떠나는 갑순이를 배웅했다.

갑돌이가, 울면서 떠나는 갑순이를 배웅했다.

철수가, 내가 제일 좋아하는 친구이다.

남을 괴롭히는 사람들은, 만약 그들이 다른 사람에게 괴롭힘을 당해 본다면, 남을 괴롭히는 일이 얼마나 나쁜 일인지 깨달을 것이다.

(13) 숫자를 나열할 때에 쓴다.

1, 2, 3, 4

(14) 수의 폭이나 개략의 수를 나타낼 때에 쓴다.

5, 6세기　　　6, 7개

(15) 수의 자릿점을 나타낼 때에 쓴다.

14,314

2. 가운뎃점(·)

열거된 여러 단위가 대등하거나 밀접한 관계임을 나타낸다.

(1) 쉼표로 열거된 어구가 다시 여러 단위로 나누어질 때에 쓴다.

철수 · 영이, 영수 · 순이가 서로 짝이 되어 윷놀이를 하였다.

공주 · 논산, 천안 · 아산 · 천원 등 각 지역구에서 2명씩 국회의원을 뽑는다.

시장에 가서 사과 · 배 · 복숭아 · 고추 · 마늘 · 파, 조기 · 명태 · 고등어를 샀다.

(2) 특정한 의미를 가지는 날을 나타내는 숫자에 쓴다.

3 · 1 운동　　　8 · 15 광복

(3) 같은 계열의 단어 사시에 쓴다.

경북 방언의 조사 연구

충북 충남 두 도를 합하여 충청도라고 한다.

동사 형용사를 합하여 용언이라고 한다.

3. 쌍점(:)

(1) 내포되는 종류를 들 적에 쓴다.

문장부호 : 마침표, 쉼표, 따옴표, 물음표 등

문장사우 : 붓, 먹, 벼루, 종이

(2) 소표제 뒤에 간단한 설명이 붙을 때에 쓴다.

일　시 : 1984년 10월 15일 10시

마침표 : 문장이 끝남을 나타낸다.

(3) 저자명 다음에 저서명을 적을 때에 쓴다.

정약용 : 목민심서, 경세유표

주시경 : 국어 문법, 서울 박문서관, 1910.

(4) 시(時)와 분(分), 장(章)과 절(節) 따위를 구별할 때나, 둘 이상을 대비할 때에 쓴다.

오전 10 : 20(오전 10시 20분)

요한 3 : 16(요한복음 3장 16절)

대비 65 : 60(65 대 60)

4. 빗금(/)

(1) 대응, 대립되거나 대등한 것을 함께 보이는 단어와 구, 절 사이에 쓴다.

남궁만/남궁 만　　　　백이십오 원/125원

착한 사람/악한 사람　　　　맞닥뜨리다/맞닥트리다

(2) 분수를 나타낼 때에 쓰기도 한다.

3/4분기　　　　3/20

III. 따옴표[引用符]

1. 큰따옴표(" "), 겹낫표(『 』)

가로쓰기에는 큰따옴표, 세로쓰기에는 겹낫표를 쓴다.

대화, 인용, 특별 어구 따위를 나타낸다.

(1) 글 가운데서 직접 대화를 표시할 때에 쓴다.

"전기가 없었을 때는 어떻게 책을 보았을까?"

"그야 등잔불을 켜고 보았겠지,"

(2) 남의 말을 인용할 경우에 쓴다.

예로 부터 "민심은 천심이다."라고 하였다.

"사람은 사회적 동물이다."라고 말한 학자가 있다.

2. 작은따옴표(' '), 낫표(「 」)

가로쓰기에는 작은따옴표, 세로쓰기에는 낫표를 쓴다.

(1) 따온 말 가운데 다시 따온 말이 들어 있을 때에 쓴다.

"여러분! 침착해야 됩니다. '하늘이 무너져도 솟아날 구멍이 있다.' 고 합니다."

(2) 마음 속으로 한 말을 적을 때에 쓴다.

'만약 내가 이런 모습으로 돌아간다면 모두들 깜짝 놀라겠지.'

[붙임] 문장에서 중요한 부분을 두드러지게 하기 위해 드러냄표 대신에 쓰기도 한다.

지금 필요한 것은 '지식' 이 아니라 '실천' 입니다.

'배부른 돼지' 보다는 '배고픈 소크라테스' 가 되겠다.

Ⅳ. 묶음표[括弧符]

1. 소괄호(( ))

(1) 원어, 연대, 주석, 설명 등을 넣을 적에 쓴다.

커피(coffee)는 기호 식품이다.

3 · 1운동(1919) 당시 나는 중학생이었다.

'무정(無情)' 은 춘원(6 · 25때 납북)의 작품이다.

니체(독일의 철학자)는 이렇게 말했다.

(2) 특히 기호 또는 기호적인 구실을 하는 문자, 단어, 구에 쓴다.

(1) 주어　　(ㄱ) 명사　　(라) 소리에 관한 것

(3) 빈 자리임을 나타낼 적에 쓴다.

우리 나라의 수도는 ( )이다.

2. 중괄호({ })

여러 단위를 동등하게 묶어서 보일 때에 쓴다.

주격 조사 { 이 / 가 }　　국가의 3 요소 { 국토 / 국민 / 주권 }

3. 대괄호([ ])

(1) 묶음표 안의 말이 바깥 말과 음이 다를 때에 쓴다.

나이[年歲]　　낱말[單語]　　손발[手足]

(2) 묶음표 안에 또 묶음표가 있을 때에 쓴다.

명령에 있어서의 불확실[단호(斷乎)하지 못함]은 복종에 있어서의 불확실[모호(模湖)함]을 낳는다.

V. 이음표[연결부]

1. 줄표(–)

이미 말한 내용을 다른 말로 부연 하거나 보충함을 나타낸다.

(1) 문장 중간에 앞의 내용에 대해 부연하는 말이 끼여들 때 쓴다.

그 신동은 네 살에–보통 아이 같으면 천자문도 모를 나이에–벌써 시를 지었다.

(2) 앞의 말을 정정 또는 변명하는 말이 이어질 때 쓴다.

어머님께 말했다가–아니, 말씀드렸다가-꾸중만 들었다.

이건 내 것이니까–아니, 내가 처음 발견한 것이니까–절대로 양보 할 수가 없다.

2. 붙임표(–)

(1) 사전, 논문 등에서 합성어를 나타낼 적에, 또는 접사나 어미임을 나타낼 적에 쓴다.

겨울–나그네　　불–구경　　손–발

휘–날리다　　슬기–롭다　　–(으)ㄹ걸

(2) 외래어와 고유어 또는 한자어가 결합되는 경우에 쓴다.

나일론–실　　다–장조　　빛–에너지　　염화–칼륨

3. 물결표(~)

(1) '내지' 라는 뜻에 쓴다.

9월 15일~9월 25일

(2) 어떤 말의 앞이나 뒤에 들어갈 말 대신 쓴다.

새마을 :　~운동　　~노래

–가(家)– : 음악~　　~미술

VI. 드러냄표[顯在符]

1. 드러냄표(˙, ˚)

˙이나 ˚을 가로쓰기에는 글자 위에, 세로쓰기에는 글자 오른쪽에 쓴다.

문장 내용 중에서 주의가 미쳐야 할 곳이나 중요한 부분을 특별히 드러내 보일 때 쓴다.

한글의 본 이름은 훈민정음이다.

중요한 것은 왜 사느냐가 아니라 어떻게 사느냐 하는 문제이다.

[붙임] 가로쓰기에서는 밑줄(---, ~~)을 치기도 한다.

다음 보기에서 명사가 아닌 것은?

VII. 안드러냄표[潛在符]

1. 숨김표(××, ○○)

알면서도 고의로 드러내지 않음을 나타낸다.

(1) 금기어나 공공연히 쓰기 어려운 비속어의 경우, 그 글자의 수효 만큼 쓴다.

배운 사람 입에서 어찌 ○○○란 말이 나올 수 있느냐?

그 말을 듣는 순간 ×××란 말이 목구멍까지 치밀었다.

(2) 비밀을 유지할 사항일 경우, 그 글자의 수효만큼 쓴다.

육군 ○○부대 ○○○명이 작전에 참가 하였다.

그 모임의 참석자는 김××씨, 정××씨 등 5명이었다.

2. 빠짐표(□)

글자의 자리를 비워 둠을 나타낸다.

(1) 옛 비문이나 서적 등에서 글자가 분명하지 않을 때에 그 글자의 수효 만큼 쓴다.

大師爲法主□□賴之大□薦(옛 비문)

(2) 글자가 들어가야 할 자리를 나타낼 때 쓴다.

훈민정음의 초성 중에서 아음(牙音)은 □□□의 석 자다.

3. 줄임표(……)

(1) 할 말을 줄였을 때에 쓴다.

"어디 나하고 한 번……."
하고 철수가 나섰다.

(2) 말이 없음을 나타낼 때에 쓴다.

"빨리 말해!"
"……."

V 명저 백선 목록

영남대학교는 2009년도에 '고전 백선 추천위원회'를 구성하고, 문학, 역사, 철학, 경제, 과학, 시, 예술 등의 분야에서 동서고금의 대표적 명저 100권을 선정하였다. 선정된 명저 백선 리스트를 2009년부터 학교 홈페이지 'Y형인재교육' 내 '인성함양' 코너에 게시해 두었다. 게시된 명저 백선 리스트는 한글 자모의 순으로 제시되었으며 각 명저 리스트에 대해서는 한쪽 분량의 해제도 함께 제공하였다. 해제의 내용은 '작가 소개', '추천 이유', '명저 내용 요약' 등으로 구성하여 명저에 대한 학생들의 접근성을 높였다. 한편 학교 홈페이지 'Y형인재교육' 내 '명저 읽기와 글쓰기' 코너에는 영남대학교 선정 명저 리스트뿐만 아니라 칭화대학교와 시카고대학교 선정 고전 리스트를 함께 올려 학생 스스로 자신의 능력과 필요에 맞게 단계별 독서를 할 수 있도록 하였다.

번호	도서명	저자
1	간디 자서전	마하트마 간디
2	감시와 처벌	미셸 푸코
3	강의	신영복
4	거대한 전환	칼 폴라니
5	거의 모든 것의 역사	빌 브라이슨
6	고리오 영감	오노레 발자크
7	과학혁명의 구조	토마스 쿤
8	광장	최인훈
9	구운몽	김만중
10	국가	플라톤
11	국부론	아담 스미스
12	국화와 칼	루스 베네딕트
13	그리스 비극	소포클레스 외
14	나의 생애와 사상	알베르트 슈바이처
15	난장이가 쏘아올린 작은 공	조세희
16	난중일기	이순신
17	논어	공자
18	다산시선	정약용
19	당시선	두보 외
20	당신들의 천국	이청준
21	데미안	헤르만 헤세
22	도덕적 인간과 비도덕적 사회	라인홀트 니버
23	돈키호테	미겔 세르반테스
24	뜻으로 본 한국역사	함석헌
25	루쉰 소설집	루쉰
26	리바이어던	토마스 홉스
27	마담 퀴리	에브 퀴리
28	맹자	맹자
29	멋진 신세계	올더스 헉슬리
30	문학과 예술의 사회사	아놀드 하우저
31	문화의 수수께끼	마빈 해리스
32	물질문명과 자본주의	페르낭 브로델
33	미국의 민주주의	알렉시스 토크빌

34	미당 시선	서정주
35	미디어의 이해	마샬 맥루한
36	백년동안의 고독	가브리엘 마르케스
37	백범일지	김구
38	백석시전집	백석
39	법구경	
40	베토벤의 생애	로맹 롤랑
41	변신	프란츠 카프카
42	불한당들의 세계사	호르헤 보르헤스
43	빌러비드	토니 모리슨
44	사기	사마천
45	사회계약론	장 자크 루소
46	삼국유사	일연
47	삼국지	나관중
48	설국	가와바타 야스나리
49	세계화의 덫	한스 페터 마르틴
50	슬픈 열대	클로드 레비스트로스
51	아라비안나이트	
52	안나 카레니나	레오 톨스토이
53	어머니	막심 고리키
54	에로스와 문명	허버트 마르쿠제
55	엔트로피	제레미 리프킨
56	역대명화기	장언원
57	역사란 무엇인가	에드워드 카
58	열하일기	박지원
59	예술과 과학	엘리안 스트로베르
60	예술과 환영	에른스트 한스 곰브리치
61	오래된 미래	헬레나 노르베리 호지
62	오리엔탈리즘	에드워드 사이드
63	오만과 편견	제인 오스틴
64	월든	데이빗 소로우
65	위대한 유산	찰스 디킨스
66	유토피아	토마스 모어
67	이기적 유전자	리처드 도킨스

68	이반 데니소비치의 하루	알렉산드로 솔제니친
69	이방인	알베르 까뮈
70	인간의 조건	한나 아렌트
71	일리아드	호머
72	임꺽정	홍명희
73	자기만의 방	버지니아 울프
74	자본론	칼 맑스
75	자유론	존 스튜어트 밀
76	장미의 이름(상, 하권)	움베르토 에코
77	장자	장자
78	적과 흑	스탕달
79	젊은 베르테르의 슬픔	요한 볼프강 괴테
80	젊은 예술가의 초상	제임스 조이스
81	정신분석 강의	지그문트 프로이트
82	종의 기원	찰스 다윈
83	주홍글자	나다니엘 호손
84	천변풍경	박태원
85	체 게바라 자서전	체 게바라
86	카라마조프가의 형제들	표도르 도스토예프스키
87	카오스	제임스 클라크
88	코스모스	칼 세이건
89	태평천하	채만식
90	털없는 원숭이	데즈먼드 모리스
91	퇴계문선	이황
92	팡세	파스칼
93	폭풍의 언덕	에밀리 브론테
94	풍속의 역사	에두아르트 푹스
95	프로테스탄티즘 윤리와 자본주의 정신	막스 베버
96	햄릿	윌리엄 세익스피어
97	혁명의 시대	에릭 홉스봄
98	현대물리학과 동양사상	프리초프 카프라
99	호밀밭의 파수꾼	제롬 샐린저
100	혼돈으로부터의 질서	일리야 프리고진 외